产业链金融：
平台生态与银行模式

夏蜀　著

中国金融出版社

责任编辑：赵晨子
责任校对：李俊英
责任印制：丁淮宾

图书在版编目（CIP）数据

产业链金融：平台生态与银行模式 / 夏蜀著. -- 北京：中国金融出版社，
2024. 9. -- ISBN 978-7-5220-2534-6

Ⅰ. F832

中国国家版本馆CIP数据核字第2024XT1400号

产业链金融：平台生态与银行模式
CHANYE LIAN JINRONG: PINGTAI SHENGTAI YU YINHANG MOSHI

出版
发行　中国金融出版社

社址　北京市丰台区益泽路2号
市场开发部　（010）66024766，63805472，63439533（传真）
网 上 书 店　www.cfph.cn
　　　　　　　（010）66024766，63372837（传真）
读者服务部　（010）66070833，62568380
邮编　100071
经销　新华书店
印刷　涿州市般润文化传播有限公司
尺寸　169毫米×239毫米
印张　17.5
字数　255千
版次　2024年9月第1版
印次　2025年2月第3次印刷
定价　76.00元
ISBN 978-7-5220-2534-6
如出现印装错误本社负责调换　联系电话（010）63263947

序

　　能否创新发展一种金融工具，以便为推动创新链产业链资金链人才链深度融合，畅通"科技—产业—金融"良性循环，并具体提供更有操作性、适应性的抓手？这是业界同行与我交流中时常涉及的一个话题。《产业链金融：平台生态与银行模式》一书将产业链金融视为金融支持产业链供应链现代化水平提升的重要工具，对数字经济时代下的产业链金融进行实践总结与理论研究，其出版问世，可谓恰逢其时，在相当程度上回应了理论与实践共同关切的重大问题。故而当夏蜀同志邀我作序时，我慨然应允。

　　新一轮科技革命和产业变革给金融业带来了前所未有的深刻巨变。一方面，人工智能、大数据、云计算、区块链等新一代信息技术的迅猛发展，重构了金融技术基础，改变了金融交易结构，数字技术与算法分析替代传统的风险管理方式，成为解决信息不对称问题的核心工具与手段；数字平台替代大量的物理营业网点与线下营销，成为金融交易与服务的重要场所。另一方面，产业深度转型变革需要金融业既通过债权股权融资、保险保障的功能发挥与协同联动，加强对基础研究和关键核心技术攻关的支持，以促进战略性新兴产业、未来产业加快发展；同时也通过接力式、可达性的金融工具，将金融资源精准、有效地投放到产业链上下游各环节的最终资金使用者。在科技创新与产业变革催生的金融新技术、新业态、新模式中，作为金融科技与产业金融结合体的产业链金融，成为其中重要的表现形式。在金融业围绕创新链产业链布局资金链重塑自身服务供给模式的情形下，基于数字技术赋能的产业链金融又成为推动"科技—产业—金融"良性循环的金融工具。因此，对产业链金融进行深入系统地理论研究，我认为很有必要，也非常迫切。

我与该书作者夏蜀同志是研究生时期的同窗好友，这也是除研究选题有意义外，我愿为之作序的另一原因。夏蜀同志曾在金融机构一线从事经营管理工作多年，他在工作之余常向我了解学术动态和理论前沿，并将其研究成果与我分享；多年的交往，我感到夏蜀同志始终抱有浓厚的学术兴趣。几年前他转岗到大学全职从事教学科研工作，又让我们有了更为密切的学术交流。这本学术专著正体现了一个具有实践经验与理论功底的研究者，对中国金融创新发展的深度思考。掩卷而思，我认为该书的创新之处，在于其从实际上回应了当下三个方面重要的理论需求。

一是需要形成具有中国时代背景的产业链金融理论研究。面对金融支持产业链供应链现代化水平提升，推动构建新发展格局的时代要求，建构一个中国话语体系下的产业链金融理论框架，其意义不言而喻。供应链金融其实也属于产业金融的一种产品模式，其在中国的丰富创新实践，为建构产业链金融理论奠定了坚实基础。但理论上对产业链金融与供应链金融的区别，却仍存在概念不清、关系模糊的问题。该书基于供应链金融演进的产业逻辑，通过理论关系梳理、系统结构比较以及商业模式分析，搭建起产业链金融的概念框架模型，从而较好地解决了这一问题，弥补以往理论研究中的缺口。

二是需要运用跨学科方法拓宽新技术变革下的金融研究。金融机构的专业信息优势在数据技术面前的式微，以及第三方支付平台带来的金融技术性脱媒，打破了金融机构以"中心化"角色单独向客户提供产品与服务的价值创造逻辑。数字经济时代，金融机构以市场数据与用户行为数据为中心进行决策和行动，在平台生态及应用场景中通过与客户的互动交流，完成金融产品与服务的供给。由此可知，金融的价值创造是由金融机构与客户共同完成的，发生了"去中心化"的转变。以往的金融研究较少关注金融业的价值共创问题，该书创新性地引入服务主导逻辑理论的服务科学方法，拓宽了我们在新技术变革条件下研究金融业价值共创问题的思路。

三是需要从"平台＋生态"的视角研究金融"再中介化"。新技术革命带来信息数据资源可得性的大幅提高，削弱了金融机构的信息与成本优势，导致其作为金融中介与信息中枢的重要性地位下降，即产生所谓"去中介化"趋势。不过，这种"去中介化"只是金融中介的表现形态与作用方式发生改变，而并非其在金融功能结构中消失，其本质是一种"再中介化"。支付结算、风险管理、资金配置和信息服务等功能随数字技术的发展，虽可以在形式上脱离固定实体组织机构，但却基于价值网络结构的形成，存在于数字平台与金融生态圈中。平台与生态因隐含作为信息与资金流通媒介，以及能降低交易成本的中间机制，从而促进了金融中介功能的发挥。传统金融向数字金融的转型过程中，平台与生态成为金融"再中介化"的重要载体。新技术革命条件下，金融机构正是通过数字化转型，基于平台生态系统而不断实现自身的"再中介化"过程。该书以平台理论等管理学的视角探析"平台＋生态"的产业链金融，实际上为我们理解金融"再中介化"提供了一个很好的研究样本。

除有值得称道的理论贡献外，该书以商业模式视角研究产业链金融落地实践的问题，也是一大特色亮点。书中以严谨规范的案例研究方法，对红塔银行的产业银行实践展开研究，给我留下深刻印象。案例研究完整地刻画了红塔银行以产业链金融为核心、"四流合一"为平台、融资结算为手段、在线经营为生态、价值共生为目标的产业银行建设行动路线图，通过鲜活、翔实的案例分析对书中理论建构部分进行较好的印证。正因为如此，该书不仅适用于理论界的学术交流，对实际工作者也很有参考借鉴价值。

开卷有益，我向大家郑重推荐《产业链金融：平台生态与银行模式》一书！

西南财经大学副校长，金融学院、中国金融研究院院长
教育部"长江学者"特聘教授、博士生导师
王擎
2024 年 6 月 26 日

前　言

新质生产力是由技术革命性突破、生产要素创新性配置、产业深度转型升级而催生的当代先进生产力，科技创新是发展新质生产力的核心要素，现代产业体系是发展新质生产力的主阵地。科技创新与现代产业深度融合的"科技—产业"成为新质生产力的具体表现形式，而新质生产力的形成又是"科技—产业"进行系统性重塑的过程。在"科技—产业"系统性重塑的过程中，需将金融作为"关键增量"引入生产函数，即畅通"科技—产业—金融"良性循环，以提高创新效率与生产效率。

推动"科技—产业—金融"良性循环，是党中央立足国家长远发展作出的重大部署，这意味着要围绕"科技—产业"的实体经济创新发展的战略需求，优化金融体系功能与结构，增强金融体系服务创新发展的能力，发挥金融"加速器"的重要功能，实现资金链与产业链、创新链、人才链的"四链合一"。产业链供应链现代化水平提升是科技创新引领现代化产业体系建设的必然要求，是现代产业体系建设的核心所在。由此，发展促进我国产业链固链、补链、延链、强链的产业链金融，不仅是金融支持产业链供应链现代化的关键环节，也当然成为畅通"科技—产业—金融"良性循环，进而助推新质生产力加速形成的重要路径。

产业链金融事实上在我国已有十多年的发展历程。2013 年前后，民生银行、平安银行在全行层面提出并打造产业链金融模式，其他商业银行的一些分行也纷纷推出符合所在区域产业特色的产业链金融服务方案。从以往的具体实践看，产业链金融是对供应链金融的商业模式创新，但从现有的文献看，学术界对产业链金融的研究却并不充分。

正如产业链是一个中国化的概念，与此相对应的产业链金融也是中国提出的经济学名词。无论是在 wikipedia（维基百科）还是在 NDLTD（Networked Digital Library of Theses and Dissertations，学位论文网络数字图书馆）等国外电子全文数据库，对以 "Industry/Industrial chain finance" 或 "Industry/Industrial chain financing" 为主题或关键词进行文献检索，均未发现具体相关的研究成果。通过中国知网（CNKI）对 "产业链金融" 关键词进行检索，发现相关文献或是结合互联网金融研究产业链金融发展模式，或是分析总结产业链金融的商业银行实践与相关金融产品应用案例，或是针对具体产业和区域，提出发展产业链金融的策略与建议。总体上讲，现有文献大都属于总结式、对策性的内容，对产业链金融的概念界定、理论框架、内在机理等基础研究，迄今为止尚未形成；针对产业数字化、数字产业化发展的产业链金融研究，更是寥若晨星。与此同时，现有产业链金融研究中的理论运用与模式设计虽基于供应链金融，却未明晰产业链金融概念引入的理论意义，也没有厘清与供应链金融的相互关系，对两者混用、误用的情况普遍存在。

供应链金融产生背景是国际银行业在 20 世纪末为适应全球性服务外包发展而进行的金融创新，其概念发端于 Timme 等（2000）最早提出金融与供应链建立联结的观点，Stemmler（2002）在其供应链资金流优化设计的研究中，首次使用 "供应链金融"（Supply Chain Finance，SCF）概念。在此后的十多年时间里，国外有关供应链金融的研究文献不断增加，给予 SCF 以更为明确的身份（Gelsomino 等，2016）。供应链金融在中国已有较为丰富的实践与理论研究，但概念起源和有关理论基础多来自国外研究，相较而言，产业链金融则是中国金融系统与产业部门在供应链金融基础上发展实践的结果。

当前，产业链金融又面临着全新的创新发展环境。一方面，现代化产业体系建设，要求必须推动产业链条各环节有序承转，实现产业门类之间、区域之间、上下游环节之间、大中小企业之间、资金技术劳动力各要素之间的高度协同耦合（黄群慧和倪红福，2023）；另一方面，中国现已形成其他国家难以比拟的全产业链。面对提升产业链供应链现代化水平战略任务的紧迫性，畅通"科技—产业—金融"良性循环的现实性，加快开展中国话语体系下的产业链金融研究，具有重要的理论意义和实践价值。鉴于此，本书从供应链金融发展演进的产业逻辑出发，基于"平台＋生态"的视角，深入研究数字经济时代的产业链金融的理论与实践。

"平台＋生态"为新质生产力的生产要素创新性配置提供组织载体，也成为技术革命性突破下的产业链系统结构特征：一方面，第四次工业革命的数字化、网络化、智能化颠覆性技术，对产业体系进行全链条、全方位的流程再造，模糊既有产业门类边界，形成了前后关联、动态整合的多层次产业生态系统；另一方面，随着数据成为新质生产力的关键生产要素，作为万物互联、万物智联场所的数字平台，不断驱动新技术的研发创新、数字技术的融合应用、产业链的数字化协同、商业模式的变革，产业链链条上的众多参与者凭借数字平台实现共创共赢，形成了数字平台架构支撑下的产业链系统。将产业链供应链放在一起，供应链可视为产业链的一种特殊形态（中国社会科学院工业经济研究所课题组，2021）；同理，供应链金融也可视为产业链金融的一种特殊形态。对于具有多层级系统结构的产业链金融，不应仅从供应链金融的微观产品视角来考察，而需引入新的理论工具，站在宏观层面和广阔的"平台＋生态"视角开展研究。

服务科学（Service Science）是随着新一代信息通信、人工智能等新兴技术不断突破和广泛应用而诞生的一门新兴交叉学科，它是对所有具有服务本质并创造价值的人类行为与活动进行研究的科学（华中生等，2018），融合了运筹学、管理科学、经济学、计算机科学、商业战略、社会和认知科学等诸多学科。本书创新性地引入服务科学中的服务主导逻辑理论，同时综合运用产业链理论、平台理论等多学科的理论与方法，通过对金融科技（FinTech）迅猛发展环境下产业链金融的概念体系、系统结构、服务创新以及商业模式等方面进行研究，试图建立一个"平台＋生态"的产业链金融理论分析框架，以期为畅通"科技—产业—金融"良性循环，金融助推新质生产力发展，提供理论参考。

　　产业链金融是来自实践，又在实践中动态发展的服务创新，本书在开展理论研究的同时也注重实践应用。在我国银行主导型的金融体系结构中，如何通过商业银行更好地促进产业链金融创新，是一个重要的实践命题。本书通过对产业链金融发展进程和"产业银行"的典型性事实分析，基于商业模式理论和相关案例研究，认为产业银行是适配于中小银行尤其是城市商业银行发展创新产业链金融的商业模式。

　　"平台+生态"产业链金融是以金融科技为基础能力底座的科技金融与产业金融的结合体，而新质生产力作为以创新为主导作用的先进生产力质态，不仅是科技领域的革新，更涵盖商业模式、组织管理等全方面的创新实践。由此，作为中国特色金融体系重要构成的中小银行，通过产业银行的商业模式创新发展产业链金融，既体现出新质生产力对金融机构生产关系的一种塑造实践，也是其走好中国特色金融发展之路的具体实践。

目　录

第一章 产业链金融：发展形成与创新探索

第一节 产业链金融发展与研究综述

2015 年，因阿里巴巴、腾讯、百度等互联网头部平台抓紧完善产业链金融布局而被视作产业链金融爆发之年（程华等，2016），但中国产业链金融的全面施行并进入快速发展阶段还是在 2013 年前后，两家全国股份制银行在业内率先开展的整体性创新实践。金融机构在产业链金融升级过程中占据十分重要的位置，尤其在前期发展中是引领升级的绝对力量（赵娟，2022）。在此，从商业银行具体实践出发，通过对相关文献资料的系统回顾，辨析前期产业链金融的发展轨迹，总结产业链金融的研究状况。

一、提法兴起于商业银行实践

早在 2007 年，个别银行针对产业链上下游的中小企业提供融资支持，开始有了"产业链金融"的提法；民生银行、平安银行在全行层面提出并打造产业链金融模式，则客观上推动这一概念的全面兴起。

中国民生银行股份有限公司（以下简称民生银行）是 1996 年 1 月成立的全国性股份制商业银行，于 2000 年、2009 年先后在上海证券交易所和香港联合交易所上市。民生银行在历经 2007—2013 年完成的"事业部"改革基础上，将产业链金融确立为全行重点发展的战略性业务。

民生银行总行时任行长洪崎在《中国金融》2014 年第 1 期中撰文，将产业链金融明确为一种商业模式创新，认为产业链金融本质上是由金融机构和非金融机构组成的金融服务生态圈，其服务对象由单一企业转变为链群企业，服务主体由银行转变为金融服务链。洪崎在该文中指出，商业银行应该着力推动产业链金融的统筹实施产业组织管理、健全交易信息监控体系、联动批量开发全产业链客户、搭建产业链的大产品平台、契合产业链客户服务需求、建立产业链风险控制体系"六大创新"，同时又在业务模式创新、营销体系创新、产品服务创新、技术工具创新、风险管理创新五个方面系统地介绍了民生银行的产业链金融商业模式。

在业务模式创新方面，主要采取规划先行、深入研究区域经济特点，重点关注已经形成规模的特色产业集群和优质专业市场的聚焦"区域特色"业务模式。在营销体系创新方面，将原来分散在不同部门的职能进行整合，通过设立行业金融事业部、小微专业支行、组建城市商业合作社等，实现业务经营的集中化运作，为产业链企业提供专业化、"一站式"的金融服务。在产品服务创新方面，整合交易融资、贸易融资、票据、现金管理等产品服务手段，完善"产品模式＋行业解决方案"组合模式，打造以"四大产品平台、五大网络金融、十六大增值链"为核心的产品体系。在技术工具创新方面，通过积极引入精益六西格玛、平衡计分卡等管理工具，搭建多层级产业链金融合作平台，加快推进电子化平台建设，打造"以客户为中心"的科学化、系统化、集约化的产业链金融管理体系。在风险管理创新方面，紧抓核心企业信用和产业链真实贸易背景，强化"物流、资金流、信息流"监控，实现由单一客户评估到全产业链监测、由抵押崇拜到信用创造的转变；按照"一业一策"原则，制定产业链风险评价标准，重点把握主体信用、交易能力、结构安排、合作机构等关键环节，实现产业链大、中、小企业的全流程、全风险管理。

与民生银行几乎同时期整体性地开展产业链金融的还有平安银行。平安银行是在深圳证券交易所上市的全国性股份制商业银行，其前身是深圳发展银行，该行于 2000 年左右提出的"1+N——基于核心企业的供应链金融服务"营销理念与产品设计，成为中国供应链金融的先行者。2013年，平安银行在总结分析其供应链金融的经验与问题基础上，提出全产业链金融的创新发展模式。

平安银行的全产业链金融模式与民生银行的产业链金融，有诸多相似之处。如平安银行也开展产业链金融服务全局的规划，对产业链横向和纵向的行业特点、金融需求、资金流向进行深入研究；开发区域"特色行业"；按行业、客户、产品、平台进行分类设立专业化运营的事业部，建立"主动经营风险"的理念和适应业务特点的信贷风险管理模式等。但也略有不同之处，平安银行更为强调以平台建设为基础的经营策略。

平安银行总行时任行长邵平（2013）指出，在全产业链金融的经营过程中，银行要作为产业链的核心方，为产业链上的各个企业客户提供综合金融、产融结合、数据信息平台、产业联盟等多项服务平台。综合金融平台可以整合银行、保险、投资、电子商务等跨界化金融产品，为客户提供"一站式"的金融服务，全方位满足产业链成员企业的金融需求。产融结合平台能帮助没有条件成立结算中心、财务公司的中小企业降低管理成本，提高资金使用效率，强化资金风险管理控制。数据信息平台能为产业链内部企业提供数据信息的整合、交互和处理的服务，改变传统供应链金融中信息缺失、信息不对称等种种数据信息由核心企业掌控带来的弊端，从而推动整体产业链内部企业的对接效率和整个产业链的凝聚力。

国内其他一些商业银行虽不如民生银行、平安银行那样全方位、整体性地开展产业链金融，但通常在分行层面推出符合所在区域产业特色的产业链金融服务方案来施行。如中国邮储银行福建省分行以产业链金融开发为主线，结合普惠金融服务支持海洋渔业产业（路文斌，2014）。章和杰和陈通明（2015）分析了"长三角"地区部分金融机构在传统贸易融资的延伸和拓展基础上开展产业链金融业务情况。周行（2015）研究了光大银行合肥分行与安徽省汽车核心企业开展的"全程通"产业链金融服务模式，将该模式总结为以汽车、机械制造商为行业核心客户，通过分析汽车、机械行业供应链上采购、生产、销售及消费等节点特点，根据它们的资金流、物流、信息流的流向，集成产业链上供应商、制造商、经销商、终端用户等不同客户的各种金融需求，提供一体化、全方位的集成式的产品组合。

二、参与主体涉及非银行机构

在商业银行纷纷开展产业链金融的背景下，一些非银行金融机构、大型企业也提出并参与了产业链金融。相关文献对这一行为进行了总结和分析。

（一）企业集团及其财务公司参与产业链金融

产业集团尤其是集团财务公司的参与，是产业链金融实践与研究的重要领域。计军恒（2014）从公司自身及集团整体两个层面，分析了发电集团财务公司创新开展产业链金融意义，提出了集团财务公司发展产业链金融的措施建议。李占国（2015）系统分析了海尔集团财务公司打造产业链金融服务商的前提条件、全面实施路径、具体成效以及进一步发展的对策建议。

虽然曾有财务公司在大力发展产业链金融的基础上转型为产业银行，以更好地服务企业集团及其产业链的建议（武传德和刘鸽，2018），但财务公司毕竟只是开展产业链金融的大企业"内部银行"（孙旭东，2015）。在企业集团财务公司与产业链金融方面的研究，来自金融监管部门的观点更为权威和客观，天津银保监局课题组（2020）梳理产业链金融政策历史沿革，介绍财务公司产业链金融业务的开展模式和现状的基础上，总结了财务公司开展产业链金融业务过程中面临的信用风险、流动性风险、操作风险以及外部风险传导机制，并针对性地提出了持续完善公司治理、规范产业链客户准入、构建信息共享平台、降低信息不对称、注重人才队伍建设、提升专业化服务水平、加强金融机构合作、防范风险传递等一揽子发展意见。

在数字技术驱动产业经营数字化转型背景下，高云（2021）分析了北京汽车集团财务公司在开展产业链金融中的数字化业务探索和面临的困难挑战，进而从加强数字化转型顶层的规划设计和资源筹划、加快构建在线产业链金融服务平台、加强数据治理三个方面提出财务公司数字化转型建议。朱睿锐（2023）则直接以企业集团搭建产业链金融平台的实践应用为切入点，阐述了企业集团建设产业链金融平台的意义、有利条件、建设思路与内部职责分工、平台信息系统架构与设计等。

（二）其他非银行机构参与产业链金融

程华等（2016）以互联网头部企业京东集团旗下的京东金融为案例，分析了将产业链金融的服务体系和目标客户构成一个完整的生态圈，以期为客户和供应商提供全方位解决方案的京东产业链金融模式；并在此基础上提出，一方面，商业银行应在数据采集和数据应用方面加强与互联网公司的开展战略和业务合作，进一步丰富银行产业链金融；另一方面，互联网集团应以银行为核心，打造集团金融产业链，实现产业链金融的创新。张传良和刘祥东（2016）在明确产业链金融参与主体仍然是商业银行的同时，认为信托业具有管理资金量大、产品设计更为灵活等优势，应在产业链金融领域扎根并进行多元化的金融创新。该文献根据产业链运营中的五个核心环节，即采购环节的应收账款、销售环节的预付账款、经营环节的存货质押、资本运营环节的并购融资和项目建设环节的项目融资，结合信托业特性，提出五类信托模式和产品设计实例。刘冰（2016）阐述了 H 集团担保公司产业链金融业务的办理情形，运用 SWOT 分析方法对该机构参与产业链金融业务进行剖析，并提出产业链金融风险防范的一些意见。

三、服务产业的同时面向区域

（一）结合支持某一产业的产业链金融研究

产业链金融支持产业发展方面的文献，针对农业等传统产业的研究相对较多。满明俊（2011）较早提出农业产业链融资模式，将其归纳为园区主导型产业链融资、政府主导型产业链融资、核心企业主导型产业链融资三类。邢桂君和王虹（2011）认为，世界银行和发达国家普遍把农业产业链金融作为主要技术手段，以支持发展中国家提升农村金融服务层次。禹琰和陈盛伟（2016）对我国渔业产业链金融创新进行设计，其中包括金融产品需求主体培育、渔业全产业链金融产品开发和渔业金融产业链条的构建。周月书等（2020）以大北农（SZ.002385）生猪产业链为例，在分析"互联网＋农业产业链金融"模式运行机制的基础上，探究农业产业链金融创新模式缓解农户融资难、融资贵的机理。张宏伟和仝红亮（2021）以农业产业链金融概念、发展现状为研究切入点，对农业产业链金融助推乡村振兴进行了系统论证。中国工商银行业务研发中心课题组（2022）在分析我国农业产业链金融生态发展现状与面临挑战的基础上，提出打造"产业是核心、金融是手段、生态合作模式是方向、共赢是结果"的农业产业链金融新业态。

支持其他产业方面，宋军和熊鹰（2012）以"中国风机名城"湖北广水市风机产业为样本，较早地开展创新产业链金融产品个案分析方法。张博（2015）以产业链金融视角，通过研究分析新疆完整的棉纺产业链以及各环节派生出不同企业形成的个性化融资需求，提出产业链金融在新疆棉纺产业实践的基本模式、必要条件及风险控制。李阳等（2023）对智能制造产业链以及智能制造产业链金融进行了内涵、构成要素及特征的分析。

（二）面向区域经济发展的产业链金融研究

构建新发展格局需要政府和市场共同推动金融对产业链稳定运转与转型升级的支持。在此背景下，一些主要来自金融管理部门的研究者，站在区域发展角度研究产业链金融。黄雯（2021）结合滨海新区优势产业以及五大功能区产业结构特点，对产业链金融开展 SWOT 分析，提出天津滨海新区产业链金融发展路径。李萍等（2021）基于成渝地区产业链金融创新发展的分工条件和历史基础，提出紧盯区域重点产业规划推动金融支持、财政金融形成合力、加强数据共享平台建设等推动产业链创新发展的建议。刘迪梁（2022）结合产业链金融各项政策要求，在通过对湖南省邵阳市七大新兴优势产业链发展现状以及产业链金融发展情况进行问题分析的基础上，对加快发展邵阳市新兴优势产业链金融提出了对策建议。值得注意的是，陈德军（2022）在总结重庆市涪陵等 7 个区（县）开展的农业产业链金融"链长制"试点工作的基础上，提出了通过特色产业链金融"链长制"试点扩容，让金融活水"贷"动未来新产业的观点。

四、理论与模式建构还需深入

（一）前期有关理论内涵与模式的研究

整体上讲，前期有关产业链金融的文献多属于实务性、对策性，对其概念界定、理论框架等理论方面的研究并不充分，基本上套用供应链金融的内涵和模式。在涉及理论性研究的文献中，朱磊和冯锐（2012）较早对产业链金融概念进行了定义：产业链金融是指金融机构（银行）通过扩展对核心企业的服务，即通过将处于产业链核心地位的企业和上下游中小供销商连成一个整体，从原材料采购到制成中间品及最终产品，最后连同最终消费者一起，全方位地为链条上的多个企业提供金融服务，从而实现整个产业链不断增值的金融业务模式。这一定义在前期许多文献中，形成了较为高度一致的共识（张箐，2014；孙旭东，2015；岳叶，2016；詹子友，2017；方燕儿和何德旭，2017）。该定义可以从理论上抽象为"1+N"结构，即"1"代表产业链核心企业，"N"代表产业链上下游中小企业，金融机构通过对产业链上"1"与"N"之间资金流动情况进行综合分析，为产业链上各个企业提供个性化、标准化的金融服务（方俭，2017）。基于"1+N"结构，岳叶（2016）将产业链金融分为应收账款融资和商业票据融资两种基本模式；王岩和袁井香（2016）则将产业链金融分为贸易金融、担保和保理三种基本模式。

面对传统企业和电商平台的共享商业模式变革，商业银行积极筹划"互联网＋产业链金融"的创新转型（刘彬和陈涛，2016），部分研究对产业链金融模式的划分，不再局限于金融机构主导的"1+N"结构，而按多个不同类型主体的"1+N"结构来划分。例如，王稳妮和李自成（2015）将产业链金融划分为银行在线产业链金融、第三方支付产业链金融和电商产业链金融三种模式；李晓宏和杨丰玙（2015）借用在线供应链金融业务模式，将产业链金融归为四大类别：商业银行主导基于生产组织型核心企业业务模式、贸易组织型核心企业主导业务模式、非银行机构参与的在线产业链金融服务模式、商业银行自建 ERP 云平台支持的在线产业链金融服务模式。

这一时期的研究中，章和杰和陈通明（2015）对产业链金融的理解相对具有系统观。其文献一方面将产业链金融定义为由政府、商业银行、龙头企业或若干核心企业等为主所构成，通过解决产业链中的中小微企业的融资难、融资代价高问题，助推产业转型升级，保持经济可持续发展，提升城市核心竞争力，促进和谐社会建设的一个开放系统；另一方面，将产业链金融分为纵向供应链金融、横向产业集群金融和网络平台金融三种基本模式。纵向供应链金融模式，是指通过"供—产—销"供应链，形成金融机构、核心企业、上下游中小企业可持续发展的产业生态系统，其中，核心企业出于产业发展需要，发挥产业带动作用和信用优势，承担主要融资方职责，通过供应链和资金链，将供应商、制造商、分销商、零售商，直至最终将客户连成整体，实现供应链不断增值。横向产业集群金融模式，是指在商业体、产业集群内，对有较高关联度的同类企业提供整体金融服务的模式，这些企业有着相似的特性与财务结构，金融机构针对其特点，借助商业体、产业集群中的管理者和信息收集机构提供的软信息，批量提供金融服务。网络平台金融模式，是指基于电子商务平台，尤其是大型网上商城平台的金融模式，例如，阿里小贷公司专营化网络模式依托阿里巴巴电子商务平台，为平台上进行交易的企业提供信贷支持。

以上文献关于内涵与模式的研究，虽提炼总结了这一时期产业链金融的实际运作，却未能在理论上厘清产业链金融与供应链金融之间的关系。即便有学者从共享模式与生态思维角度探讨产业链金融（刘彬和陈涛，2016），或从技术创新角度分析区块链在产业链金融发展中的市场潜力与可行性（方燕儿和何德旭，2017），但这些富有理论价值的研究也未论及两者的区别。

（二）产业链金融理论研究的新起点

随着产业数字化变革与产业数字金融新形态的快速发展，理论和实际部门对产业链金融的理解与运作发生了重大变化，产业链金融与供应链金融的区别也得以逐渐清晰。

百信银行联合安永咨询公司等多方共同发布的研究报告（2021）指出，产业链金融是以产业互联网为主要服务对象，通过云计算、数据处理、OCR识别验真等技术手段还原产业链中各企业的复杂交易关系，并基于交易关系综合评估企业经营情况以提供金融服务的业务模式，融资是其中最为主要的功能。该研究报告基于以银行对公业务为代表的1.0产业金融、以供应链金融为代表的2.0产业金融、产业数字金融为代表的3.0产业金融的阶段划分，比较了供应链金融与产业链金融的区别，如表1-1所示。中国社会科学院产业金融研究基地主任杨涛研究员（2023）认为，所谓的产业链金融就是供应链金融的进一步拓展，也是广义的供应链金融，既包括向缺乏核心企业的产业链提供金融创新服务，也体现为更多前沿的数字化、新技术应用，以及更多平台和主体的参与。

表1-1　产业链金融与供应链金融比较

区别和特点	1.0 对公金融	2.0 供应链金融	3.0 产业链金融
授信主体	单个企业	单一供应链多个企业	多个供应链企业集群
评级范围	企业本身	供应链及企业	多条供应链及企业
授信条件	核心资产抵押、有效第三方担保人等	动产质押、货权质押等	交易信用等
服务效率	手续烦琐、效率低下	效率受核心企业配合程度限制	数据来源更多、受限较少
服务作用	仅缓解核心企业资金困境	仅满足供应链部分环节企业资金需求	满足全产业链资金需求

资料来源：数字筑机，创变为先：产业数字金融研究报告 [R]. 百信银行·安永咨询，2021。

金融科技赋能是切实推动产业链金融升级的深层逻辑（赵娟，2022），产业数字金融正进入发展起步阶段。金融科技创新与产业数字金融发展，尤其是推动"科技—产业—金融"良性循环的大背景，为深入系统开展产业链金融研究提供了新的起点。

第二节　产业链金融创新的相关理论

数字经济迅猛发展与信息技术革命，在给金融市场、金融机构以及金融服务带来了重大机遇与挑战变化的同时，也深刻地影响着产业链金融的创新发展。对此，研究产业链金融问题，不仅继续有赖于金融功能、金融中介、供应链金融、商业模式等理论，还需引入新的理论，以便开展符合产业链金融发展实践与趋势的理论创新。本书将产业链理论、服务主导逻辑理论和平台理论，作为探究产业链金融在数字经济时代创新的三大理论支撑。

一、产业链理论

虽然产业链理论的源头可追溯至西方新古典经济中马歇尔（Marsll，1920）关于企业间分工协作的思想，但产业链却是中国化的经济学概念（张利库，2007；张晖和张德生，2012），国外对于中观层面的产业链几乎没有涉足（魏然，2021）。国内关于产业链方面的研究成果，为进一步探讨产业链金融的创新发展提供了理论基础。

（一）产业链的价值创造导向

产业链概念的形成与波特的价值链思想密切相关。杜义飞和李仕明（2004）认为，产业链是一个相对宏观的概念，存在结构属性和价值属性的两维属性，从价值的角度来界定产业链企业在竞争中所执行的一系列经济活动，则称为产业价值链（Industrial Valuechain）。产业价值链是产业链背后所蕴藏的价值组织和创造的结构形式，产业价值链代表了产业链的价值属性。

1988 年，Porter 将价值链的范围拓展至企业间，进一步提出价值系统（Value System），价值系统包括公司内部价值链与公司外部价值链两个层次。产业链作为一种价值链，通过围绕服务于某种特定需求或进行特定产品生产（及提供服务）所涉的一系列互为基础、相互依存的上下游链条关系，开展价值的共同创造（郑胜利，2005）；产业链作为一种价值系统，是以生产相同或相近产品的企业集合所在产业为单位形成的价值链，是承担着不同的价值创造职能的相互联系的产业，围绕核心产业，通过对信息流、物流、资金流的控制，在采购原材料、制成中间产品以及最终产品、通过销售网络把产品送到消费者手中的过程中形成的由供应商、制造商、分销商、零售商、最终用户构成的一个功能链结构模式（张铁男和罗晓梅，2005）。

产业链以价值增值为导向，链条中的企业其动力在于产业链的存在能为它们之间的交易降低交易费用，规避交易风险，能够获得比在产业链外更高的收益，表现出来的就是一个从上游到中游再到下游的各环节不断增值的过程（张晖和张德生，2012）。产业链是产业价值实现和增值的根本途径，吴金明和邵昶（2006）认为，产业链形成的动因在于产业价值的实现和创造，而产业链形成又是基于产业上游到下游各相关环节的由供需链、企业链、空间链和价值链四个维度有机结合而成的链条。

（二）产业链的网络组织结构与演进

张晖和张德生（2012）认为，产业链是一个产业网络，具有一定的拓扑结构，产业链的内在关联不仅有纵向关系和横向关系，还有空间关联，共同的利益关系将各个产业中孤立的企业连接起来，形成一个互联系统。不过，还有其他学者从产业关联度、生产过程、产业链的组成、产业链与价值链关系和产业链功能等不同视角，不断涌现出对产业链的多样化理解。

李平等（2013）从国内有影响力的 30 个产业链概念中，基于内容分析法，提炼出"链网式组织结构、各产业之间、产业各部门之间、供需关系、最终产品 / 消费品、各个环节、产业关联关系、自然资源 / 原材料、价值增值"9 个高频指标，将产业链整合定义为：产业链是各产业之间以及产业各部门之间以供需关系为基础，以产业关联关系为纽带，以价值增值为目的，从最初原材料生产到最终产品的各个环节组成的链网式组织结构。

产业互联网承担着产业链组织者和规则制定者的角色（蒋敏辉，2012）。将产业链的组织形态确立为网络结构，不仅能够理解在平台经济和数字经济的驱动下，产业链的资源可得性以及去中心化趋势的明显特征（李阳等，2023），还可以更好地把握产业链的发展演进。产业链具有基于价值动因、自组织、组织惯性和创新的内部演进动力机制和基于环境的外部演进动力机制（刘烈宏和陈治亚，2016）。李想和芮明杰（2008）将在模块化分工条件下形成的完全不同于传统产业链表达与组成方式的产业价值网络称为"网络状产业链"，而网络状产业链作为一种为获取外部异质性创新资源和由知识分工导致的递增报酬所形成的中间组织形式，其发展是一个渐进累积和自我提高的系统演化过程。

（三）产业链与供应链的关系

供应链被国内教科书中定义为"围绕核心企业，通过对信息流、物流、资金流的控制，从采购原材料开始，制成中间品以及最终产品，最后由销售网络把产品送到消费者手中，将供应商、制造商、分销商、零售商直到最终消费者连成一个整体的功能网链结构"（马士华，2014）；国家标准《物流术语》则将供应链定义为生产与流通过程中所涉及将产品或服务提供给最终用户的上游与下游企业所形成的网链结构。由于产业链与供应链同样都具有围绕核心产业，控制信息流、物流、资金流的网链结构特征，因而在产业链研究中学者们对这两者关系进行比较分析。

在学科概念上，供应链是从"特定的企业"出发来观察和分析企业间的投入产出关系及其对企业供应链效率影响的管理学概念；产业链是一个基于"产业总体"投入产出关系来分析产业效率或竞争力的产业组织概念（中国社会科学院工业经济研究所课题组，2022），属于产业经济学的范畴。魏然（2010）认为，供应链理论是从微观层面和企业管理的视角阐述了产业链中企业之间分工协作的形式与内容。

在层次结构上，供应链是产业链的微观体现，供应链构成产业链的价值单元（杨继军等，2022）；而产业链约束着供应链，供应链的切割以产业链为基础，产业链是微观层面的供应链分门别类的加总（张其仔，2022）。产业链作为一种时空维度上整合多产业、多地域的协同分工网络体系，在宏观层级为供应链和价值链的有效运行提供了框架体系和制度保障（宋华和杨雨东，2022）。黄群慧和倪红福（2020）认为，每一条产业链里都有供应链和价值链，产业链决定供应链，供应链服务于产业链，产业链和供应链的价值通过价值链体现。

在相互融合上，产业链供应链构成了一个多种主体、多种目标、多种要素、多个层级相互交织、相互影响的复杂系统（中国社会科学院工业经济研究所课题组，2021）。宋华和杨雨东（2022）认为，产业链、供应链与价值链三者在不同层级上的相互融合，各自独特的价值属性、流程属性和时空属性共同构成了新型经济组织形态的内在特征，产业链是基于产业供需网络的生态系统。

二、服务主导逻辑理论

自 Vargo 和 Lusch 于 2004 年提出服务主导逻辑（Service-Dominant Logic，S-D）取代传统的商品主导逻辑（Good Dominant Logic，G-D）以来，经过近二十年的发展，服务主导逻辑理论不断丰富和扩展，不仅为新兴的服务科学提供研究视角和哲学基础，也成为研究价值创造的主流理论，被广泛地应用于信息技术、供应链、创新创业、平台生态等诸多领域。

现代产业体系中，价值不再是在分离、线性的价值链中前后相继地被创造，而是在所有参与者组成的网络中交互地共同创造（Normann 和 Ramirez，1993），金融支持现代产业体系建设，也是金融体系与产业体系进行价值共创的行为。对产业链金融创新开展研究应引入服务主导逻辑理论。基于服务主导逻辑理论的服务生态系统已成为当前复杂的网络环境下研究价值共创的重要方法，产业链金融的理论创新应置于服务生态系统结构之中。

（一）服务主导逻辑与商品主导逻辑的比较

战略性新兴产业代表新一轮科技革命和产业变革方向，是发展新质生产力的重要力量，它带动了传统产业的技术改造和转型升级，引致上下游产业链投资需求，而战略性新兴产业的培育需要以服务主导逻辑（S–D）代替商品主导逻辑（G–D）来指导（刘林青等，2010）。研究以支持产业链供应链现代化为指向的产业链金融创新，需要改变以传统的商品主导逻辑对资源配置和价值创造的理解，而应基于服务主导逻辑研究技术革命性突破下的金融与产业的关系。

S–D 逻辑与 G–D 逻辑的主要区别有五个方面（见表 1-2）：一是在交换内容方面，从 G–D 逻辑下的商品与服务转变为 S–D 逻辑下的服务（一种过程）与体验，市场中的商品不再是最终产物，而成为传递服务和体验的载体。二是 S–D 逻辑认为，行动参与主体不再单纯的只是企业和客户，供应商、员工等所有利益相关者都卷入其中，与企业、客户一样成为资源整合者。这些参与资源整合与服务交换的行动主体都抽象为"Actor"，且以服务系统之间 A2A 方式互动。三是不同于 G–D 逻辑观点，认为企业生产和顾客消费是分开的，顾客没有参与价值创造；S–D 逻辑认为，顾客与企业都参与到价值的创造过程，在价值创造的过程中，企业并不直接、单独创造价值，而是提供价值主张，企业通过与顾客的互动参与到价值创造的过程中，以参与者的身份与顾客共同进行创造价值，实现价值共创（Vargo 和 Lusch，2016）。四是 S–D 逻辑认为，服务交换和资源整合发生在服务生态系统。服务生态系统类似于商业生态系统多层次变化的结构特征，服务生态系统的参与者之间存在复杂的、相互嵌入的多层次互动关系（令狐克睿等，2018）；G–D 逻辑则认为，商品和服务的交换发生在市场中。五是在行为方式上，G–D 逻辑认为是围绕产品、价格、渠道和促销（即4Ps）四个方面开展市场营销，而 S–D 逻辑则将 4Ps 置于更具战略性的高度，强调制度和制度安排协调，通过服务生态系统的组织逻辑方式进行服务交换。

表 1-2 服务主导逻辑与商品主导逻辑比较

比较维度	服务主导逻辑	商品主导逻辑
交换内容（What）	服务和体验	商品和服务
行动主体（Who）	服务系统（资源整合者）	企业和顾客
价值创造（Which）	所有参与者共创价值	顾客不参与价值创造
互动领域（Where）	多层次服务生态系统	市场
行为方式（How）	制度协调	市场营销

（二）服务主导逻辑理论的 11 个命题

服务主导逻辑将资源分为对象性资源（Operand Resources）和操作性资源（Operant Resources）[①]，基于服务中心观点强调价值共创、服务交换、资源整合和情境价值 4 个基本原理，其核心思想是顾客和企业在服务交换中通过资源整合互动并在特定情境下共创价值（Lusch 和 Vargo，2014）。在不断研究与发展中，服务主导逻辑理论形成了 11 个基本命题，就各类命题在服务主导逻辑理论体系中所处的层次而言（见图 1-1），第一类命题是基础，探讨了"资源与竞争优势"这一根本性问题，是操作性资源观的基本体现；第二类、第三类命题是核心，"市场交易机制"与"价值共创模式"相互影响，直接关系到市场运营的效果，是操作性资源观的延伸；第四类命题是归宿，服务主导逻辑的要义就是把不同参与者的交互空间塑造成"服务生态系统"，并通过不同参与者的互动来不断提高服务生态系统的适应性和可持续性。

---

① 在服务主导逻辑下，操作性资源是指那些操纵其他资源来创造利益的资源，如知识和技能。对象性资源是被操纵用来传递服务的资源，如商品、自然资源和货币等。虽然价值有时会通过对象性资源（商品）来传输，但是价值创造是通过服务系统之间的操作性资源的互惠应用而产生的；因此，操作性资源是竞争优势的根本性源泉。金融机构要获取竞争优势，不在于其拥有货币资金（对象性资源）的多寡，而在于能拥有更多更新的知识、技术等（操作性资源）。

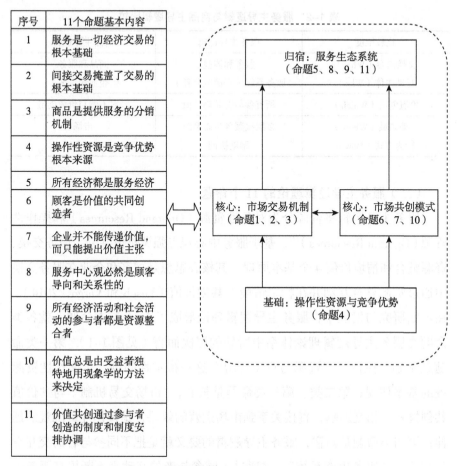

序号	11个命题基本内容
1	服务是一切经济交易的根本基础
2	间接交易掩盖了交易的根本基础
3	商品是提供服务的分销机制
4	操作性资源是竞争优势根本来源
5	所有经济都是服务经济
6	顾客是价值的共同创造者
7	企业并不能传递价值，而只能提出价值主张
8	服务中心观必然是顾客导向和关系性的
9	所有经济活动和社会活动的参与者都是资源整合者
10	价值总是由受益者独特地用现象学的方法来决定
11	价值共创通过参与者创造的制度和制度安排协调

图 1-1　服务主导逻辑十一个基本命题归类与逻辑关系辨析

（资料来源：综合 Vargo 和 Lusch（2010）、李雷等（2013）整理所得）

（三）服务系统和服务生态系统

服务系统是由技术、人、连接内外部系统的价值主张与共享信息所构成的结构，技术是服务系统的关键因素，它本身作为一种操作性资源，以促进资源整合来实现价值共创（Maglio 和 Spohrer，2008）。作为服务科学的基本抽象，服务系统概念是服务科学与其他各学科间交流的接口，只要符合共同创造价值这一关键条件，包括家庭、公司、非营利机构、城市甚至国家等许多事物都可以看作服务系统（Spohrer 等，2008）。

服务系统具有边界可渗透性和动态网络特征（Vargo 等，2008），但也需要有服务基础设施和有效管理与高效组织等方面的环境设定（Qiu，2007），它对外界具有可观测的完整网络结构，系统结构中存在信息流、资金流、物流和知识流，有着自身的组成部分（Cai 等，2008）。每一个服务系统都分别与公共的、私有的和面向市场的三类服务系统相互作用（Vargo 和 Lusch，2004），正是服务系统之间的这种互动资源交换，每个系统以价值共创的方式增强自身适应性的同时，也改善另一服务系统的状态。

服务系统会随着时间推移会因其资源的重新分配而发生组合、重组和分解（Spohrer 等，2008），多个服务系统之间的资源交流与整合交织成一个更大的服务生态系统（Vargo 和 Akaka，2012）。不同服务系统之间通过"行动者—行动者"（Actor-to-Actor，A2A）互动耦合而成的服务生态系统，可以视为多个服务系统的嵌套或组合（Lusch 和 Vargo，2014）。

服务生态系统作为以服务系统为基础的服务系统再形成（见图 1-2），在本质上与服务系统是同一事物，都强调操作性资源技术（人、技术、组织和共享信息）的重要性，区别在于服务系统强调系统组织内部的各要素构成，服务生态系统更为强调制度在系统中的核心地位，将制度作为构建嵌套与重叠生态系统的基石（Vargo 和 Lusch，2016），同时它站在宏观和复杂的视角，强调更为广泛的社会经济参与者的合作共生关系，侧重于外部的开放性。

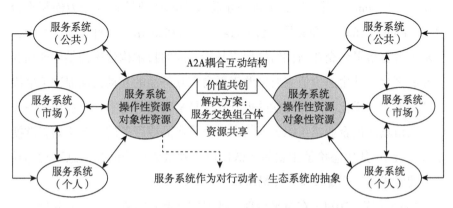

图 1-2 服务系统耦合而成的服务生态系统

三、平台理论

产业互联网平台的兴起不仅解构和重构传统价值链和产业链，同时也使数字平台成为产业链金融创新的核心驱动要素以及组织间价值共创的重要载体，因此需要运用平台理论对产业链金融创新研究开展理论建构。平台理论具有跨学科交叉研究的特点，且研究领域涉及平台战略、网络效应、平台设计、创新平台、平台生态、竞争动态、平台治理、信任机制以及参与者多属行为等众多主题。产业链金融的理论创新，离不开平台理论其中以下三个方面的研究作为基础。

（一）平台流派

平台是一个泛化概念，其研究广泛分布在管理学、经济学以及信息系统学等学科。基于"多边架构"和"网络效应"两大关键特征的平台理论研究（王节祥和蔡宁，2018），在平台的认识理解和类别本质方面，形成了不同的平台流派。

Gawer（2014）提出一个综合了产业组织与信息系统（IS）理论的框架，将平台分为两个流派：一个是在经济学意义上作为"双边市场""多边市场"的平台；另一个是工程设计视角上的技术平台，技术平台以企业内部的产品平台、供应链体系平台和创新生态系统的产业平台等组织形式出现。Cusumano 等（2019）进一步将其中的产业平台区分为创新平台（Innovation Platform）和交易平台（Transaction Platform）两种类型。其中，创新平台是指平台企业与供给端用户基于共同的技术构建来提供新产品和服务的平台，其生态价值主要来源于平台和互补品的互动共同促进了最终产品功能的多样化和产品性能的提升；交易平台指的是平台企业作为中介或在线市场促进企业或组织分享信息、交易产品或服务的平台（如谷歌搜索或淘宝），其生态价值主要是降低供应者和最终用户间的信息不对称导致的搜索成本、匹配成本等交易费用（贺俊，2020）。

Thomas 等（2014）在对平台理论的研究文献进行系统回顾的基础上，从管理学视角，将平台分为组织平台、产品族平台、市场中介平台和平生态系统四个流派。组织平台被视为承载组织资源和能力的平台，平台作为一种组织能够对资源和能力进行重组，并通过更广泛的网络进行能力和相关组织结构的再重组（Ciborra，1996）。产品族平台可对应于 Gawer（2014）所指的企业内部平台和供应链平台，它是"一组产品共享的资产集合"，这些资产集合包括组件、流程、知识、人员及其关系。市场中介平台实际就是以其产品或服务架构在"双边市场""多边市场"中充当交换的中介。作为平台生态系统的平台，可对应于产业平台的概念，它融合了市场中介平台和产品族平台的底层逻辑，应用于更广泛的产品或服务系统中。

王节祥和蔡宁（2018）通过整合文献计量和内容分析方法梳理了平台理论研究，认为平台流派经历从产品开发平台、双边市场平台到战略创新平台的演进，其中，战略创新平台立足多边架构对组织生产和创新活动的重构，同时关注企业与产业和区域的跨层面互动。

产业链金融涉及的主体与层次众多，承载于市场参与者之间多元互动的数字平台，不同平台流派能够为洞察分析产业链金融创新，提供不同研究视角下的工具与方法。

（二）平台架构

若将平台的主体研究层次划分为内部层次和外部层次，平台设计中的平台架构则是平台内部层次的核心主题。平台架构是平台在结构共性上的模块化技术架构，即这种架构不仅是模块化的，而且围绕核心和外围构建，它能够将一个系统划分为稳定的核心组件和可变的外围组件（Baldwin和 Woodard，2009）。Tiwana 等（2010）的研究分析认为，平台架构的特性可从三个不同角度来把握：一是分解。可以将平台生态系统层次分解为更小的子系统，直到进一步的分解不再有助于描述和理解。二是模块化。可以通过增加模块之间的解耦以及平台模块接口标准化来实现模块化。三是设计规则。平台所有者希望模块开发人员遵守的规则，以确保与生态系统其他部分的互操作性。

在此结构特征下，平台架构一方面通过将复杂的系统分解成离散的组件，这些组件又通过标准化体系结构中的标准化接口进行交互，从而有助于解决管理的复杂性（Langlois，2002）；另一方面，模块化能将互联规则简单化，减少了设计人员在模块设计时所需的信息范围，这有助于通过模块内的创新重组，来匹配和支持平台的创新（Garud 和 Kumaraswamy，1995）。对此，Tiwana（2013）概括性地指出，平台架构服务于系统分解和系统集成两大总体功能，能够为平台提供简单、有弹性、可维护和可演进四个方面的理想属性。

平台架构的"核心"和"外围"之间都有技术"接口"（Interfaces），平台架构之所以能够促进创新，接口发挥了至关重要的作用。Gawer（2014）强调，接口包含了外部代理可以访问的信息，这些信息在与接口的兼容中促进互补创新，接口的"开放性"程度影响着创新便利化的程度。

（三）平台生态层

数字平台连接了众多行为主体，既包括平台自身，也包括大量的互补者（Complementor）和最终用户（End-user）等第三方参与者，从而构成平台外部层次的生态层。郑准等（2023）在其数字平台研究的整合性分析框架中指出，平台生态层既包括平台内部能由平台企业直接控制的平台战略、平台设计以及平台治理等因素，也包括平台外部其所不能直接控制的多属行为、网络效应、信任机制以及竞争动态等因素，这些因素将以积极或消极的方式影响平台生态系统的价值创造。

价值共创是平台生态层研究面对的主要议题。影响平台生态系统价值共创的关键因素主要包括平台开放程度（Gawer，2014）、平台治理（Tiwana，2013）、数字技术赋能（Malone 等，1987；Thomas 等，2014）、用户网络规模与效应（Lusch 和 Nambisan，2015）、平台互补者角色（Jacobides 等，2018）、互补企业对平台的支持（Adner 和 Kapoor，2010）、用户参与行为（Brodie 等，2011）等方面。钟琦等（2021）认为，平台生态系统主体间互动、资源整合、平台企业动态能力在其价值共创的过程中发挥着主要的机制作用。

Iansiti 和 Levien（2004）强调，生态系统的关键角色应能构建平台，以便为系统创造和分享价值，从这个意义上讲，服务生态系统也是一种平台生态系统。平台生态系统中的参与者是资源提供者，不同的参与者以其能力和资源的相互关联，形成价值共创网络，从价值共创的意义上讲，平台生态系统也是一种服务生态系统。只是与一般意义上价值共创有所不同的是，一般的价值共创强调供需双方直接关联和互动来共创价值，而平台生态系统的价值共创是通过平台连接和整合供需方资源，探索各方价值共创的路径；同时，平台生态系统关注平台与互补企业，互补企业之间共生依赖、互补创新的协同关系，而一般的价值共创主要是强调用户参与、用户体验和共同设计（钟琦等，2021）。

第三节　本书的结构安排与核心观点

一、结构安排

本书以推动"科技—产业—金融"良性循环，促进金融支持产业链供应链现代化水平提升为研究背景，基于银行主导型的中国金融体系实际，研究"平台＋生态"的产业链金融及其在商业银行的实现方式。科技创新与现代产业深度融合的"科技—产业"是新质生产力的具体表现形式，新质生产力的"新"指代新业态、新技术、新动能、新模式。本书把握住新质生产力的"四新"关键词，沿着图1-3的研究线路，探究产业链金融作为科技创新催生下的产业金融新业态；解析大数据、产业互联网等新技术支撑下的产业链金融系统结构；研究产业链金融提供新动能的服务创新；深入分析其在银行实现与业务实践中形成的新模式。

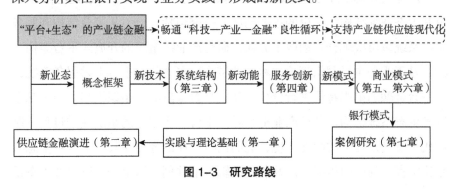

图1-3　研究路线

全书共分为七章：第一章相当于导论部分，主要对产业链金融的缘起与实践、研究现状以及进一步研究的理论基础进行综述。第二至六章围绕产业链金融"为何而来""何以构成""如何创新""谁在运作""模式怎样"五个具有逻辑递进性的核心问题，展开系统性研究，试图构建一个数字经济时代下研究产业链金融的理论框架。第七章是案例研究，以红塔银行实践作为案例选择，对所构建的理论框架进行实证检验，并从中获取进一步的研究发现。五个核心问题研究的具体内容安排如下。

（一）回答"为何而来"的问题

产业链金融为何是从供应链金融的演化升级而来？这是第二章"供应链金融演进升级的产业链金融"讨论的主要问题。研究包括：（1）通过对供应链金融的代表性定义评述、基本模式分析以及传统模式局限性剖析，对作为产业链金融前身的供应链金融进行整体把握。（2）阐释供应链金融迈向产业生态系统的商业逻辑、产业互联网平台赋能的创新逻辑，以及产业链供应链现代化的政策逻辑，明晰供应链金融向产业链金融演进的必然逻辑。（3）分别从产业链定义中的核心维度和供应链金融的产业链意蕴两个方面，并引入服务生态系统的结构与方法，对供应链金融与产业链金融进行比较分析。（4）在产业金融的整体框架，研究产业链金融与产业数字金融的相互关系。以上研究廓清产业链金融与供应链金融的相互关系，多角度丰富产业链金融的理论内涵。

（二）回答"何以构成"的问题

产业链金融究竟是什么样的新构成？这是第三章"产业链金融平台及其生态系统结构"讨论的主要问题。研究包括：（1）从契合结构和服务生态系统多层次耦合互动两个方面，研究产业链金融的开放式平台架构。（2）基于服务主导逻辑理论，将产业链金融概念化为平台金融服务系统，对平台金融的组织特性进行分析，建立平台金融的自组织模型。（3）基于服务生态系统结构，分析产业链金融"平台＋生态"的系统演进过程（制度化）及其过程中的制度环境，进而论析产业链金融在其"平台＋生态"结构中存在的中间组织，以及制度逻辑价值共创。以上研究以服务生态系统结构和平台流派的新视角，揭示出产业链金融"平台＋生态"的底层架构与价值共创逻辑，拓展和深化对产业链金融的理论认知。

（三）回答"如何创新"的问题

产业链金融是如何开展服务创新？这是第四章"产业链金融生态系统的服务创新"讨论的主要问题。研究包括：（1）在研究产业链金融是对供应链金融的一种突破式服务创新的基础上，提出产业链金融服务创新的三方框架。（2）基于三方框架，分别从服务生态系统结构下的多层级价值主张、服务平台对数据资源的密度提升、价值共创的场景化金融创新三个方面，深度研究产业链金融的服务创新机理。产业链金融运作的核心目标在于实现服务创新，以上研究基于前面的理论建构，打开了产业链金融服务创新的"黑箱"。

（四）回答"谁在运作"的问题

"平台＋生态"的产业链金融是在谁的主导下运作？这是第五章"平台主导视角下的产业链金融运作"研究的主要问题。研究包括：（1）基于产业链金融平台提供者与互补者的研究，明确将平台主导作为归纳分析产业链金融多样性实践运作的基本视角。（2）选择交通银行、苏宁银行和邮储银行的实践作为典型性事实，分析商业银行产业链金融的平台化运作。（3）分别从产业企业平台主导和第三方平台主导两个方面来分析非金融企业平台主导的产业链金融。以上研究实际是通过对供应链金融演进升级为产业链金融的实践进行总结，为产业链金融商业模式的理论化提供支撑。

（五）回答"模式怎样"的问题

产业链金融是怎样的商业模式以及商业银行通过怎样的模式对其加以实施？这是第六章"产业链金融与产业银行商业模式"讨论的主要问题。研究包括：（1）基于商业模式理论，研究提出企业层级与业务层级的商业模式框架，明确产业链金融作为一种业务级商业模式；在此基础上结合前面问题的研究，归纳提炼产业链金融商业模式的概念模型。（2）根据典型性事实，对国内外的产业银行进行比较分析。（3）在分析银行主导型的中国金融体系结构基础上，研究商业银行对产业链金融运作实现的产业银行模式。以上从商业模式的两个层级方面研究产业链金融，旨在将理论逻辑与实践逻辑相统一。

二、核心观点

本书兼顾理论建构与实践运作，综合运用文献研究、参与式观察、逻辑推演、归纳比较、案例分析等多种研究方法，对产业链金融进行一般理论的总结、经验现象的透析、理论边界的拓展，通过在理论研究资源与实践经验现象之间的往复穿梭，以期对中国情景下的产业链金融理论体系构建有所创新。可能产生的理论创新与意义，将主要体现为以下五个核心观点。

第一，产业链金融有着更高层级的价值主张，这是其区别于供应链金融的重要特征。产业链金融作为供应链金融在产业数字化与中国实践背景下的升级演化，具有更多层级的价值主张。供应链金融融资机理下的金融产品与服务是产业链金融微观层级价值主张上的基本构成；推动"科技—产业—金融"良性循环，提升产业链供应链现代化赋予了产业链金融以明确的中国背景与时代要求，由此也成为在宏观层面建构产业链金融价值主张的基本旨归。

第二，生态系统是从本质上理解分析产业链金融的"钥匙"。"生态系统"一词通常用于围绕着焦点企业或平台进行运作并相互联结而成的组织网络（Iansiti 和 Levien，2004；Teece，2007），生态系统作为一种可操作性的战略建构，可以成为商业模式、平台、网络、多边市场、技术系统、供应链、价值网络等一系列的替代结构（Ander，2017）。在生态系统的研究范式下，将产业链金融分别置于服务生态系统、平台生态系统、商业生态系统以及创新生态系统中进行考察，能够对其"平台＋生态"的核心构成、本质特征、底层架构、组织逻辑等方面进行多维度的理解和把握。以系统结构的视角，将产业链金融概念化为平台金融服务（生态）系统，有助于对其开展理论建构。

第三，产业链金融是一个资源整合与价值共创的过程。产业链金融并非单方、单向地对需求者提供金融产品和服务，而是多方共同参与、供需双向互动的一种服务创新。就参与主体而言，金融机构、产业部门、政府机构、第三方机构、互联网科技企业、科研院所、行业协会、园区运营商等众多参与者，与金融需求者共同打造跨区域、跨部门、跨链条的全产业生态圈，生态圈共同创造价值的实践过程形成产业链金融服务创新。就资源要素而言，产业链金融在"产业＋生态＋数字＋科技＋平台＋制度＋金融"的资源集成过程中实现服务创新，其所形成的金融解决方案，正是来自对生态系统各参与者资源的整合。

第四，作为产业金融与科技金融的创新结合体，产业链金融包括多方面的内涵与意蕴。产业链金融既是供应链演进升级的新业态，也是新的商业模式产生；它既蕴含着金融科技创新中的新技术，又代表着一种平台生态系统。同时，产业链金融并不单纯地提供金融产品或服务，也不仅是一种金融综合解决方案，而更具有促进金融领域新质生产力发展的实践意蕴。以服务主导逻辑视角来看，在产业链金融的实践运行中，劳动者要素在各参与者的价值共创中高效组合，生产资料在数字化的服务平台上重置优化，金融资源在耦合互动、资源整合的方式中全方位、全链路嵌入产业链供应链，由此提升了金融领域的生产力质态。

第五，在中国金融体系结构中，产业银行是促进产业链金融创新发展的银行商业模式。产业链金融作为一种平台化商业模式，其本质仍然是金融。银行主导型金融体系结构，以及一切金融必须纳入监管的原则，决定了参与产业链金融服务创新的企业和平台，在大多数情形下主要扮演金融服务赋能者、金融机构合作者、金融平台互补者的角色，而不直接地成为金融产品与服务的具体提供者。从责任主体的角度上讲，产业链金融的创新发展更多的是要依托于银行等金融机构。商业银行以产业银行的商业模式打造，能够更好地实现产业链金融合规有序的持续发展，并促进金融领域的生产关系调整，推进中国特色金融体系的建设。

第二章 供应链金融演进升级的产业链金融

供应链金融演进发展通常被划分为四个阶段:第一阶段是金融机构推动的供应链金融,第二阶段是产业企业推动的供应链金融,第三阶段是专业平台推动的供应链金融,第四阶段是金融科技推动的供应链金融(宋华,2019a)。这四个阶段的理论划分与迈向产业链金融的演化进程基本上相符;同时,从产业链金融的文献中也不难发现,前期的产业链金融研究基本套用了供应链金融的内涵、模式。由此可见,产业链金融与供应链金融高度相关,产业链金融衍生于供应链金融,表现为供应链金融发展的新阶段或新业态。至于供应链金融为何是向产业链金融演进,以及这二者本质关系究竟如何的深层次问题,则需要更为深入的理论探讨。

对此,本章通过梳理供应链金融内涵及其核心维度,透析归纳其本质特征与基本模式,为其与产业链金融进行对比分析,提供目标方向;通过揭示一般意义上供应链金融的模式困境,阐释供应链金融演进的产业逻辑,从而明确其创新升级的方向。在此基础上,引入服务生态系统结构对比分析两者的本质关系与区别,形成将产业链金融作为供应链金融演进与升级创新的研究定位。

第一节 供应链金融概念与模式透析

供应链金融是在 21 世纪初随着供应链管理兴起而诞生的概念,但诸如保理、存货融资等属于供应链金融的融资单元产品,在商业银行中早有应用,远远早于供应链的出现(胡跃飞和黄少卿,2009),这些融资产品机理也成为供应链金融理论研究的基础。在对研究产业链金融开展理论创新之前，有必要根据国内外理论研究，对早于其产生的供应链金融进行评析梳理。

一、供应链金融代表性定义评述

供应链金融的概念发端于 Timme 等（2000）最早提出金融与供应链建立联结的观点。该观点认为，为实现供应链的目标，供应链上的参与方与处于供应链外部的金融服务提供者，可以建立提供金融支持的协作，协作的同时应考虑到物流、信息流和资金流及进程、全部资产和供应链上的参与主体的经营。Stemmler（2002）在其供应链资金流优化设计的研究中，则首次使用"供应链金融"（Supply Chain Finance，SCF）概念。经过二十多年的实践发展与理论研究，在众多学者对供应链金融不同角度的探索中，形成了各具特点的定义。Gelsomino 等（2016）认为，众多研究文献对供应链金融的定义主要反映在两个视角：一是侧重于金融机构所提供的短期解决方案；二是专注于对应付账款、应收账款、存货方面的营运资金优化，有时甚至专注于固定资产融资。依此观点，研究涉及广泛的供应链金融内涵，总体上可从这两个视角进行梳理和把握。

（一）金融产品与机构的视角

这一视角下的研究，通常是将金融机构（或者贷款人）作为 SCF 的重要组成部分，将 SCF 理解为一系列金融服务的创新解决方案（Camerinelli，2009；Chen 和 Hu，2011）。Wuttke 等（2013）把供应链金融视为买方驱动的、关于运营资金的金融解决方案，也即反向保理。Lamoureux 和 Evans（2011）则将供应链金融理解为对金融服务和信息技术进行有效的金融产品组合，由此将全球价值链主要成员、金融机构、供应商以及技术服务提供商紧密联系在一起。

相较而言，国内研究将供应链金融作为商业银行信贷业务的一个专属领域，也是企业尤其是中小企业的一种融资渠道（夏雨等，2019）。杨绍辉（2005）认为，供应链金融商业银行为中小型企业量身定做的一种新型贷款融资服务模式，它将资金流有效地整合到供应链管理中来，为供应链各个环节的企业提供商业贸易资金服务。陈四清等（2014）则直接将供应链金融定义为，银行将核心企业与上下游企业联系在一起，为其提供灵活的金融产品和服务。鲸准研究院（2019）认为，供应链金融基于供应链及管理之上，针对客户需求的延伸式服务，金融机构利用应收账款、存货或应付账款等帮助企业优化融资结构，提升现金流动的金融和技术融合的现代金融服务模式。夏雨等（2019）在其对已有文献进行梳理的基础上，提出了一个金融导向视角下较为综合的供应链金融定义，即以供应链上真实的交易为基础，以整体供应链信用为依托，借助中介企业的渠道优势，把单个企业的不可控风险转变为供应链企业整体可控风险，并由第三方金融机构、供应链核心企业或第三方物流公司等相关参与者为供应链融资企业，提供灵活运用金融产品和服务的一整套融资方案。

（二）立足于供应链运营的视角

Hofmann（2003）认为，供应链金融是供应链管理与财务工具相结合的一个方式，只有现金流管理与业务流程、运营资产管理进行协同，供应链金融沉睡的潜力才能释放，从而为公司股东创造价值。Lamoureux（2007）认为，供应链金融立足于核心企业主导的企业生态圈中，是对资金的可得性和成本进行系统优化的过程，而这种优化主要是通过对供应链内的信息流进行归集、整合、打包和利用的过程，是通过嵌入成本分析、成本管理和各类融资手段来实现。除这两个具有代表性的定义外，国外还有一类将库存纳入运营资金优化框架的供应链金融研究，如 Pfohl 和 Gomm（2009），通过在供应商库存场景中测试，提出其供应链金融的概念模型；Randall 和 Farris II（2009）分析了供应链金融提高供应链两个参与者之间在库存转移的盈利能力和绩效。

相较于以上两个视角的研究，中国人民大学教授宋华（2016）在其所著的《供应链金融（第2版）》一书中，结合国内外对供应链金融理解的异同，给出了一个综合性的定义，即供应链金融是一种集物流运作、商业运作和金融管理为一体的管理行为和过程，它将贸易中的买方、卖方、第三方物流以及金融机构紧密地联系在了一起，实现了用供应链物流盘活资金，同时用资金拉动供应链物流的作用；而在这个过程中，金融机构如何更有效地嵌入供应链网络，与供应链经营企业相结合，实现有效的供应链资金运行，同时又能合理地控制风险，成为供应链金融的关键问题。

通过以上对具有代表性供应链金融概念的梳理，可以透析归纳供应链金融以下三方面特征。

第一，供应链金融服务的主要对象是中小企业，而非核心企业。

第二，供应链金融与微观的企业内部运营密切相关。如库存和在途物资的动产融资、订单周期管理、现金流转周期管理以及旨在降低固定资产的运营资产管理，都是供应链金融的业务范畴。正因为如此，在物流项下产生的应收账款、预付账款和存货担保品为依托，对供应链中的企业提供结算、融资、保险等服务的物流金融；解决供应链上下游企业之间出现的账期拖延和资金融通的贸易融资，一般都被纳入供应链金融的范畴。

第三，供应链金融的形态更多地表现为一种金融产品组合。它是以核心客户为依托，以真实贸易背景为前提，运用自偿性贸易融资的方式，通过应收账款质押登记、第三方监管等专业手段封闭资金流或控制物权，对供应链上下游企业提供的综合性金融产品和服务（宋华，2016）。

二、供应链金融的基本模式分析

在对供应链金融业务模式的理解方面，国外研究与国内研究存在一定差异。国外研究在将供应链金融视为一种金融产品组合的同时，也加入了对资本结构、成本结构和资金流周期等问题的研究，而国内研究对于供应链金融的探索，大多数是从商业银行的视角来介绍供应链融资的模式、概念和特征（宋华，2016）。这一区别主要源于以商业银行为主体的中国金融体系，是国情与金融体制的不同使然。

国内研究方面，复旦大学陈祥锋等学者早在2005年、2006年就对"融通仓"这一仓储与物流中的金融服务创新模式开展了一系列研究，并将其理解为"金融供应链"。闫俊宏和许祥秦（2007）基于供应链金融的核心理念及特点，针对应收账款、预付账款和存货分别设计了应收账款融资、保兑仓融资和融通仓融资三种基本融资模式。胡跃飞和黄少卿（2009）将供应链金融理解为是贸易融资的延伸和深化，认为保理业务、存货质押融资和应收账款质押融资是供应链金融的主要融资产品。随着对供应链金融概念特征、结构、运作模式的研究与实践不断深入，应收账款融资、存货质押融资、预付账款融资已成为国内供应链金融的基本运作模式。供应链金融的三种基本业务模式既是其实际运作的构成，也是其理论演进的重要基础。供应链金融实践中各种眼花缭乱的新产品、新服务，其底层架构都基于这三种基本模式；研究中无论是以资产结构、供应链功能等为视角，还是从股东和政府融资层面，抑或开展其他相关学术探索，也都需要以基本模式为研究起点。盖因如此，有学者以更宽的视角看待供应链金融的三种基本模式，宋华（2016）在将供应链金融视为一种商业模式的同时，对其三种基本模式以"供应链金融交易单元与形态"而称之。

供应链金融这三种融资模式既是基本的，也是传统的，虽被熟知和公认，但仍有必要在此进行一个整体上的勾勒（见图 2-1）。

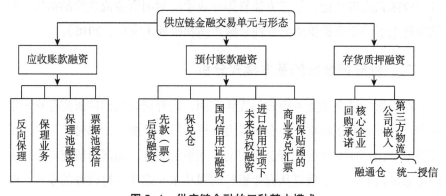

图 2-1　供应链金融的三种基本模式

（一）应收账款融资模式

在供应链的销售环节，如果上游供应商（债权方）对下游企业（债务方）提供赊销发货，会导致上游供应商的销售款回收放缓，产生应收账款，在情节严重时，上游供应商会面临阶段性的资金缺口。对此，上游供应商可以基于其应收账款进行融资。应收账款融资模式，就是上游供应商将赊销项下的未到期应收账款转让给金融机构，由金融机构为其提供融资的业务模式。金融机构以该项买卖双方签订真实贸易合同所产生的应收账款为基础，以下游企业（通常也是供应链中的核心企业）的信用为支撑，向上游供应商（通常也是供应链中的中小企业）提供融资服务。应收账款融资具体方式包括保理、保理池融资、反向保理、票据池授信等（宋华，2016）。

（二）预付账款融资模式

在供应链的采购环节，上游核心企业（卖方）倚仗其在行业的强势地位，通常会要求作为下游采购方的中小企业预先支付货款。预付账款融资就是为采购方下游的中小企业在预先支付货款方面提供融资服务的业务模式，它一般包括位于供应链下游的分销商（采购方）、上游核心企业（卖方）、金融机构和物流仓储企业等参加主体，主要有先款（票）后货融资、保兑仓、进口信用证项下未来货权质押融资、国内信用证融资和附保贴函的商业承兑汇票等类型（宋华，2016）。在这些类型中，保兑仓模式最为常见，它是在上游核心企业（卖方）承诺回购的前提下，作为采购方的中小企业以金融机构指定仓库的既定仓单，向金融机构申请质押贷款，而金融机构则以控制采购方的提货权为条件，为其融资安排。需要强调的是，预付账款融资中买卖双方的强弱关系与应收账款中双方的强弱关系正好相反，预付账款融资旨在帮助作为买方的弱势中小企业解决先款后货的资金需求，而应收账款融资则旨在帮助作为卖方的弱势中小企业在先货后款中解决资金需求。

（三）存货质押融资

存货质押融资也称为库存融资。上游供应商在向下游企业（通常是核心企业）供货的过程中，如果其所供货的存货量较大或库存周转较慢，会导致其资金周转压力较大。对此，上游供应商可以基于其存质押货进行融资。存货质押融资模式，是指金融机构以上游供应商自有存货作为质押物

（通常采取仓单质押方式），并借助物流企业的监管或核心企业的回购担保，向上游供应商提供融资服务。

存货质押融资模式中，若金融机构借助的是第三方物流公司监管而非核心企业担保，则属于融通仓类型。融通仓的"仓"，是物流公司的仓储，即货物的监管地不在借款企业，而是在第三方的仓库，物流仓储公司受金融机构委派，负责对质押物实行评估、储备和监督。此外，金融机构借助第三方物流公司开展存货质押融资业务，还有一种统一授信模式，即金融机构根据与之长期合作的物流企业运营能力和风险管理水平，将一定的授信额度直接授予物流企业，由物流企业再根据融资企业的经营状况及其存放在监管仓中的货物质押情况，对融资企业给予资金安排。

三、供应链金融传统模式局限性

一般意义上的供应链金融虽比其发展前身的贸易融资、物流金融拥有更广的金融服务、更强的信息广度与丰富度，但由于网络的复杂性以及参与者的广泛性，供应链金融的服务提供方并不能完全直接地介入所有的交易环节和物流运作（宋华，2019a）；与此同时，核心企业不为"自融"而为中心企业"他融"的供应链金融前提假设，也因核心企业的能力或意愿的问题，而并非完全成立。由此可知，传统供应链金融模式的内在机理事实上将导致以下方面的困境。供应链金融的不断演化发展，也正是为了突破自身传统模式中的这些局限性。

（一）围绕核心企业"M+1+N"模式的困境

我国商业银行主导供应链金融运作通常被概括为"M+1+N"模式。其运作机理：供应链上下游的 M 个供应商和 N 个分销商，依托链中核心企业"1"的信用，以自偿性贸易融资方式申请银行金融支持，银行以核心企业"1"作为供应链金融开展的立足点，进行风险评估，匹配金融产品与金融，形成供应链金融典型的"M+1+N"模式。核心企业"1"在供应链金融运作过程中起着主导性乃至垄断性的地位。

围绕核心企业的"M+1+N"模式有其局限性：一是中小企业依托供

应链与核心企业所建立起来的共生关系，虽能帮助快速实现经营目标，获得融资机会，但也可能导致小企业对核心企业产生过度依赖，从而使双方权利不对称、不平等，小企业处于弱势地位，核心企业为自身利益可能会以牺牲处于劣势的伙伴的利益为代价。这种封闭的垄断性核心企业所搭建的供应链金融体系较容易出现欺凌式流氓形态的供应链金融（宋华，2019b），即肆意拖延供应商账期，然后向供应商提供所谓的供应链金融服务。二是核心企业作为供应链"链核"，尽管具有纵向上的行业影响力、谈判力，但在横向上的多主体连接能力，以及平台整合、信息通信等专业化能力上并无优势；有的核心企业因其信息化程度和供应链管理水平不高，甚至纵向上的采购、生产、分销、物流等环节连接能力和协同性也不强。随着供应链金融业务向多主体化和综合化方向发展，依托单一垄断性核心企业的传统供应链金融模式难以适应。

（二）信息不对称的问题仍难以有效解决

供应链金融的独特性在于，以其管理手段、业务流程和产品结构，分析上下游企业和所有其他参与方的物流、资金流、信息流的运行实际状况，通过甄别交易主体、核实交易行为、把握交易过程确定交易要素，保证贸易背景的真实性，以解决中小微企业，特别是成长性中小企业因经营不稳定、信用不足、资产欠缺等"硬信息"不足因素导致的融资难问题。但从现实中以下几种情况看，传统供应链金融模式并未完全克服信息不对称与逆向选择的问题。

1. 贸易背景并非真实。夸大采购和生产需求，甚至虚构贸易行为、单证、交易对象。在虚构交易背景下，出现通过关联方进行担保或者实施动产监管，开展自保自融。

2. 虚假风控。包括通过夸大企业经营规模造假来虚构交易数据；通过开具虚假仓单或者重复质押仓单来虚构抵押物；通过夸大担保措施与技术手段来虚构企业风险控制能力等。

3. 套利抽成。通过夸大政策扶持的必要性，夸大甚至虚构交易行为和物流行为，开展供应链金融，以实施套利、套汇和套税；或者借助供应链的业务与资产为其他企业或项目融资，在融资利差中进行"中间抽成"。

4.参与影子银行。通过夸大其交易背景与虚构融资用途，通过借助夸大供应链业务收益率以吸引融资方和投资者，多渠道套取资金，将所得资金做小贷、P2P 或者高利贷参与到影子银行业务。

（三）纾解小微企业融资困境的作用有限

应收账款融资、库存融资模式对纾解小微企业融资困境的作用有限，这是由于在纵向线性、相对封闭的供应链长链条中，单一核心企业在价值网络中的辐射半径与协助关系比较有限，往往只能够掌握其上下游的一级、二级企业的交易结构和业务流程信息，难以触及更长链条上的小微企业，更遑论处于 C 端的消费者。广大小微企业的交易、运营、物流行为碎片化地分布在供应链链条的末端，无法对接和依托具有强信用能力的核心企业资信；银行机构不掌握小微企业在供应链中的参与程度与协作程度，无从通过供应链获取其关键运营信息，借贷双方之间的信息壁垒依旧存在。库存融资和以保理类产品为核心的应收账款融资，对能依托供应链核心企业的中小企业而言问题不大；对难以进入供应链"信用共同体"和信息网络的小微企业而言，则适用性较低。

（四）供应链内在脆弱性引发信用风险扩散

供应链的稳定性既受到重大自然灾害、政治动荡、战争和全球疫情等链外因素的影响，也会受到供应链内组织之间的链内因素影响。Jüttner 等（2003）在回顾有关供应链脆弱性及风险管理的文献基础上，分析归纳了供应链内在脆弱性的三种来源：一是源于供应链中采购和供应公司之间界限模糊的产权缺位（Lack of Ownership）。企业受外包和专注于核心竞争力等趋势的影响，会大量增加制造、分销和物流方面的合作伙伴，而非以股权投资型关联关系获取资源，这种外包方式可能会带来业务关系复杂化和责任的软约束。二是供应链复杂性所导致的"混沌效应"（Chaos Effects）。供应链运行中的过度反应、非必要干预、事后猜测与不信任、信息失真扭曲以及对供应链缺乏了解等，都是这种复杂性的具体体现。典型事实如供应链管理中常见的"牛鞭效应"（Bullwhip

Effect）。① 三是供应链中对不断变化的环境条件和市场信号普遍缺乏反应能力的惯性（Inertia）。

供应链内在脆弱性对上游企业会导致诸如供应延迟、质量等问题"供应方风险"，对下游企业会导致诸如需求不确定、支付延迟等问题"需求方风险"。而上下游产品的剧烈价格波动也是供应链脆弱性的一种风险反映。供应链脆弱性导致的风险，如果核心企业自身蕴含难以缓释，在链内组织密切的关联关系下，它传导到供应链金融活动中，演化为金融风险（主要是信用风险）的放大扩散。其具体传导机制为：下游（上游）企业市场竞争力下降→上游企业订单减少（下游企业生产资料供应不足）→利润下降→信用资质恶化→爆发信用风险→上游（下游）企业财务状况恶化→上游（下游）企业违约率增加（王定祥等，2021）。

第二节 供应链金融演进的产业逻辑

除供应链金融发展四阶段划分之说外，宋华和陈思洁（2016）还曾提出过供应链金融 1.0、供应链金融 2.0 和互联网供应链金融三个发展阶段的观点。在大数据、区块链、人工智能、云计算等新技术推动下，业界甚至出现供应链金融 4.0 乃至供应链金融 5.0、数字供应链金融、智慧供应链等发展阶段的提法。但无论如何划分，我国供应链金融发展演进的底层逻辑，主要是基于产业生态系统的商业逻辑和技术上产业互联网平台的创新逻辑，这两点与政策上的产业链供应链现代化逻辑，共同构成当今中国供应链金融演进的产业逻辑（夏蜀和刘志强，2022）。在此逻辑下，对供

---

① "牛鞭效应"是指供应链销售端需求信息的微小变化，会随着供应链向上游制造端传递而被逐渐放大的一种供应链现象。这种效应是以挥动牛鞭时，鞭梢大幅度摆动的物理现象而命名。"牛鞭效应"产生的原因包括供应链中的需求预测不准确、价格波动、订货批量决策失误、短缺博弈、库存责任失衡和环境变异等因素，这些因素导致信息在供应链传递过程中出现扭曲和放大，破坏了供应链的稳定性。

应链金融演进的各种方式阶段划分，实际上都可归结为供应链金融向产业链金融的发展演进。

一、迈向产业生态系统的商业逻辑

产业生态系统之前被定义为由制造业和服务业构成的产业群落与内外部环境相互作用形成的复杂系统（Frosch 和 Gallopoulos, 1989）。商业生态系统理论的发展，改变了产业生态系统这种被认为类似于自然生态系统，只是信息、物质、能量交换体系的观点。产业生态系统成为既包括涉及生产最终产品的企业、供应商、供应商的供应商、生产设备制造商、生产性服务提供商以及相关中介组织的生产生态系统，又包括内含用户、互补产品、竞争产品、分销渠道、售后服务、用户社区等的应用生态系统，还包括科技研发机构、大学、供应商和技术中介等组织在内的创新生态系统（李晓华和刘峰，2013）。从 Peltoniemi（2004）、Peltoniemi 和 Vuori（2004）站在产业集群和价值网络对商业生态系统的定义出发，产业生态系统有着适应环境、协同演化、参与者众多、相互联系与作用等商业生态系统特征，它实际可视为基于产业价值网络的商业生态系统。

传统供应链金融的核心是供应链上下游的 M 个供应商和 N 个分销商，依托供应链中的 1 个核心企业的信用，以自偿性贸易融资方式获取银行信贷支持。在自偿性贸易融资中，天然地存在着"M"和"N"在与"1"合作时的平等性与互惠性难以达成，以及银行难以识别贸易背景真实性两大瓶颈，单一的"M+1+N"供应链金融模式对此却难以解决。供应链金融由此发生演化，演化重点在于供应链金融的载体不再基于纵向线性单链的供应链条，而是立足产业生态圈和金融生态平台（宋华和陈思洁，2016），承载于中观层级的产业生态系统。面向产业生态系统的供应链金融，其商业逻辑发生以下两方面的重大变化。

一是商业银行的服务依托从纵向线性单链的供应链条，横向拓展为多链关联的供应链条（如图 2-2 所示）。其商业逻辑的变化在于，供应链金融不再像以往在单链条上那样，只能是依托单个核心企业的信用，而是注重产业价值网络的整体信用。在多链关联的网络生态下，一方面，不同链条上带来的信息交叉印证，能够以较低成本获得产业链上下游企业的交易信息及交易信用，从而降低为其提供供应链融资的事前信息不对称；另一方面，又能聚合更多、更具资源能力的供应链金融参与者。

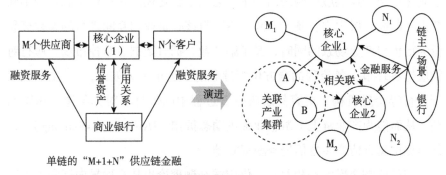

单链的"M+1+N"供应链金融

图 2-2 供应链金融从线性单链到多链关联的产业生态圈
（资料来源：图左部分根据宋华和陈思洁（2016）；图右部分为自制，
图中的 A、B 意指扩展的上游供应商）

以交通银行"聚融圈"供应链创新模式对汽车产业的服务为例：A 和 B 同属于某个产业集群中的相似供应商，汽车制造企业 1 的上游包括 M_1 和 A，汽车制造企业 2 的上游包括 M_2 和 B，"聚融圈"模式既可将 A 整合提供给汽车制造企业 2，也会将 B 整合提供给汽车制造企业 1，以此同理扩大范围，类推至上游供应商 M_1、M_2，以及下游分销商 N_1 和 N_2。"聚融圈"模式既为供应商和经销商扩大了对核心企业的选择面，也使银行在供应商和经销商与不同核心企业的交易过程中，更好地观察和比选交易状况，从而较好地克服以往供应链金融中的两大瓶颈问题。

二是出现产业链"链主"主导的供应链金融模式。在该模式下，供应链金融服务的主导者不再完全是银行等金融机构，而包括产业链"链主"。产业链"链主"是在产业生态系统协同演化中产生的新物种，产业链在行业与市场发展的过程当中，自然形成的能够连接行业上下游、带动产业链发展的龙头企业，该类企业具有规模大、连接广、品牌强等特点，掌握了行业的核心竞争优势和营销网络（林淑君和倪红福，2022）。担纲供应链金融服务的"链主"，主要是产业链中的链核企业和富有竞争力的第三方、第四方物流公司。

"链主"之所以能如银行机构那样也成为供应链金融的主导者，是由于其深嵌于产业供应链网络结构中，它以平台化模式在产业生态系统不同节点、断面、层次中，基于"M""N"与核心企业相互间进行的高频交易行为衍生出产业场景的同时，又了解产业、拥有数据、掌控市场，履行对供应链各环节、各流程的全方位管理职能。也正因为如此，"链主"相较于银行等金融机构，更容易解决融资过程中的信息不对称与道德风险问题，从而能为产业链上下游企业提供动态折扣（Dynamic Discounting）[①]，甚至提供卖方信贷买方信贷等融资安排。

与供应链金融实践相并行，供应链金融理论也从金融导向逐渐朝着网络生态导向演化。网络生态导向的其中一个特点，就是探索供应链整合以及供应链参与者之间合作状态对于融资服务的作用（宋华，2019a）。中小企业通过嵌入网络结构中，更能够传递自身的能力信息，从而被供应链金融提供主体所识别，提高融资绩效（宋华和卢强，2017）。产业生态系统中的多家核心企业建立起围绕各自的商业生态系统，这些商业生态系统之间并非完全排斥和独立的，它们之间交叉链接，形成了错综复杂的网络生态关系（李晓华和刘峰，2013）。供应链金融的发展实践及其理论研究重心的转向，基本明示了供应链金融沿着产业生态系统商业逻辑迈进的演进方向。

---

① "动态折扣"是一种可实现买卖双方共赢的收付款式，它通过采购方和供应商之间建立支付条款（包括提前支付和支付方式），供应商通过对采购方降低价格或给予折扣，以便更快地获得付款，从而降低资金成本乃至获得资金收益；对采购方而言，可根据自身资金头寸情况，灵活调整提前支付金额，享受供应商出让的折扣从而降低采购成本。所谓"动态"就是买卖双方在整个账期和价格之间寻求平衡点，付款越早，折扣就越大。

二、产业互联网平台赋能的创新逻辑

产业互联网和工业互联网虽然都是服务于生产的互联网，都作为一种科技创新，重塑了企业形态、供应链和产业链，在英文中都译为"Industrial Internet"，但产业互联网强调的是传统行业的数字化转型和服务体系优化，而工业互联网侧重于工业领域的自动化生产和智能化制造。产业互联网是全产业链的数字化转型升级（王玉荣和葛新红，2021），从广义上讲，它是面向生产者、消费者等用户，通过在社交、体验、消费、流通、交易、生产等各个环节的网络渗透从而达到优化资源配置、加速敏捷供应、提高消费体验，最终将生产方式（技术构成＋组织方式＋管理模式＋服务模式）与生活方式（消费模式＋社交模式＋消费体验）全面贯通的产业形态（徐苏涛等，2021）。产业互联网通过其包括交易平台、增信融资平台、智能制造平台、物流交付平台和服务业重构平台等在内的互联网平台技术，对各垂直产业链及内部的价值链进行重构，形成了互联网生态和形态（陈春春，2018）；而平台被引入到消费者、供应商或分包商以及其他主体时，产业互联网便成为为用户企业创造价值的一组技术（Menon 等，2020）。产业互联网以统一大数据平台为技术驱动，发挥着产业组织作用，对传统的产业链供应链进行结构性重构，进而也为供应链金融带来了包括技术创新、组织创新、模式创新、管理创新等在内的一系列系统性创新。

供应链金融的成功实施，既需要实现企业内部协同（供应链业务部门与金融部门之间的协同），实现企业金融战略整合，又需要实现供应商与买方的组织间协同（包括信息的分享和供需金融的整合），只有这两方面同时实现，才能实现良好的最终融资绩效（Wandfluh，2016）。产业云平台的中间集中两端分散格局与产业互联网的"大脑工业软件"，不仅极大地促进企业内部供与需、卖方与买方的协同整合，还在产业的上游与下游、工业与商业、制造与服务、B端与C端、工场与场景之间建立起贯通桥梁。依托产业互联网赋能，中小企业在供应链网络中的链接度、谈判力得以增强，供应链金融的数字化程度、银企之间合作程度以及金融服务绩效得以提高，一批银行机构平台化、平台企业、枢纽服务机构成为供应链金融服务创新的组织者。

一方面，商业银行变革供应链金融管理理念与运营模式，打造产业数字金融的开放银行平台，拓展产业链生态场景，优化产业链各环节金融服务质量，将对既有的供应链金融服务方案进行总结提升，通过产业链上下游线上化、数字化和智能化的产品，不断扩大服务的产业种类和数量。如平安银行以开放战略推动开放银行的建设，开放银行平台已输出 290 个大类、约 5950 个 API（应用程序编程接口），可为汽车、制造、货运、农业等各行业提供基于产业供应链的"一站式"金融服务（邵平，2023）。

另一方面，一些从事数据获取、分析、传递和管理的互联网公司、金融科技等平台型企业，作为供应链金融的信息枢纽服务机构，与前述开展平台化供应链金融业务的产业链"链主"一样，发展成为非银行机构的金融服务提供商。Martin 和 Hofmann（2017）分析了金融服务提供商在供应链金融的重要中介作用，认为金融服务供应商能够弥合不同供应链参与企业之间，以及金融机构与银行之间存在的不匹配。Song 等（2018）通过对比新型的平台化的金融服务提供商与传统商业银行，在提供供应链金融服务过程中，对交易前、交易中和交易后风险开展的差异，指出金融服务提供商要比传统商业银行更能够提供交易信息、网络、流程等掌握供应链运营的全过程，进而控制交易前、中、后的风险。供应链金融的服务提供商依托产业互联网的平台技术架构，在企业的采购、生产和销售作业流程相融合的平台化、数字化交易中，基于在线订单的信息流、在线支付结算的资金流以及在线运单交付的物流，构建起"三流合一"的产业全息生态，优化信息共享机制和跨企业链的协作机制，剔除产业生态圈金融供需冗余的交易环节，提升了供应链金融交易效率。

产业互联网是产业生态圈的技术架构，产业生态圈则是产业互联网的生态体现形式。金融科技为供应链金融在精准营销、智能决策和风险控制方面提供新的方法与路径，须将其人工智能、区块链、云计算、大数据等底层技术搭建在产业互联网平台上，因此，所谓的互联网／数字／智慧供应链金融，其实质也都是供应链金融在产业互联网创新逻辑下的演化。

三、产业链供应链现代化的政策逻辑

供应链对产业链的形成产生影响，产业链现代化、供应链现代化都视为产业链供应链现代化（张其仔，2022），推动"科技—产业—金融"良性循环，需要将供应链金融演进上升到支持现代产业体系构建的高度。基于以下两个方面理解把握国家关于提升产业链供应链现代化水平的重大战略部署，从中明晰供应链金融向产业链金融演进的政策逻辑。

（一）前期供应链创新转为产业链供应链现代化

为落实新发展理念，推进供给侧结构性改革，加速产业融合、提高集成创新能力，建立供应链上下游企业合作共赢的协同发展机制，2017年10月，国务院发布《关于积极推进供应链创新与应用的指导意见》。供应链创新与应用包括六个方面的重点任务：推进农村一二三产业融合发展，促进制造协同化、服务化、智能化，提高流通现代化水平，积极稳妥发展供应链金融，积极倡导绿色供应链，努力构建全球供应链。这实际是在国家层面专门出台政策文件推动供应链现代化。

2019年8月26日，习近平总书记在中央财经委员会第五次会议上发表重要讲话，强调"打好产业基础高级化、产业链现代化的攻坚战"；2019年12月10日召开的中央经济工作会议要求，"打造一批有国际竞争力的先进制造业集群，提升产业基础能力和产业链现代化水平"。"产业链现代化"一词，在中央层面被明确提出。2020年7月21日，习近平总书记在主持召开企业家座谈会时首次提出"提升产业链供应链现代化水平"的概念，强调要"充分发挥国内超大规模市场优势，逐步形成以国内大循环为主体、国内国际双循环相互促进的新发展格局，提升产业链供应链现代化水平"。2020年10月胜利召开的党的十九届五中全会审议通过了《中共中央关于制定国民经济和社会发展第十四个五年规划和二〇三五年远景目标的建议》，明确提出"推进产业基础高级化、产业链现代化"的要求，

强调要"提升产业链供应链现代化水平"。提升产业链供应链现代化水平，尤其是推进产业链现代化，成为中国加快发展现代产业体系、推动经济体系优化升级的关键性任务。国家战略从之前的"积极推进供应链创新与应用"，转为以"产业链"为先的"提升产业链供应链现代化水平"。

（二）"四链融合"中突出强调的是产业链

党的二十大报告明确提出"着力提升产业链供应链韧性和安全水平"的同时，又强调"推动创新链产业链资金链人才链深度融合"（以下简称"四链融合"）。产业链与资金链等三链的融合，是我国形成具有自主可控、稳定畅通、安全可靠、抗击能力的产业链供应链重要环节，也是发展新质生产力的着力点。在"四链融合"过程中，产业链是主要载体，创新链和人才链是重要动力，资金链是关键因素。创新链以其大数据、区块链、云计算、人工智能等数字技术嵌入产业链，赋能产业数字化转型升级；资金链为产业链、创新链上的各类主体各个环节提供有效的资金支持，它具体以金融产品与服务模式为产业创新发展提供精准的资金供给。围绕产业链部署资金链，以高质量的金融产品与服务赋能现代产业体系建设，进而促进新质生产力发展，已然成为供应链金融转型升级的政策逻辑。

事实上，国家近两年来颁布了一系列产业链供应链金融方面的政策（见表2-1），已在制度安排层面深刻反映出我国供应链金融向产业链导向演化的政策逻辑。中共中央办公厅、国务院办公厅于2021年9月印发《关于深化生态保护补偿制度改革的意见》，"产业链金融模式"一词更首次在这一国家正式出台文件中清晰地出现。

如前所述，加快发展现代产业体系、提升产业链供应链现代化是《中华人民共和国国民经济和社会发展第十四个五年规划和2035年远景目标纲要》（以下简称《纲要》）的重要内容。《纲要》其中的五方面内容，确立了供应链金融围绕推进产业基础高级化、产业链现代化进行创新升级的政策导向。一是针对《纲要》中关于"保持制造业比重基本稳定"的要求，供应链金融须基于真实产业场景、依托产业链交易信息进行金融资源配置，消弭"去制造业"的过度金融化。二是针对《纲要》中关于"形成更安全可靠的产业链供应链"的要求,供应链金融须以多种产品综合运用的方式,为具有多级供应商关系的产业链条提供融资服务,重点支持具有延链、补链、强链、固链效应的产业集群中供应链成员企业。三是针对《纲要》中关于"加强国际产业安全合作"的要求,须构建涵盖境内外、本外币的多层次、一体化产业链金融服务体系,以实现国内供应链与跨境供应链、全球价值链的联通。四是针对《纲要》中关于"健全产业集群组织管理和专业化推进机制"的要求,供应链金融服务须融入产业链组织体系,成为产业链链长运行机制的重要一环,促进产业链治理能力提升。五是针对《纲要》中关于"推进产业数字化转型"的要求,供应链金融须在开放式的产业金融生态圈中,以数字化、场景化、智能化服务为全产业链协同转型赋能。

表 2-1 国家最近几年颁布的有关产业链供应链金融政策

时间	发布机构	政策	相关内容
2021 年 9 月	中共中央办公厅 国务院办公厅	《关于深化生态保护补偿制度改革的意见》	推广生态产业链金融模式
2021 年 3 月	国家发展改革委等 13 个部门	《关于加快推动制造服务业高质量发展的意见》	创新发展供应链金融,开发适合制造服务业特点的金融产品
2020 年 9 月	中国人民银行等八部门	《关于规范发展供应链金融支持供应链产业链稳定循环和优化升级的意见》	供应链金融应提高供应链产业链运行效率,服务于供应链产业链完整稳定,支持产业链优化升级和国家战略布局。金融机构与实体企业加强信息共享和协同,提升产业链整体金融服务水平
2020 年 4 月	中国银保监会	《关于加强产业链协同复工复产金融服务的通知》	加大产业链核心企业金融支持力度;优化产业链上下游企业金融服务;加强金融支持全球产业链协同发展;提升产业链金融服务科技水平
2019 年 11 月	国家发展改革委等 15 个部门	《关于推动先进制造业和现代服务业深度融合发展的实施意见》	规范产融结合。依托产业链龙头企业资金、客户、数据、信用等优势,发展供应链金融服务

第三节　供应链金融与产业链金融比较

伴随供应链金融沿着产业逻辑思路的演进，对供应链金融的表述和理解，产生了"产业供应链金融""产业链价值金融化"等概念。宋华（2019）指出，供应链金融是基于产业供应链的金融活动，产业生态与金融生态的融合是供应链金融发展的未来。郑殿峰和齐宏（2020）将供应链金融的最终解决方案定义为"产业供应链金融"。中国人民银行成都分行营业管理部课题组（2021）通过分析供应链金融内涵与发展阶段，提出焦点企业依托产业链关系中的信息为产业链参与方提供金融服务的"产业链价值金融化"概念，将产业链价值金融化当成供应链金融的外延表现形式之一。结合供应链金融的演进与产业链金融既有实践，本书在此将产业链金融定位于供应链金融演进后的升级创新。

在互联网技术迅猛发展背景下，波特（1985）在工业化时代提出的价值链概念，已被学者们开发为一个由参与者合作交流而进行共创价值的"价值网络"概念所替代。产业链反映的是"存在着有机关联的各个经济部门之间依据特定的逻辑关系和时空布局形成的相互交织的网络关系"，"产业链＋金融"相对于"供应链＋金融"的复合词，更能彰显价值网络时代金融系统与供应商、制造商、零售商等上下游企业的协调与合作。尽管供应链金融在其发展进程中也体现了价值网络的观点，但其不如产业链金融那样，既涵盖微观的企业、相对中观的产业与区域，以及宏观环境等多个层次，又涉及与其领域（如金融）的一系列动态复杂的网络关系。

通过对产业链、供应链金融的相关理论内涵与观点的梳理，运用基于服务主导逻辑理论和生态系统思想所形成的服务生态系统框架，可以分析比较出作为供应链金融演化升级的产业链金融和一般意义上供应链金融的联系与区别。

一、产业链定义中的核心维度

2004—2010 年，国内曾出现过一波研究产业链的高潮，但并未对何为产业链形成共识（中国社科院工业经济研究所课题组，2021），获得一个学界、商界和政界一致认可的产业链概念，是一件非常困难的事情（刘富贵，2007）。尽管如此，本书通过对产业链相关文献的全面梳理，采取内容分析方法，综合比较分析该领域高被引文献对产业链所下的定义，从中发现提炼出产业链概念在价值链条、链核企业、生态系统、中间组织四个方面的核心维度。

（一）价值链条

价值链本身就是国外研究产业链方面问题的基本视角，Kaplinsky（2000）在波特价值链模型基础上，提出产业间价值链和产业内价值链的概念；Gereffi 等（2005）在研究全球价值链时，提出了"产业价值链"的概念。国内学者也基于价值链提出产业链的观点。张铁男和罗晓梅（2005）认为，产业链是以生产相同或相近产品的企业集合所在产业为单位形成的价值链；卜庆军等（2006）认为，产业链是由供应商价值链、企业价值链、渠道价值链和买方价值链构成的企业共生价值系统。吴金明和邵昶（2006）则指出，价值链是产业链的对接导向。

（二）链核企业

产业链虽然是由多个相互链接的产业所构成的完整的链条，但供需链对接引起的企业链才是产业链形成的表现形式（吴金明和邵昶，2006）。企业链中的链核企业也称焦点企业、核心企业、主导企业，链核企业以其产品、技术、资本等方面的竞争优势，成为产业链联结的纽带（李心芹等，2004）。

（三）生态系统

卜庆军等（2006）认为，产业链是由某一主导企业倡导的通过某种契约达成的能满足最终顾客需求的相互有机融合的企业共生体；张晖和张德生（2012）认为，产业链是由共同的利益关系将各产业中孤立的企业链接起来所形成一个互联的系统。宋华和杨雨东（2022）认为，产业链供应链中的参与主体构成的网络体系以及主体间的关联关系是一种网络结构。生态系统隐喻被用于指代具有共同或互补特征的组织，形成诸如产业生态系统、经济生态系统、数字商业生态系统、社会生态系统等多种类比的概念（Peltoniemi 和 Vuori，2004）。对产业链有关共生、网络的描述可采用生态系统隐喻加以概括。

（四）中间组织

产业链处于企业和产业之间的"夹层"（邵昶和李健，2007），模块化分工条件下的网络状产业链在协调生产方面具有企业与市场双重性质（李想和芮明杰，2008），这一性质即是威廉姆森（2002）所指的"中间组织"性质。产业链中既有企业，也有市场交易（张晖和张德生，2012），它是一种依据特定的逻辑联系和时空布局形成的上下关联的、动态的链式中间组织（刘富贵，2007）。

二、供应链金融的产业链意蕴

本书结合国内外相关文献，选取 10 种具有代表性的供应链金融定义，发现产业链的四个核心维度在这些定义中分别都有不同方面的体现（见表 2-2），供应链金融本身也具有明显的产业链意蕴。Gelsomino 等（2016）曾根据 2000—2014 年在国际上发表的 119 篇论文，对 SCF 展开文献综述，结果发现供应链金融概念包括"以金融为导向"和"以供应链为导向"两个方面理解角度。相应地，对产业链金融概念理解也可从"以金融为导向"和"以产业链为导向"两个视角进行把握，借鉴 Timme 等（2000）的"Financial–SCM Connection"观点，即金融与产业链建立连接。

表 2-2　供应链金融代表性定义中的产业链意蕴

序号	作者	有代表性的供应链金融定义	产业链意蕴
1	Hofman（2005）	SCF 是供应链中包括外部服务供应商在内的两个以上组织，通过组织之间金融资源流动的规划、执行和控制，以进行价值共创的一种方法与途径	中间组织
2	Lamoureux（2007）	SCF 是在核心企业为主导的供应链生态圈中，对资金的可获得性和成本进行优化的过程	生态系统 链核企业

续表

序号	作者	有代表性的供应链金融定义	产业链意蕴
3	闫俊宏和许祥泰（2007）	SCF 是对一个产业供应链中的单个企业或上下游多个企业提供全面的金融服务，以促进供应链核心企业及上下游配套企业"产—供—销"链条的稳固和流转顺畅，并通过金融资本与实体经济协作，构筑银行、企业和商品供应链互利共存、持续发展、良性互动的产业生态	链核企业生态系统
4	Pfhol 和 Gomm（2009）	SCF 是企业间的融资优化以及整合客户、供应商和服务提供商的融资流程，目的是提高所有参与者的价值	价值链条中间组织
5	Randall 和 FarrisII（2009）	SCF 是供应链中上下游之间为降低平均成本，通过在资金流方面的合作以提升供应链的收益	价值链条
6	胡跃飞和黄少卿（2009）	SCF 是供应链中特定的金融组织者与供应链上的核心企业结成战略共同体，借助资金、人力资源和商业网络优势，为供应链资金流管理提供的一整套解决方案	链核企业生态系统
7	Lamoureux 和 Evans（2011）	SCF 对金融服务和信息技术进行有效的金融产品组合，由此将全球价值链主要成员、金融机构、供应商以及技术服务提供商紧密联系在一起	价值链条
8	Wuttke 等（2013）	SCF 是为供应链的供需双方之间提供垫资、结算等服务，它通过现金流的实时监视、控制以及优化，能提高供应链金融项目的自动化和信息透明度，降低供应商的资金成本	中间组织
9	Bals（2019）	SCF 作为一种商业生态系统，以实现多方共赢的商业模式，围绕着多个利益相关者共同展开的信息流和资金流	生态系统
10	夏雨等（2019）	SCF 以供应链上真实的交易为基础，以整体供应链信用为依托，借助中介企业的渠道优势，把单个企业的不可控风险转变为供应链企业整体可控风险，并由第三方金融机构、供应链核心企业或第三方物流公司等相关参与者为供应链融资企业提供灵活运用金融产品和服务的一整套融资方案	中间组织链核企业

三、产业链供应链的服务生态系统结构

供应链金融理论的丰富发展，使在价值链条、链核企业、生态系统、中间组织等要素方面，供应链金融与产业链金融具有共同性。在管理运营与产品业务的微观情景下，两者可以互相替代；而当面对多产业供应链优化整合，以及时空上多地域产业链供应链协同分工网络体系的中宏观情景时，则宜选择内含供应链金融机理的产业链金融术语与之对应。供应链金融与产业链金融置于生态系统结构中讨论，能够更清晰地辨析两者的关系与区别。

（一）服务生态系统的多维结构分析

依据服务主导逻辑理论，价值网络是参与者以共同提供服务、交换服务进行价值共创的自发感知与响应的服务生态系统。服务生态系统是一个多层嵌套的价值网络结构。从横向维度看，它以参与者对参与者（Actor-to-Actor，A2A）的互动导向，组成相对独立、自我调节的系统，在共享制度逻辑下通过服务交换实现资源整合与价值共创（Vargo 和 Lusch，2016）。服务系统以 Actor 为隐喻，是一个伸缩性很强的概念，它作为服务科学的基本抽象，只要符合价值共创这一关键条件，不同性质的参与者，小到个人、家庭，大到公司、非营利机构、城市甚至国家等，都可看成服务系统（Spohrer 等，2008）。

从横向维度看，作为参与者（Actor）的服务系统是服务生态系统的形成基础，多个服务系统间的资源交流与整合，交织再形成新的服务（生态）系统（Vargo 等，2012）。忽略层次上宏观性与结构的复杂性因素，服务生态系统也是服务系统，两者区别在于，服务生态系统较服务系统更强调制度、场景等因素（Chandler 和 Vargo，2011）。

从纵向维度看，服务生态系统包含微观、中观和宏观三个层次（见图 2-3），微观层是个人与二元的结构与活动，在商业活动中主要表现为企业和顾客系统的结构和活动，中观层涉及行业、关键利益相关方等方面的互动，是直接利益相关者系统之间的结构；宏观层则是关注整个

社会的互动和结构（Vargo 和 Lusch，2016）。由于价值是一个取决于场景的概念（Vargo 和 Lusch，2008），因此，服务生态系统三个层次的界定是相对的，每个层次的结构和活动不是固定和绝对独立的，相互关联的各层面的互动随着时间不断演进和变化（Frow 等，2014），故图 2-3 中用虚线表示各层次边界的开放性，双箭头表示不同层次系统之间也有着互动。

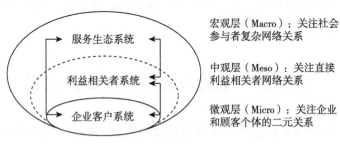

图 2-3　服务生态系统的结构层次关系

（资料来源：根据 Frow 等（2014）的研究修改）

（二）供应链金融系统与产业链金融系统

以服务系统作为分析单元，产业链、供应链、金融行业都可以分别被视为某种服务系统。从金融与产业链、供应链的系统关系上讲，供应链金融可被视为供应链服务系统与金融服务系统在服务生态系统框架下的 A2A 耦合互动的供应链金融服务（生态）系统，而这也正契合 Timme 等（2000）的 "Financial-SCM Connection" 观点。同样，产业链金融可以解构为产业链服务系统与金融服务系统在服务生态系统框架下 A2A 耦合互动的产业链金融服务（生态）系统。

供应链是构成产业链流程体系的基本组织方式（宋华和杨雨东，2022），产业链是微观层面的供应链分门别类的加总（张其仔，2022），产业链与供应链处于不同的层次系统结构。服务生态系统各层次的结构并非固定与绝对独立，某个系统的整个层次可能是另一系统层次的一部分（Vargo 和 Lusch，2016）。在更广泛范围的服务生态系统结构中，产业链和供应链相对于企业与顾客的二元微观层次而言，都属于涉及行业、利益相关者方面的中观层级；而产业链系统相对于供应链系统而言，产业链可以被视为多个供应链服务系统耦合互动的服务（生态）系统再形成，供应链服务系统处于产业链服务（生态）系统下一层级的服务系统。

正是服务生态系统多层次的动态网络结构，服务主导逻辑能将分属不同层级的产业链、供应链以及供应链金融、产业链金融都置于同一价值网络中，对产业数字化、数字产业化背景下供应链金融向产业链金融的演进，进行整合性分析。

第四节 产业链金融与产业数字金融

产业互联网平台作为一项技术革命性突破，推动了新质生产力在金融领域中的发展，使产业数字金融成为金融业继数字消费金融、数字普惠金融等数字化转型后的一次重大变革。杨望和魏志恒（2023）认为，产业数字金融是产业金融的新业态，通过深入产业链和场景，利用云计算、区块链、大数据风控等金融科技能力，构建产业与金融的数字化新链接，将产业价值链关键环节进行场景化呈现。产业链金融与产业数字金融密切相关，同时，甚至还有观点认为，产业数字金融是对传统供应链金融的继承与发展（邵平，2023）。产业数字金融是当下的一个热词，本节在此基于对产业金融的整体把握，考察同样作为其在数字经济时代新业态的产业链金融与产业数字金融。

一、产业链金融属于产业金融范畴

国外学者对产业金融的理解，通常是从德国的"全能银行"和日本的"主银行"对工商企业的深度介入与金融支持，以帮助本国工业发展取得重大竞争优势的角度。Miwa 和 Ramseyer（2006）将产业金融定义为支持工业发展的包含银行信贷、证券市场和贸易信贷等在内的一揽子金融活动。国内学者对产业金融的研究相对国外研究则更为丰富。

纪敏和刘宏（2000）从产业的视角，认为产业金融是依托并促进特定产业发展的金融活动。马英俊（2007）从政府的视角，认为产业金融是在特定的产业政策下，依托并服务于特定产业发展的金融活动总称。钱志新（2010）从产融结合的视角，认为产业金融就是金融与产业的深度融合，二者的互动协作能够推动产业和金融的共同发展，而产业与金融的融合是通过"资源、资产、知识产权和未来价值"四个方面的资本化来实现的，产业金融为产业发展提供整体的金融解决方案。严效民（2013）基于分工理论认为，产业金融是为了调和实体产业与金融业的差异化分工和非标准依赖之间的矛盾而出现的独立分工现象。曾燕等（2023）基于前期研究成果，提出了产业金融一个广义上的内涵：认为产业金融的研究范畴涵盖金融、实体产业和政府三大部门，穿透宏观、中观和微观三大层次。其中，宏观层面，产业资本和金融资本的关系是影响实体经济发展的重要因素；产业金融具有外部性，需要政府部门政策指引和监管规制。中观层面，产业金融支持绿色环保产业、高新技术产业、农业等特定产业发展。微观层面，产融结合与企业发展密切相关，影响企业投融资、技术创新、公司治理等决策。

综合以上观点，我国产业金融内涵与特征实际包含以下三个层面问题。

第一层面，产业金融与实体经济发展的关系。产业链和供应链指向的均是经济资源和相关主体的传递关系与运转逻辑，其管理重点在于效率提升和价值增值，最终促进实体经济的稳定增长与结构优化。在产业链和供应链的运转过程中，资金运动是贯穿其中的一大主流，催生出大量的金融需求。围绕产业链和供应链进行的金融服务影响着两大链条的运转效率和稳定性，从而影响相关企业和产业的生产经营与发展质量，乃至实体经济的整体运行状态（陆岷峰和欧阳文杰，2023a）。在提升产业链供应链现代化水平成为我国重大发展战略的背景下，围绕着产业链部署资金链，实现产业链与资金链相融合，成为中国产业金融发展的核心要义。

第二层面，产业金融与企业集团的综合化发展。无论是企业集团设立金融机构的产融结合模式，还是以并购贷款和证券化管理等方式对产业链上下游进行纵向并购、相关产业的横向并购、资产重组（佐卫，2020），都属于该范畴。这一点比较类似国外的德国"全能银行"、日本"主银行"。

第三层面，产业金融的具体运作模式。产业资本运用股权融资、债权融资等具体金融工具进行产融结合，互联网平台企业从事金融活动进入产业金融领域，以及借鉴美国以风险投资和私募股权市场为初创项目提供融资模式，运用我国多层次资本市场开展产业金融等，都属于产业金融具体运作模式的范畴。但在我国以商业银行为主体的金融体系中，商业银行是产业金融运作的主要载体，在业界看来，未来商业银行应建立瞄准全产业链的"链金融"和"大金融"，产业金融是商业银行公司业务的发展新方向（胡文杰和梁红明，2014）。重庆市原市长黄奇帆（2023）则明确指出，产业金融在我国是以银行业为代表的传统金融机构，专注于服务B端产业链企业的重要金融服务形式。

在对产业金融模式的专门观察研究中，普华永道的研究报告（2020）分析了产业金融从最初传统的金融服务模式到产业链金融模式，再进一步转变为产融生态圈模式的演进历程，提出了"产业是根本，金融是手段，共赢是结果"的产业金融新逻辑。该报告对产业金融三阶段进行划分：一是1.0传统金融，即直接面向单点客户的传统金融服务模式；二是2.0产业链金融，即沿产业链上下游布局的产业链金融模式；三是3.0产融生态圈，即以产业为核心，以平台为拓展方式的产融生态圈模式。

由此可见，产业链金融既涉及第一层面中的产业链与资金链相融合，也处于产业金融运作模式的层面。

二、"科技—产业—金融"循环新业态

产业金融在数字经济时代被赋予了新的内涵，数字技术和数据要素促进产业金融发展（曾燕等，2023），新技术推动生产要素对"科技—产业—金融"循环的配置方式产生重大变化，也彻底改变了金融系统的面貌，产业链金融及其产业数字金融成为科技创新引领下的产业金融新业态。

对目前产业数字金融内涵的界定，主要来自实际部门的银行家。平安银行原行长邵平（2020）率先提出的定义，是指在智慧科技的赋能下，实现产业链上一种"去中心化"的全新金融服务模式。华夏银行原行长关文杰（2021）认为，产业数字金融以数字信息为基础，应用数字化技术，以整个供应链的整体价值为依托形成数字担保，为链上所有企业提供不依赖于核心企业的"去中心化"金融服务。百信银行联合安永咨询公司完成的研究报告（2021）认为，产业数字金融是以产业互联网为依托，数据为生产要素，数据信用为核心特征的一种新型金融形态，衍生出产业链金融、物联网金融、绿色金融、农村数字金融、科创金融。中国银行业协会首席信息官高峰（2022）认为，数字金融的发展有两大部分：一是消费数字金融，二是产业数字金融，产业数字金融是当前银行业数字化转型的重点方向，也是银行数字化转型新动能。黄奇帆（2023）则强调，产业数字金融是金融科技经历互联网金融之后的全新发展阶段，它依托物联网、区块链、人工智能和大数据等技术，实现了让产业链上下游信息数据的全透明、全上链保真难篡改；实现资产情况的全穿透、实时追踪一手数据可获取，可对潜在风险的实时监控提前预警。

2022年1月，中国银保监会以"构建适应现代经济发展的数字金融新格局"为指导思想，出台了《关于银行业保险业数字化转型的指导意见》(银保监办发〔2022〕2号)，提出"积极发展产业数字金融"，将其作为该文件第三部分"业务经营管理数字化"的重要内容。"积极发展产业数字金融"的要求包括：一是积极支持国家重大区域战略、战略性新兴产业、先进制造业和新型基础设施建设，打造数字化的产业金融服务平台，围绕重大项目、重点企业和重要产业链，加强场景聚合、生态对接，实现"一站式"金融服务。二是推进企业客户业务线上化，加强开放银行接口和统一数字门户建设，提供投资融资、支付结算、现金管理、财务管理、国际业务等综合化金融服务。三是推进函证业务数字化和集中化。四是鼓励银行保险机构利用大数据，增强普惠金融、绿色金融、农村金融服务能力。

产业链金融和产业数字金融同属于在推进"科技—产业—金融"循环

中的产业金融新业态，前者是产品服务模式的新业态，后者是经营运作的
新业态，两者之间既有联系又有区别（见图2-4）。产业数字金融在中国
银监会文件中归入"业务经营管理数字化"范畴，它对产业经营发展中所
产生的数据要素和数据资产进行金融化运作，并促进产业数据要素化、资
产化和资本化，发挥数据在金融赋能产业高质量发展中的作用（陆岷峰和
欧阳文杰，2023b）。就银行等金融机构而言，产业数字金融以数字平台的
方式承载产业链金融的产品与服务，促进其公司金融业务板块的数字化转
型，支持其与合作伙伴共建数字生态，促进数字金融和实体经济的深度融
合。产业链金融则属于"产品与服务模式化"范畴，其前身是供应链金融
模式，它为创新链、产业链、资金链相互嵌入的全链路循环提供了产品与
服务模式方面的新业态。

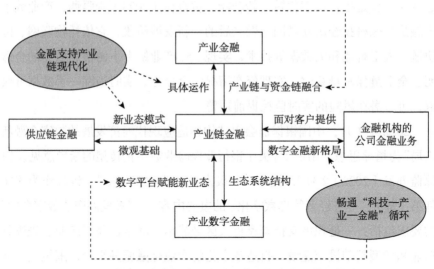

图2-4　产业链金融与产业金融、产业数字金融的逻辑关系

产业数字金融是由于原有产业生态中的重要节点由供应链核心企业向
每个网络节点的平台整合企业转移（王文进和葛鹏，2024），而使产业金
融业务产生了基于数字平台运作的经营管理方式。产业数字金融并非纯粹
的实体产品，而更多是提供了促进交易和创新平台的技术基础设施，它通

过数字化服务平台、场景聚合和生态对接的"业务经营管理数字化"新业态，支撑了产业链金融的产品与服务模式新业态。产业数字金融体现的是运用金融科技，将数字要素转换为金融供给的运作业态，而产业链金融是将内部的产业数字金融运作业态，呈现为面向外部客户的模式业态。在生态系统结构中，产业链金融与产业数字金融的关系，类似于系统与平台的关系，产业数字金融平台的嵌入与应用，产业链金融系统具有平台生态系统的特征。

第三章　产业链金融平台及其生态系统结构

信息技术革命和数字经济的迅猛发展使数字平台成为新质生产力中生产要素创新性配置和组织间价值共创的重要载体；数字平台引领产业组织创新的本质，以及产业互联网推动产业开放创新生态圈的形成，重构了产业链系统。由此"平台 + 生态"成为产业链金融的系统结构与新技术运用场所。

本章沿着产业链金融的平台架构—平台生态系统多维结构—平台生态制度逻辑的思路进行研究。研究发现，产业链金融的平台不再是单纯的交易平台，而是组合成为创新平台以及兼顾交易和创新的综合服务平台。产业链金融平台作为一种综合金融服务平台，以技术平台流派的视角，它是以开放式平台架构契合组成的产业数字金融平台；以组织平台流派的视角，它基于生态系统的组织域而呈现为平台金融服务（生态）系统。

第一节　产业链金融的开放式平台架构

平台的核心技术架构的合理采用，有利于数字平台有目的的知识流入和流出，从而加速内部创新和扩大外部创新市场（Huang 等，2018），平台架构技术对产业链金融平台创新性配置数据等知识生产要素、实现价值共创极其重要。产业链金融既要依托于作为信息系统的平台为平台多边参与者扮演"中介"角色，为连接供给和需求提供最佳的匹配功能，进而实现交易性的价值共创，同时也需要依靠大量外围互补技术围绕其平台核心的模块化架构，以不断扩展平台的功能，从而创造性实现价值共创。在平台设计上，产业链金融须具备开放式的平台架构。

一、产业链金融契合结构的开放式平台

契合平台（Engagement Platforms）是由虚拟和实体交互组合而成的多个接触点组成，包含构件、接口、流程和人员，是专门构建的支持 ICT 环境，旨在为服务系统中参与者之间的资源交换和整合提供结构性支持，从而共同创造价值（Ramaswamy 和 Gouillart，2010；Breidbach 等，2014），它既可以由单一类型平台使用，也可以由多种类型平台组合使用（Storbacka 等，2016）。产业链金融的数字平台不仅是如平台通常定义那样，是一系列产品的稳定中心，是两个或多个市场参与者之间的连接中介，同时它还应是一种契合平台，即由多类型平台组合使用而成，呈现为包括三层互补技术资产集合的开放式架构（见图 3-1）。

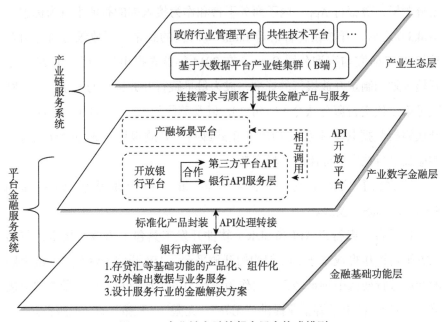

图 3-1 产业链金融的契合平台构成模型

在图 3-1 中，第一层是银行等金融机构内部平台构建所形成的基础功能层；第二层是产业链金融平台的核心层，它是由开放银行平台和产融场景平台构成的产业数字金融平台层；第三层是由基于大数据平台的产业链

上下游企业、政府行业管理部门的数据平台、共性技术平台、大学等组成的产业生态层。如果不以互补技术资产集合的平台维度，而是以服务主导逻辑的观点，那么第一层和第二层可归为平台金融服务系统范畴，而第三层属于产业链服务系统；进一步讲，平台金融服务系统与产业链系统的互动又耦合成产业链金融服务（生态）系统。这一点将在后文中论及。

产业链金融平台属于契合型、开放式平台，其体现为开放银行平台与产融场景平台基于 API 开放平台架构契合构成的产业数字金融平台。开放银行平台和产融场景平台二者中的一方若作为产业数字金融平台主体，则另一方将相对应地成为互补平台。

（一）开放银行平台

以"Bank X.0"系列丛书作者布莱特·金（2018）对银行服务模式的划分逻辑，继银行 App、电子商务平台和作为接入端的智能手机为标志的 Bank3.0 之后，开放银行标志着 Bank4.0 时代的到来。开放银行概念由全球权威 IT 研究与咨询公司 Gartner 在 2014 年首先提出 [①]，英国于 2015 年开始规划和制定开放银行的标准，成为最早践行开放银行的国家。随着欧盟《第二代支付服务法令》（PSD2），以及英国的 Open Banking Remedy 等开放银行数据共享政策在 2018 年正式施行，开放银行也成为全球银行业顺应金融科技发展潮流的一场变革。

开放银行实际上是"平台 + 场景"的"银行即服务"（Bank as a Service，BaaS）模式。

1. 平台。银行以 API 和 SDK（软件开发工具包）为核心技术，与第三方平台连接形成基于 API 架构的开放平台。API 开放平台在产业链金融的开放银行架构中举足轻重，它作为银行与各类产业和消费场景的"连接器"，为产业链上下游企业提供"无界""无限""无感"的金融服务。

---

① 资料来源：Analyst(s): Kristin Moyer, Mary Knox , Paolo Malinverno. Reference Model for Open Banking APIs, Apps and App Stores. https://www.gartner.com/en/documents/2761117, Published: 06 June 2014.

2. 生态场景。开放平台将存、贷、汇等金融基础功能进行产品化，组件化后的金融服务产品，标准化地封装成易于识别、接入与使用的服务程序接口，通过 API、H5（HTML5）和 App 跳转等方式，将金融产品嵌入产业链供应链的应用场景，从而使产业链上下游企业在开放平台上，享受到全流程、"一站式"的金融服务。开放银行既以内部平台方式对内连接银行的 IT 核心系统和数据层，赋能各业务中台，成为银行产品生产和分销的中枢；又以外部平台方式对外融入产业链供应链的各类场景中，由此银行的商业逻辑也从"产品—客户"的"一对一"线性方式，转变为"服务—生态"的网状结构。

第三方平台是开放银行模式的有机构成，其输出提供的 APIs 与银行 API 服务层所合作共建的开放式平台，发挥着金融服务代理商和金融场景适配器的功能。这种第三方服务既可能是为开放银行提供专业解决方案的科技公司，如数据供应商、开源组织、金融云厂商等，也可能是基于其第三方支付功能而拥有产业场景、消费场景、政务服务场景的综合型互联网金融平台。

2016 年，国务院颁布《互联网金融风险专项整治工作实施方案》，促使互联网金融行业迈上"去金融产品化"的转型之路。转型的一个方向是成为金融科技公司，为金融机构开展区块链金融、智慧投顾、量化交易、数字货币等业务，提供软件应用开发、数据集成、系统技术支撑等服务；另一个方向以将产业链上下游的 B 端各交易环节、C 端消费场景的各要素转化成金融综合解决方案为核心能力，转型成为金融场景应用平台。转型后的互联网金融平台也成为第三方平台的重要组成部分，其不再直接经营金融产品，而以技术或场景为开放银行模式下为银行等金融机构的产品开发和营销赋能。

（二）产融场景平台

金融在服务于产业链供应链过程中，面临着众多环节和参与者，除金融机构外，核心企业、供应商、第三方合作方等都是重要的参与主体，需对商流、资金流、物流、信息流"四流"进行最大限度的管控，业务环节包括客户准入建档、主体信息收集、信用风险评估、交易风险评估、资产审核可视、发票核验、中登登记、对账管理、回款管理、押品管理、资产池循环等；同时，不同产业网络生态中参与企业之间的资源和能力特征存在显著差异，各行业之间也缺乏共通的运营规范和标准，这使依托于特定产业或核心企业的传统供应链金融模式在向外拓展时，难以简单地复制现有的融资决策和风险控制逻辑（杨望和魏志恒，2023）。

由此，以场景、数据、技术为核心驱动要素，通过能为各行业提供SaaS（软件即服务）、多场景技术支持的平台方式，采取标准化、"一站式"的解决方案成为产业链金融模式运用的必然。产业链金融模式中，需要有对产业链有理解力和动态管理能力的产业网络平台服务方，基于大数据风控、物联网、区块链等金融科技手段，助力金融机构完善交易结构设计、升级风控技术，助力金融产品与服务全面渗透、覆盖应收、存货、预付等各个场景中，这类平台服务方可称为产融场景平台。产融场景平台一般主要由以下四类企业搭建。

一是脱胎于产业集团的产业互联网平台或供应链金融平台公司。如中国宝武钢铁集团旗下的"欧冶金服"；中国航空工业集团有限公司旗下的金网络（北京）数字科技有限公司；由 TCL 集团孵化而出的"简单汇"等。这类企业通过依托集团股东和全面的行业资源，以"源于产业，更懂产业"作为自身竞争优势，从所熟悉的产业实体入手，从供应链金融科技服务公司向数字产业金融的科技平台，积极为数字产业金融提供场景化、"一站式"服务。

二是一些金融科技公司在为开放银行 API 平台提供技术赋能同时，也成为产融场景服务平台。如华为智慧金融不仅在开放银行模式构建中作为第三方平台，推出了钱包生态（Wallet Kit）、数字身份、HMS、鸿蒙生态（含HarmonyOS 和 OpenHarmony）、分布式开放平台解决方案"Fincube"，还围绕冷链、大宗、干散、标品等场景，整合了各产品线和"华为 2012 实验室"的能力，攻克多个动产资产实时管控难题，发布产业金融动产金融仓解决方案以及《动产融资金融仓平台技术白皮书》等，通过打造"端边云＋智能"的产业数字金融平台，聚合"科技＋生态"的力量，助力金融服务深度融入产业场景。

三是互联网金融平台公司转型开展数字产业数字金融的场景化服务。如京东科技通过构建完善的全链路、全场景产品体系和运营体系，从京东供应链走向产业供应链，并将自身所打造的金融服务场景、金融用户、金融业务，直接连接到金融机构的服务体系，为金融机构搭建第二增长场景。

四是金融机构旗下的金融科技公司。如中国平安集团旗下的金融壹账通、华夏银行旗下的龙盈智达、众安保险旗下的众企安链等，这些公司关注业务生态场景、平台的铺设，通过搭建产业数字金融场景平台将对公客户的支付、信贷、公益、政务等实际需求与具体的场景对接，提供"金融＋场景＋技术"的跨界融合产业供应链金融服务解决方案，构建"场景＋金融服务运营生态"模式。

前三类产融场景平台若在平台金融生态系统中获取平台领导者地位，将能建构起一种由其主导的产业链金融模式，而开放银行平台则为其互补者。后文对此将作详述。

二、产业链金融平台架构的系统分析

产业链金融平台以产业数字金融平台为核心，以银行等金融机构的内部平台为底座，并连接有大量参与者的平台外围生态层，这既是数字平台的"核心—边缘"模块化思想的具体体现，同时也与多层次的服务生态系统结构相匹配。产业链金融的平台架构属于产业平台性质，并在服务生态系统结构中进行的耦合多层次互动。

（一）产业数字金融平台属于产业平台

Gawer（2014）将与作为"双边市场""多边市场"平台相对应的技术平台，视为演进的组织或元组织，[①] 提出了技术平台分类的组织一体化框

[①] Gawer（2014）基于以下三点分析，将平台概念化为组织，体现了组织平台流派：（1）联合和协调能够创新和竞争的构成主体；（2）通过产生和利用供应或/和需求的范围经济来创造价值；（3）平台的模块化技术架构，能够使其进行跨平台的代理协调，就如同个人或公司在交易中所扮演的角色。

架：公司中的内部平台、供应链体系中的供应链平台、经济学意义上生态系统中的产业平台（见图 3-2）。

技术平台流派中的无论哪一类平台，其平台架构都能把一个系统划分为稳定的核心组件和可变的外围组件。平台这种模块化结构所带来的创新便利化，既可以在企业内部发生，也可以在产业层面产生，而产生的条件取决于模块之间的接口是如何开放（Langlois 和 Robertson，1992）。所有平台在"核心"和"外围"之间都有技术接口，接口的"开放性"可以将其代理外部可访问的信息，通过接口的兼容来建立互补性创新，这意味着，"随着平台的范围从内部平台扩展到供应链平台和产业平台，平台接触创新主体的机会和多样性能力增强"Gawer（2014）。产业数字金融平台正是由于成为生态系统中的产业平台，从而推动产业链金融创新。

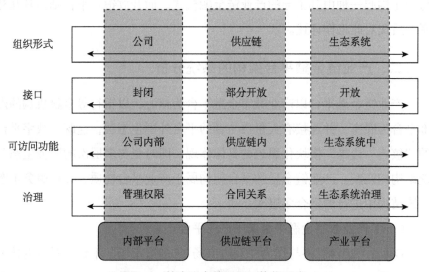

图 3-2　技术平台的组织一体化形式

（资料来源：Gawer, A. Bridging differing perspectives on technological platforms：toward an integrative framework[J]. Research Policy，2014，43（7）：1239 –1249）

在传统金融服务模式下，银行一般是通过内部平台提供产品和服务。内部平台也即产品平台，它是公司内部一组产品共享的资产集合（组件、流程、知识、人员和关系），公司可以从中高效地延伸开发产品、控制经营成本（Robertson 和 Ulrich，1998；Gawer 和 Cusumano，2014）。包括账户管理、交易管理、风险管理、客户管理等模块组成的银行内部平台（运营管理平台），提供了数据分析和决策支持等功能，帮助银行实现业务流程的全面管理和协同作业，提高管理效率、降低运营风险。

供应链金融虽然开启将供应链商流、物流、信息流与资金流紧密结合的产融创新模式，但其所依托的供应链平台在平台理论看来，属于内部平台的渐进式创新，这仍是内部平台的一个特例（Gawer 和 Cusumano，2014）。就银行而言，供应链金融平台与之前内部不同的区别在于，银行以更具创新性或更低成本的组件与技术，扩展了原有产品内部平台，通过嵌入供应链链条获取业务新资源。

商业银行从 Bank3.0 到 Bank4.0 所开启的开放银行模式，是银行平台接口从私有 API，到合作伙伴 API、成员 API，以致到开放 API 的演进过程，也是其管理平台架构范围从内部平台到供应链平台，再到产业平台的扩展。产业平台（外部平台），是一种积木式架构，它以一个或多个公司开发的产品、服务或技术为基础，将其他公司松散地组织在一个创新生态系统中，从而形成建立进一步的互补创新（Gawer，2014；Gawer 和 Cusumano，2014）。产业平台的设计规则，是平台周围的接口必须足够"开放"，以允许外部公司"插入式"补充以及在这些补充上进行创新，并能从中获利（Gawer 和 Cusumano，2014）。在作为产业平台级的开放银行平台架构中，银行与企业之间不再仅靠内部平台的银企直联专线交互，而是企业通过调用银行所授权的开放 API，借助 App、SDK、小程序等进行快速敏捷地交互，在开放银行平台的创新生态圈中，实现数据共享和金融供需的匹配。

与开放银行平台同理，产业数字金融平台层中的产融场景平台，也不再是基于供应链上核心企业、上下游中小企业的供应链平台，而是以开放的平台接口和编程工具上的编码信息扩展为产业平台，它通过建立对金融机构或开放银行平台可访问的创新能力池，以及更广泛的技术系统所挖掘分析的产业链供应链运营数据，以场景提供方和技术提供商的角色进行平台代理，建构起兼容的互补产品，甚至还可以根据其平台策略选择，而在产业数字金融平台层中发挥主导作用。

（二）服务生态系统结构下平台分层模块

由于平台可以概念化一种演变中的组织或元组织，而不同程度的接口开放性与模块化结构，形成不同层次的系统（或参与者）间交互关系，因此，生态系统的产业平台架构可以置于服务生态系统结构中进行分析。服务主导逻辑理论将服务生态系统微观、中观与宏观的服务交换过程与链接，具体概括为参与者之间直接交换的二元组（dyads）、二元组之间交换的三元体（triads）、复杂网络之间交换的生态系统（Chandler 和 Vargo，2011），从互动与耦合的角度讲，产业链金融平台在服务生态系统结构下呈现为以下分层—模块化架构（见图 3-3）。

1. 微观层的二元直接互动。以服务主导逻辑观点，企业实质上向客户提供的是以非商品为主的服务平台，而并非有形商品（Lusch 和 Nambisan，2015），企业—客户之间的关系，实际上是服务平台与客户的二元直接互动。在产业数字金融平台的服务模式下，企业（包括银行、产融场景服务企业、金融科技公司等）将自身内部流程与外部合作 API 部署在统一的平台上，对客户界面表现为一个整体组合的服务平台。银行以其内部平台和开放银行平台向客户提供服务时，或者场景企业与金融科技公司以其产融场景平台通过与银行等金融机构向客户提供服务时，都是采取"一站式"的平台服务方式。企业从中所获的金融产品和服务，无论来自开放银行平台，还是从产融场景平台上间接获取，在产业链金融生态系统的微观层面上，都表现为其（b）与其中某一具体服务平台界面（a）之间的二元互动。

2. 中观层三元组的间接交换。这种交换结构是参与者 b 直接为另外两个参与者 a、c 服务，而 a、c 则分别通过对 b 的服务间接进行彼此服务。在金融服务介入买卖双方商业活动的三元组交换中，产业数字金融平台层中的开放银行 API 平台、产融场景平台均可视为连接买卖双方的参与者

b。由此存在两种三元组的间接交换：通过开放银行 API 平台（b），银行基础功能和服务（c）与企业（a）彼此进行互动；通过产融场景平台（b），银行等金融机构（c）的产品和服务触达企业（a）。

3. 宏观层的复杂网络间交换。这是多个三元体都利用其资源与能力，同时进行直接和间接服务交换的服务生态系统结构。产业数字金融平台 b 既与开放银行平台、产融场景平台构成三元体，也以其契合平台的架构与银行等金融机构、企业客户构成三元体，API 开放平台在多个三元体间相互连接的交换结构下，平台各组件、各异构主体间的级联（cascade）操作能顺畅进行。

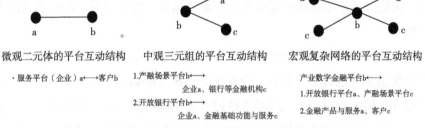

图 3-3 产业链金融服务生态系统的平台分层——模块化结构

（资料来源：根据 Chandler 和 Vargo（2011）的研究整理）

第二节 产业链金融的平台金融服务系统

Ander（2017）在以结构主义方法对生态系统概念化的基础上，从战略建构和价值创造中的相互依存关系，将生态系统作为商业模式、平台、网络、多边市场、技术系统、供应链、价值网络等一系列的替代结构。以此观点和方法，在运用价值网络的服务生态系统对产业链金融的生态系统结构进行研究时，不仅涉及与商业模式相关的商业生态系统，同时，针对平台技术架构，还将面对一种平台金融服务系统。

一、产业链金融系统概念集合与平台金融

（一）产业链金融系统的概念集合

Hannan 和 Freeman（1977）基于组织种群生态视角，关注环境组织最佳组合的变异和选择过程，认为在一个特定边界内具有共同形式的所有组织构成种群，组织环境影响组织的活动方式和结构，将生态系统思想应用于组织研究，形成组织生态学（Organizational Ecology）的思想。组织生态学思想的广泛运用以及与相关理论的融合发展，生态系统已被视为一种组织域（Organizational Field），它由作为组织领域定义特征的相同网络和制度元素组成（Lawrence 和 Phillips，2004；Autio 和 Thomas，2014）。据此，无论商业生态系统还是服务生态系统都是一种组织域，都具有其组织逻辑。

与此同时，在网络中的参与者共同创造价值方面，商业生态系统与服务生态系统也具有一致性。商业生态系统（Business Ecosystem）是一个由相互作用的组织和个人基础支持的经济生态群落，其中包括供应商、主要生产商、竞争对手和其他利益相关者，企业可以将自己视为生态系统成员，跨越多个产业领域，在生态系统中通过共生演化提升竞争力和实现创新（Moore，1993；1996）。商业生态系统概念是将生态系统思想运用到商业活动中，它与服务生态系统一样，也是一种动态的、有目的的价值创造网络。Vargo 和 Lusch（2014）进一步指出，服务生态系统和商业生态系统都是以生态系统的视角，为描述商业和非商业的关系提供了一个综合性的社会和制度框架。

更深层次的分析可以发现，服务系统与商业生态系统在功能与结构上还具有内在的一致性。

1. 价值共创的一致性。服务系统基于知识的交互而开展价值共创（Maglio 和 Spohrer，2008）；而商业生态系统的核心企业在知识分享与系统中起着桥梁作用（Clarysse 等，2014），它通过平衡与分享价值对非核心企业进行吸引与连接，主导系统的价值共创（Iansiti 和 Levien，2004），价

值共创也是商业生态系统所具有的鲜明特征（崔淼和李万玲，2017）。

2. 资源分配的一致性。服务系统由操作性资源和对象性资源组成，因此它也是资源本身（Spohrer 等，2008），商业生态系统作为经济联合体将个人和组织的资源有机地聚集起来，是一种资源集合体（Moore，1993），其系统内部间资源交互，形成稳定的资源依赖关系（Hillma 等，2009）。

3. 复杂系统的一致性。Peltoniemi 和 Vuori（2004）、Maglio 等（2009）都强调，商业生态系统和服务系统同属于复杂适应性系统（Complex Adaptive Systems，CAS）。

作为服务科学的基本抽象，服务系统概念是服务科学与其他各学科间交流的接口，只要符合共同创造价值这一关键条件许多事物就都可以看作服务系统（Spohrer 等，2008）。以服务主导逻辑的视角，商业生态系统即是一种服务系统。以平台为媒介（Platform-Mediated）的商业生态系统被定义为平台型商业生态系统（龚丽敏和江诗松，2016），同理，平台型商业生态系统也能以服务系统作为分析单元。

由于服务生态系统结构 A2A 中的 Actor 并非某一特定的参与者，而可以类似一种"扩展公司"（Extended Firm），由供货商、分销商、促进机构和客户组成的关联行为和经济系统（Vargo 和 Lusch，2011）。因此，商业生态系统内部成员之间的互动、不同商业生态圈之间的联系，都可以视为服务系统之间耦合而成的服务生态系统结构；换言之，商业生态系统也是一种服务（生态）系统。两者虽有共通性，但服务生态系统多层次的动态网络结构，能以更大范围和更为系统的角度，研究和解释商业生态系统及其内部成员之间、不同商业圈之间的价值共创与服务创新问题。

基于以上对商业生态系统与服务生态系统、服务系统的理论逻辑梳理，产业链金融系统可以通过三种不同的系统结构加以描述，是一个包括三个方面内涵的概念集合（见图 3-4）：一是以服务主导逻辑观点，它在广义上是产业链系统与金融系统耦合互动的产业链金融服务生态系统；二是以商业模式的生态系统战略观（Ander，2017），它又是一种平台型商业生态系统；三是平台边界资源模型认为，分析数字平台动态的核心单元不

应是平台的核心资源，而是其边界资源（Boundary Resources）（Ghazawneh
和 Henfridsson，2013），为此需要从技术系统的角度理解产业链金融，以
便于厘清产业链金融平台的边界资源。生态系统作为对供应链、平台、技
术系统等在价值创造中的替代结构，不仅能以商业生态系统、服务生态系
统范式，从更广的意义上理解产业链金融，还可从服务系统的狭义上，将
其界定为平台金融服务（生态）系统。

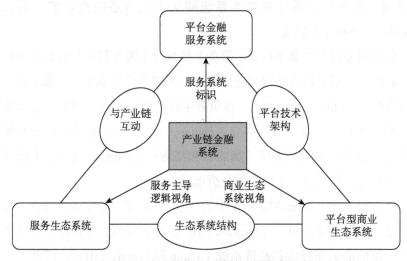

图3-4 产业链金融系统的三维概念集合

（二）平台金融：产业链金融生态系统的形成基础

服务系统是服务生态系统的形成基础与分析单元，服务系统技术是服
务系统的关键性因素（Maglio 和 Spohrer，2008），并且每个服务系统都需
有一个唯一的标识（Maglio 等，2009）。产业数字金融的技术平台架构是
产业链金融服务生态系统的技术关键性因素，对于与产业链服务系统耦合
互动的金融提供方一侧服务系统，可以用"平台金融"作为系统的标识（见
图3-5）。平台金融服务系统基于以下两方面的结构生成性，使其在与产
业链服务系统互动中，成为产业链金融服务生态系统的形成基础。

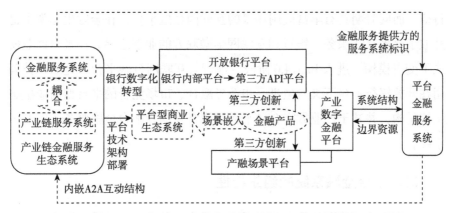

图 3-5　产业链金融服务生态系统与平台服务系统

1.平台技术架构。在开放银行平台中，由接口将核心组件和可变外围组件所连接成的模块化架构，使银行内部运营平台体系与第三方 API 平台之间，能够进行多模态（Multimodal）交互的代理（Baldwin 和 Woodard，2008；Gawer，2014），双方平台的 API 接口基于可访问性集合、组件模式以及治理方面的一致性，形成了相同的平台技术结构，进行第三方创新。

产融场景平台利用其所处产业链系统中资源便利，同样基于开放式模块化的平台架构，在与金融服务系统的互动与连接中成为第三方创新联盟。商业生态系统的基础由核心企业所定义的技术架构来决定（Pierce，2009），开放银行平台、产融场景平台等核心企业的技术架构，决定了产业链金融是处于平台型商业生态系统结构中。产业链金融的产品和服务，通过共享平台进行开发设计，并嵌入供应商、互补商、分销商、终端客户等组成的生态系统场景中。

2.金融市场组织结构体。平台技术架构的开发尽管是来自银行或互联网平台、金融科技公司等不同主体，但依据 Orlikowski（1992）的技术结构化模型，技术架构若在市场体系部署成功运行，则它会变成制度化客体，与建构者或意义赋予者之间失去联系，体现为金融市场体系中的一个组织结构体，进而形成产业链金融组织演化的平台金融范式。事实上，在 Bank3.0 阶段，银行产品与业务的平台化创新已呈现出一种平台金融的特征，而同时期具有丰富应用场景的互联网金融平台，在金融生态圈中也开放了众多 API 服务，银行和互联网金融双方的业态边界，在平台商业模式下变得模糊。进入 Bank4.0 阶段，银行与互联网金融平台、金融科技公司在开放银行平台下又发生进一步业务融合、市场竞合的平台型商业生态系统重构，并基于产业数字金融平台层耦合互动为平台金融服务（生态）系统。

二、平台金融系统的组织特性

生态系统结构下的平台金融系统可视为一种组织域，具有以下三个方面的组织特征。把握平台金融系统的组织特征，能更好地理解产业链金融开放式平台架构的边界资源。

（一）平台金融是基于网络组织的金融商业生态圈

产业链不仅包含产业价值链中下游的链条关系，还链接产业价值网左中右、前中后的关系；是从注重产业价值链上的串联式的生产消费供应链，转到注重产业价值网络的并联式的开放创新生态圈（徐苏涛等，2021）。生态系统或者生态圈隐喻，是理解和预测组织系统形成与影响条件的有力工具（Mars 等，2012），因而产业链本身是一种基于产业价值网络组织的开放生态圈。

与此同时，生物学意义上的生态圈概念被引入互联网金融当中，已是互联网金融理论与实践形成的共同结论。王千（2015）提出基于共同价值的互联网企业平台生态圈及其金融生态圈的构建；李麟等（2015）则认为，互联网金融生态圈是数个子系统以及环境要素构成的整体，信息通信技术（ICT）是互联网生态发展的基础。ICT 迅猛发展下的平台网络效应，将金融服务的实体场所拓展、延伸到各类生产生活的商业场景，形成一个个价值共创的互联网金融生态圈，价值网络组织的生态系统成为平台金融的重要组织特征。产业链金融生态系统背后的组织机理，体现在平台金融的网络组织效应，推动金融行为导入产业链上的离散实体（Disperse Reality）中，进而聚合成具有共生关系的产业互联网金融生态圈。

（二）平台金融在创新生态系统范式下的组织能力

源自商业生态系统思想的创新生态系统（Innovation Ecosystem），首先是由 Ander 2006 年在企业协同机制、焦点企业、企业技术等微观层面研究开发而来，是指具有互动需求的多边、异质参与者之间为实现共同价值主张所建立的联盟结构（Alignment Structure）（Ander，2017）。由于创新生态系统研究对象的广泛性和多元化，学术界虽没有形成揭示其本质的普适性定义，但数字技术、平台、竞合、网络、价值创造与价值获取，已成为其深度研究的主导议题（王伟楠等，2019）。Autio 和 Thomas（2014）将创新生态系统定义为，"一个相互关联的组织网络，围绕平台组织纳入生产和使用方面的参与者，专注于通过创新开发新价值"。这一定义下的创新生态系统范式，适合用于研究平台金融的组织特征。

Autio 和 Thomas（2014）认为，创新生态系统的定义底层要素不是一个给定的产品，而是一组相互关联的技术和相关的组织能力，这些技术和能力将各种参与者黏合在一起，共同为不同的用户群体和用途生产一套产品；与其把生态系统看作一个行业，不如把生态系统看成一个不断发展的社区，专门开发、发现、交付和部署利用一套共享的互补技术和技能的不断发展的应用程序。在创新生态系统的社区中，平台金融组织特征体现的正是其对信息协同及应用程序发展的组织能力。

拓展受众、匹配供需、制定规则和标准、提供工具和服务是平台的四大核心功能（莫塞德和约翰逊，2018），平台所有核心功能发挥的基础是信息流。网络平台在线上的虚拟空间中，为不同的金融机构之间、金融机构与产业数字金融平台之间、产业链上下游企业及利益相关方与产融平台企业和金融机构之间，打破时空限制、突破区域约束，通过信息的征集、交换、处理、分析等过程，对双边市场或多边市场的金融需求、供给能力和需求创造进行信息精准匹配。在这里，金融服务的供需实际上是一种信息消费，平台金融本质上是以其对信息协同的组织能力，通过 ICT 对金融与交易进行数据的网络化传递、显性化共享、自动化储存、智能化集成，在其与产业链系统的耦合互动中，成为数据关联、数据比较、数据互补的一体化组织。

（三）平台金融服务系统组织结构的完整与灵活性

服务系统本身是一种组织，组织与人、技术和共享信息是服务系统作为价值共创配置的四大重要资源（Maglio 和 Spohrer，2008）。服务系统中的共享信息和连接系统内外部的价值主张，在促进自身组织结构完整的同时，也使服务生态系统具有结构完整性（Lusch 和 Nambisan，2015）。平台金融正是以其信息协同、数据一体化共享，以及所提供的价值主张，维护自身组织结构的完整性。

服务系统同时又具有组织结构的灵活性，这种灵活性一方面体现在它以其自身资源与其他服务系统相互作用，创造出新的资源集合（Spohrer等，2008），即形成新的服务（生态）系统；另一方面体现在可以根据特定问题解决和价值共创的机会，支持生态系统内参与者的不断进化，或配置不同的参与者（Lusch 和 Nambisan，2015）。平台金融系统在与产业链系统耦合互动中撬动促进人流、物流、信息流、商品流、转化为资金流和价值流，产业链金融服务生态系统的耦合形成中实现价值再造。为使产业链金融生态系统的参与者之间联系更紧密，服务交互和资源整合机会更大，平台金融将进一步调整其组织结构的适应性和灵活性，如增强产业数字金融平台的可扩展性，支持更多的平台企业或金融机构参与。

三、平台金融的自组织模型

"如果一个系统在获得空间、时间或功能结构的过程中没有受到外界的特定干预，我们便说该系统是自组织的。这里'特定'一词是指那种结构或功能并非外界强加给系统的，并且外界是以非特定的方式作用于系统的"，协同论创始人哈肯（Haken，1988）明确自组织这一定义后，组织形式便被分为"自组织"和"他组织（被组织）"两种。产业链金融实际是一个自组织的形成过程：一方面，产业互联网创新是将产业链的上下游、买卖的左右方等链式供应关系，转变为共生自组织自成长的创新生态关系，而在产业互联网构建与发展过程中，金融又几乎成了标配（徐苏涛等，2021）；另一方面，在由制造环、金融环和交互环组成的工业互联网参考架构中，制造、金融和交互三个环从内向外，相邻环之间能够信息互通，制造环在最里层，其供应关系因能力资源的网络化而使生产单元较前更加自治（武璇，2021），制造环与供应链产业链自组织过程，又推动了与之"标配"的金融环的自组织形成。

从服务系统狭义上对产业链金融服务生态系统理解的平台金融系统，是一种自动地由无序走向有序，由低级有序走向高级有序的组织。在耗散结构论中，系统的开放性、远离平衡态、系统内要素间非线性相干以及存在涨落，是形成自组织的四个条件。平台金融如前所述是一个信息协同的开放系统，而网络经济外部性特征引发的自增强机制，产生诸如"赢者通吃"（Winner-take-all）、"锁定"（Lock-in）等正反馈效应，存在着使系统由不稳定状态跃迁到一个新的有序状态的随机涨落。平台金融已显而易见符合自组织形成的其中两个条件。

耗散结构论又同时指出，负熵流是增强系统内部自组织能力、提高系统内部有序度的必要条件；协同论引入了描述自组织宏观状态或模式形成有序程度的"序参量"，为自组织系统运动与演化提供了方法论。由此，研究平台金融的自组织模型，理解远离平衡态和非线性作用机制，是把握平台金融自组织系统的关键点；负熵流引入和序参量建立，是解释平台金融自组织系统的重要环节。

（一）平台金融是一个远离平衡态的系统

远离平衡态是对系统开放的进一步说明，互联网数字平台以下三点决定平台金融系统处在趋于发生突变的非平衡状态。

1.信息技术迭代。信息技术迭代推动平台模式从强调软件应用、线上线下、社交化的消费互联网、社群互联网，不断向强调云端云台、数智兼备、智联生态的工业互联网、产业互联网演进。不仅通过2C从改变消费方式、生活方式，通过2B改变了生产方式，也由此改变了金融运行方式。信息技术迭代下产业互联网的数字化、智能化和平台模式的生态化，也使产品与模式迭代成为平台金融系统运行的普遍性规律。

2. 竞争性市场结构。一方面，互联网的长尾市场效应特征明显，通过产品差异化满足需求多样化，产生了新的市场利润空间，由此不断激励大量平台型企业、金融科技公司参与产业数字金融的平台类业务市场竞争；另一方面，信息技术进步导致产品价格呈现周期性下降趋势的摩尔定律，降低了市场进入壁垒，具有技术或商业模式创新的中小型企业甚至可能颠覆原有产融场景服务业务中的垄断企业，或与金融机构合作共创新业态。无论是金融市场业务结构，还是平台类企业的市场结构，都呈现出高度竞争、随时有颠覆性现象产生的非平衡特征。

3. 多归属性（Multi-homing）。互联网平台市场中的相似业务一般具有用户多归属性（Rysman，2004），典型的如人们同时可以选择使用支付宝、微信支付等。产业链中小企业既可选择各种多样化的产融场景服务平台，根据其所提供的金融解决方案开展融资，也可以直接通过不同的开放银行平台获得融资支持。多归属性扩大了平台用户的目标交易范围，实现了冗余机制，但也导致平台对用户竞争的白热化。平台为了吸引两边的用户，会采取聚焦于"竞争瓶颈"、平台差异化、拒绝互联、纵向一体化或者战略联盟、排他性举措等多种竞争策略（纪汉霖和张永庆，2009）。平台金融从诞生之日起，其系统结构就超越了近平衡态，而这正是系统出现有序结构的必要条件。

（二）平台金融系统内的非线性相互作用

平台金融作为一个由两个或多个具有互补需求的群体提供金融交易场所和机制的生态系统，不仅双边用户具有交易异质性和收益异质性，而且构成生态系统的其他成员也已具有很强的外部性。基于互联网结构的平台金融，自然是属于复杂网络中的无标度网络（Scale-Free Network），节点度服从幂律分布，其本身内部节点与连边的相互作用将以非线性动力机制产生，即平台成员间的竞争与合作，不是性质相同就以线性叠加方式产生作用，而是依靠相干与制约的非线性作用。

平台金融的非线性作用典型体现在以下两个方面。一是平台金融集成了多元样内容服务的网络站点，以此站点为门户，将产业生态层中异质性成员的数据接口、通信协议等进行联通；将既有的金融产品与创新性金融服务进行有效衔接，通过元素间的相互制约、相互耦合而非简单地在数量上叠加，从而转化和跃升出产业数字金融的新业态。二是平台金融并不按价格等于边际成本的原则定价，而是在"羊毛出在猪身上，猴数钱、牛买单"商业模式下采取的非对称价格机制，平台收入并非都直接来自金融产品，而是往往源于用户资源—流量的变现、共享金融服务，甚至是云服务收入。如产融场景平台企业收入并非来源于融资利差，而是在构建与融入产业生态中，以其对特定产业链的技术共性能力，帮助银行等金融机构实现低成本的产业场景开发，从中获取场景"租金"收益。此外，前述平台用户可以自由地选择归属行为的多归属性，也会放大平台金融系统内的非线性作用正是系统内部诸要素之间、系统与环境之间非线性作用的独立相干性，不断导致平台系统演化出新的性质。

（三）平台金融的负熵流引入

信息的不对称以及扭曲是构成交易成本的主要因素。交易成本给市场活动带来高摩擦和高耗散，交易成本可以视为市场系统的一种熵，正如孤立体系中系统的熵只能向着熵增加的方向运动，封闭市场的交易成本只会增加或变得扭曲。信息是用来清除不确定性、对系统的有序和组织程度的度量，香农（Shannon）和维纳（Wiener）从不同理论研究的角度，均得出"信息即负熵"的重要结论（黎鸣，2005），信息熵与物理熵的计算公式相同符号相反，可进行量化分析信息用于解决不确定性问题。

产业数字金融平台基于大数据、区块链、云计算、人工智能等技术，通过规范化、标准化的数据采集与"清洗"，自动化、智能化的数据分析与维护，降低产业活动中数据的异质性，增强数据的通用性和可理解性，从而打破产业链各主体之间的信息流动壁垒，在系统中引入了信息熵，促进数据在产生供应链与金融领域的共享，降低了两个领域的信息不对称及不确定性。信息熵作为负熵流具有减熵（交易成本）的目的，它是平台金融的动力源泉，能使该自组织系统不断产生活力，形成新的有序结构。

（四）平台金融的序参量建立

序参量是协同论的核心概念，哈肯（2001）对此形容为，"序参量好似一个木偶的牵线人，他让木偶们跳起舞来，而木偶们反过来对他起影响，制约着他。"共同价值是平台金融内部诸要素形成共生关系生态圈的基石，平台金融系统的序参量就是价值共创。一方面，平台拥有者的主要任务之一是促进价值共创活动（Tomas 等，2014；Vargo 等，2015），平台金融的即时信用机制、统一商户管理、融资交易风控、专业化支付中心、分布式系统支持等核心模块，以及与之相匹配的物流按时交付功能，使信息流、资金流、交易流、物流在时空上进行重构，重构的创新倍增带来了溢出价值；另一方面，平台金融打破了金融供需处于价值链终点的静止状态，它通过产业金融数字平台使系统成为一种"产融共同体"。"产融共同体"的各成员、各利益相关者都可以通过人流、物流、信息流、资金流的互联融通、资源优化、开放创新，产生出共享经济效益、顾客学习效益、社会综合效益等多方面的共生互惠性，在创新链产业链资金链人才链深度融合中实现价值共创。

以价值共创作为平台金融的序参量，颠覆了金融服务系统的传统价值创造模式，对金融行业进行"创造性破坏"（Creative Destruction），对价值链进行价值网络的生态系统重构，支配着平台金融从低级有序向高级有序的自组织演化，促进产业链金融服务生态系统内相互竞合的各要素、各子系统实现协同关联。

综上研究，平台金融具有显著的自组织属性，这意味着在没有外部指令或由某个中央机构直接控制的条件下，产业链金融系统内部各子系统之间，能自行按照某种规则形成一定的结构或功能，即产业链金融系统也是有系统内部相互作用和反馈所驱动的自组织。平台金融自组织系统演化发展过程的特点如图 3-6 所示。

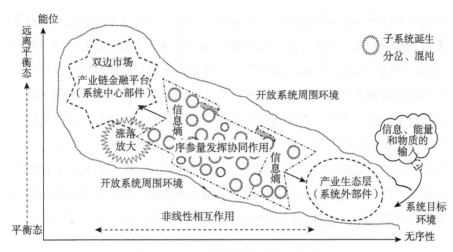

图 3-6 平台金融自组织系统模型示意

一是平台金融作为一体化数据组织，以资金流为能量、以交易场景为物质，与环境之间进行信息、能量和物质的交换，这种与外界交换的开放系统不断获取到信息熵，无须外界指令可将从外部输入的信息、能量和物质，转化为组织的产出即金融服务与产品。

二是平台金融系统始终处于一种动态平衡中的远离平衡态，随着产业链金融的产品、模式、技术、结构以及生态的不断创新升级，系统产生出分岔（Bifurcation）、混沌（Chaos）等不稳定的复杂特征，当变化达到自组织临界（Self-organized Criticality），在非线性作用机制下，系统的输出会被迅速放大，成为一个整体的、宏观的"巨涨落"，导致平台金融系统涌现出新的结构行为特性或发生"蝴蝶效应"（Butterfly Effect），从而又突变跃迁到一个新的有序状态。

三是平台金融与其他任何自我走向有序化的自组织过程一样，外部环境对系统只可能进行外生的、间接的、宏观政策式的控制，序参量才是系统有序化、规则化的支配力量，它赋予了系统组织结构的形态，主宰着整个系统形成协同一致的演化（夏蜀，2019）。

从系统论角度看，新质生产力是一个复杂系统，它因科技是先进生产力的集中体现和主要标志而具有创新驱动特性；因通过现代新技术以及各类新型基础设施，超越传统地理空间范畴的场域维度而具有开放融合特性（黄群慧和盛方富，2024），新质生产力具有明显的自组织特征。在这种自组织系统的构造中，新质生产力通过科技创新驱动对更高素质的劳动者、更新技术的劳动资料、更广范围的劳动对象进行全方位优化组合，实现从低级有序走向高级有序；它与由要素和规模驱动的传统生产力发展方式又有本质区别，是生产力发展的整体性、质变性跃迁。平台金融在自组织系统特征方面与新质生产力具有同构性，由此也映射出在新技术变革与运用下的产业链金融，能够成为金融促进新质生产力发展的一种重要工具。

第三节　产业链金融平台生态的制度逻辑

生态系统的构建包括技术架构、行动架构和价值架构三种相关架构。技术架构主要涉及平台架构设计原则和共享技术资源的连接；行动架构定义了生态系统参与者角色及其专业化的驱动因素和协调机制；价值架构则是描述技术架构和行动架构所产生的价值动态（Autio 和 Thomas，2014）。制度逻辑及其共享逻辑是支撑生态系统行动架构和价值架构的关键所在：一方面，行动架构的支撑依赖参与者所在行业组织领域的制度逻辑，以及由合法性和意义等认知要素组成的共享逻辑（Thomas 和 Autio，2014）；另一方面，为系统参与者在彼此服务交换与资源整合中，提供价值共创实现的基石，也正是源自服务生态系统的制度逻辑（其包括共享逻辑、组织逻辑）。生态系统理论将制度逻辑作为有关制度的高阶集合概念，其内涵包含组织逻辑、共享逻辑，以及制度安排、制度化等。本节从制度逻辑方面对产业链金融"平台＋生态"的系统结构展开研究。

一、产业链金融生态系统的制度化

以制度经济学的观点，制度是一个社会的游戏规则，或更规范地说，它们是为决定人们的相互关系而人为设定的一些制约，包括"正规约束"

（如规章和法律）和"非正规约束"（如习惯、行为准则、伦理规范），以及这些约束的"实施特性"（诺斯，1994）。以政治学的观点，生态系统是嵌套和重叠的，其中一个层次的整个系统是另一个层次的系统的一部分，制度为系统中日益复杂、相互关联的合作与协调提供了基石（Ostrom 2005）。以组织学理论的观点，制度包括三个支柱：监管支柱，即规则制定和制裁活动；规范支柱，即价值观和规范；认知支柱，即解释框架的意义与构成（Scott，2013）。制度有一个核心逻辑，即制度逻辑，它是一个领域对要追求的目标以及如何追求这些目标的共同理解（Battilana 等，2009），具有象征性的基础、组织结构、政治辩护以及技术和物质约束（Friedland 和 Alford，1991）。市场营销理论则将制度理解为交易和市场参与者互动的一套条件和规则（Arndt，1981）。

服务主导逻辑理论在整合经济学、政治学、组织理论和市场营销学有关制度方面观点的基础上，将制度界定为相对分离、独立的规则、规范、意义、符号、法律、实践等，明确制度作为合作和协调活动的工具，对嵌套和重叠的服务生态系统中的资源整合和服务交换活动提供构建的基石，进而提出了其命题 11（Vargo 和 Lusch，2016）：价值共创通过参与者创造的制度和制度安排协调，制度在服务生态系统扮演核心角色，协调和促进服务生态系统参与者的价值共创行为。

服务生态系统的制度有着多层含义，包括制度逻辑、制度安排和制度化三个维度。制度逻辑是相互关联的一系列制度要素构成的相对连贯的集合（Vargo 和 Lusch，2016）。制度安排是支配经济主体之间合作与竞争方式的一种合约安排，包括交易制度、合约规范等（诺斯，1994）。制度化是指制度的维持、打破和改变（Vargo 等，2015），包括通过新参与者、重新定义参与者角色，以及再组织服务生态系统资源、参与者用新的方式共创价值等（Koskela-Huotari 等，2016）。

产业链金融服务生态系统的制度化，体现在新的参与者不断进入产业链供应链金融活动中，以往单一地主要由商业银行组织推动供应链金融业务的格局被打破，以及相关参与主体被重新定义。

一是产业链供应链中的参与主体发生了结构性变化。不仅主体的范围由以往供应链运营中的上下游企业，拓展为供应链上核心企业、上下游的中小企业以及直接为链上经营活动提供服务的第三方企业或机构（宋华，2019）；更重要的是，金融服务从"链状、单核"的供应链，发散拓展到"网状、多核"的产业链中，并且由于产业互联网平台支撑下的 S2B2C、F2C 模式产生[①]，金融服务和参与者主体还延伸到了消费端。

二是金融产品与服务提供的参与主体也发生重大变化。面对产业链上众多的融资主体及其多样化、个性化的金融服务需求，单一的银行服务已很难全面顾及。商业银行在继续作为金融资源主要提供者的同时，证券公司、保险公司、信托公司、金融租赁公司、基金公司等非银行金融机构，以其自身的产品业务（如资产证券化、信用保险等）参与到对产业链供应链的金融服务中；此外，一些担保公司、保理公司等非金融机构通过创新与商业银行的合作模式，也参与其中。

三是风险管理者被重新定义。在以往供应链金融的服务模式中，作为流动性提供方的商业银行既是融资风险的承担者，由此也成为风险的管理者。产业链服务生态系统制度化过程中，重新定义了风险管理者，金融机构不再是单一的风险管理者，以金融科技公司为主的新进入者成了重要的

---

① S2B2C（Supplier to Business to Consumer）是基于产业物联网平台的商业机构（S），向供应商（B）提供产品，再由供应商向消费者（C）销售的商业模式，一个大的平台S，对应着包括大中小各种规模的企业在内的万级、十万级甚至更高万级的B端。该模式最大的创新之处在于改变了以往to B或者to C两个环节的割裂状态，而变成由S和众多的B共同服务于C。众多的B服务C过程中离不开S的产业互联平台提供的支持，而是S需要通过B来服务C。这也正是服务主导逻辑所概括的服务交换过程与链接关系：参与者之间直接交换的二元组（Dyads）、二元组之间交换的三元体（Triads）、复杂网络之间交换的生态系统。S与众多的B是紧密的合作关系，而非传统B2B的简单商务关系，或者B2C的管理关系。

F2C（Factory to Customer）是指产业互联网平台将制造商直接连接到最终用户的商业模式。F2C典型例子是小米公司（Xiaomi Corporation），该公司基于自身的平台生态系统，自主研发产品，直接与工厂合作，并通过自有的销售渠道将产品直接销售给消费者。

风险管理者。这些参与者能够充分运用自身在信息技术方面所长，将交易数据、物流数据以及聚合数据进行整合后，传递给风险承担者，监控预警生态系统中潜在风险。

四是平台被定义为参与者。服务生态系统的参与实体是资源的集合或安排，包括人员、技术、信息和组织，其确定为参与者的实体，既可以是人或人的集合（组织），也可以是机器/技术，或组织和机器/技术的集合（Storbacka 等，2016）。因此，产业链服务生态系统中的开放银行平台、产融场景服务平台被定义为参与者。也正是基于这一制度逻辑，大量的产业服务平台机构和互联网平台企业，以新兴的交易平台服务提供商的角色进入系统，为产业链上的交易过程呈现完备信用要素，提供必要的基础设施与应用，同时也部分地行使风险管理者的职能。

二、产业链金融系统的制度环境及中间组织

作为一系列制度要素集合的制度逻辑，不仅包括制度化、制度安排，还涉及制度环境。制度环境在广义上虽可属于制度安排范畴，但不同于狭义上作为一种治理机制的制度安排（Williamson，2000），它是一系列用来建立生产、交换与分配基础的基本的政治、社会和法律基础规则（诺斯，1994）。产业链金融服务生态系统的制度化，既是新的参与者不断涌入的过程，也是技术与制度协同演化的过程，这些过程将在宏观上的制度环境和中观上的治理机制得以反映。

（一）协同演化的制度环境

有关数字经济的一系列国家战略规划和重大政策在近两年来密集出台（见表 3-1），这与前一章所述的国家关于产业链供应链金融政策相联动，打破并重构了以往金融服务与产业发展之间关系的制度逻辑，从而以新的宏观制度环境，支持产业链金融跨层级、跨地域、跨系统、跨部门、跨业务的协同运作与发展。

表 3-1 近年来国家关于数字经济发展的重大规划与政策

发布机构及时间	政策文件	相关内容概述	制度环境解析
中共中央国务院（2020年3月）	《关于构建更加完善的要素市场化配置体制机制的意见》	1. 加快推动各地区各部门间数据共享交换；研究建立促进企业登记等公共数据开放和数据资源有效流动的制度规范。 2. 培育数字经济新产业、新业态和新模式，支持构建农业、工业、交通、城市管理、公共资源交易等领域规范化数据开发利用的场景。推动人工智能、车联网、物联网等领域数据采集标准化。 3. 探索建立统一规范的数据管理制度，提高数据质量和规范性，丰富数据产品。研究根据数据性质完善产权性质。制定数据隐私保护制度和安全审查制度	将数据作为与土地、劳动力、资本、技术并列的市场要素，为金融机构和企业建立起通过数据价值挖掘、发现以获得收益的反馈机制，在宏观上提供制度保障
工业和信息化部（2021年11月）	《"十四五"大数据产业发展规划》	1. 释放数据要素价值。推动数据要素价值的衡量、交换和分配，支撑数据要素市场培育，激发产业链各环节潜能，以价值链引领产业链、创新链。 2. 打好产业链现代化攻坚战。聚焦产业数字化和数字产业化，在数据生成、采集、存储、加工、分析、服务、安全等各环节协同发力、体系推进。 3. 推动产业生态良性发展。培育壮大企业主体，优化大数据公共服务，推动产业集群化发展	规划在金融等十二大行业开展大数据开发利用行动；在延伸行业价值链中促进金融科技蓬勃发展等举措，成为产业链金融发展的政策牵引
国务院（2021年12月）	《"十四五"数字经济发展规划》	1. 加快企业数字化转型升级。支持有条件的大型企业打造一体化数字平台，强化全流程数据贯通，加快全价值链业务协同，提升企业整体运行效率和产业链上下游协同效率。实施中小企业数字化赋能专项行动。鼓励和支持互联网平台、行业龙头企业等立足自身优势，开放数字化资源和能力，帮助传统企业和中小企业实现数字化转型。推行普惠性"上云用数赋智"服务。 2. 加快金融领域数字化转型。合理推动大数据、人工智能、区块链等技术在银行等金融机构的深化应用，发展智能支付、智慧网点、智能投顾、数字化融资等新模式	规划强调协同推进数字产业化和产业数字化，培育新产业新业态新模式，这为产业链金融的各参与主体，提供"创新引领、融合发展"和"应用牵引、数据赋能"的制度环境

续表

发布机构及时间	政策文件	相关内容概述	制度环境解析
中共中央国务院（2022年12月）	《关于构建数据基础制度更好发挥数据要素作用的意见》	1. 建立保障权益、合规使用的数据产权制度。 2. 建立合规高效、场内外结合的数据要素流通和交易制度。 3. 建立体现效率、促进公平的数据要素收益分配制度。 4. 建立安全可控、弹性包容的数据要素治理制度	为支持产业链金融发展，提供了数据基础制度体系
中共中央国务院（2023年2月）	《数字中国建设整体布局规划》	1. 做强做优做大数字经济。培育壮大数字经济核心产业，打造具有国际竞争力的数字产业集群。推动数字技术和实体经济深度融合，在农业、工业、金融、教育、医疗、交通、能源等重点领域，加快数字技术创新应用。支持数字企业发展壮大，健全大中小企业融通创新工作机制，推动平台企业规范健康发展。 2. 保障资金投入。创新资金扶持方式，加强对各类资金的统筹引导。发挥国家产融合作平台等作用，引导金融资源支持数字化发展。鼓励引导资本规范参与数字中国建设，构建社会资本有效参与的投融资体系	规划"2522"的整体框架布局，为产业链金融的技术融合、业务融合、数据融合，在顶层设计上提供了制度性支持作用，优化了产业链金融的发展环境
国家数据局等17个部门（2024年1月）	《"数据要素×"三年行动计划（2024—2026年）》	1. 支持链主企业打通供应链上下游设计、计划、质量、物流等数据，实现敏捷柔性协同制造。 2. 鼓励电子商务企业、现代流通企业、数字贸易龙头企业融合交易、物流、支付数据，支撑提升供应链综合服务、全球供应链融资等能力。 3. 支持金融机构融合利用科技、环保、工商、税务、气象、消费、医疗、社保、农业农村、水电气等数据；推动金融信用数据和公共信用数据、商业信用数据共享共用和高效流通，支持金融机构间共享风控类数据，融合分析金融市场、信贷资产、风险核查等多维数据	为产业链金融开展数据要素协同优化、复用增效、融合创新，提供制度规则，促进数据在产业链金融中的多场景应用

此外，信息通信技术迭代升级与产业互联的兴起，以及由此催生的互联网金融与金融科技创新的迅猛发展，迫切需要与之相适应的金融监管环

境。技术自身的发展与进步，结合国家有关数字经济发展和提升产业链供应链现代化水平的顶层战略设计，必然导致金融政策与监管环境的一系列重大变化。

例如，2019 年 8 月，中国人民银行印发《金融科技（FinTech）发展规划（2019—2021 年）》，标志着面向金融科技的监管制度环境构建全面开展"立柱架梁"；2020 年 2 月，中国人民银行发布《商业银行应用程序接口（API）安全管理规范》，基于银行数字化转型的顶层规划，为"开放银行"生态制定了最具参考性和执行性的标准；2022 年 1 月，中国人民银行印发《金融科技（FinTech）发展规划（2022—2025 年）》，强调将数字元素注入金融服务全流程，将数字思维贯穿业务运营全链条，注重金融创新的科技驱动和数据赋能，这一政策与同时出台的中国银保监会《关于银行业保险业数字化转型的指导意见》的实施，标志着面向金融科技与银行数字化转型的监管制度环境，从"立柱架梁"全面迈入"积厚成势"新阶段。[①]

演化经济学的 Pelikan 模型（2003）指出，某些特定技术会改变现行制度，而制度环境变化又允许超出既有制度吸收能力的技术变革。金融科技的发展与新参与者不断进入产业链供应链的金融活动，一方面导致金融监管制度的升级完善，另一方面国家有关制度设计、政策安排以及金融监管环境的变化，又使产业链金融生态系统作为一种"社会技术"（Social Technologies）（Nelson 等，2002）得以进一步变革与演化。如平台被定义为生态系统的参与者；商业银行和交易服务提供商以产业数字金融服务平台的新方式对系统资源进行再组织等，都属于金融科技与金融监管制度在彼此互相作用下演化的结果。这种技术和制度环境与之相互适应、反馈循环的协同演化，促进了产业链金融服务生态系统制度化过程中的制度"客

[①] https://www.gov.cn/xinwen/2022−01−05/content_5666525.htm?eqid=8fd2a85300086391000000005645b49ca.

观化"（Objectification）与"沉淀"（Sedimentatiom）（Tolbert 和 Zucker，1999），由此构成在系统宏观层级上的制度逻辑。

（二）中间组织的治理机制

Williamson（2000）提出的一种市场中间制度的治理机制，是交易经济学所关注的制度安排。服务生态系统属于这种介于企业科层组织和市场之间的中间组织模式，它作为自发感知与响应的时空结构，通过软、硬合约和技术接口来实现连接（Vargo 和 Lusch，2011），以此连接的 A2A 耦合互动结构，形成了介于层级组织和市场之间的一种治理机制，它既可以降低参与者专用性资产投资，也可以减少参与者在网络中无效的搜索成本，这种制度安排机制的存在，降低了各参与者机会主义行为发生的概率（令狐克睿等，2018）。

在平台金融系统与产业链系统耦合互动的产业链金融服务系统中，产业数字金融服务平台发挥着中间组织的治理机制作用：一方面，产业服务平台机构和互联网平台企业连接大量的上下游供应商，拥有丰富产业场景与数据乃至高频消费群等资源，但在金融工具运用、金融市场资源获得、金融风险控制等方面存在着制度性短板，即便是由核心产业企业主导的交易平台服务提供商，可以部分依靠集团内部的金融资源，但资金来源仍主要依靠金融市场，且如果越界具体从事金融业务，还将受到行政处罚。另一方面，银行等金融机构既不十分了解产业链供应链各参与主体的价值痛点和价值诉求点，又在获客上面临与同行业剧烈的市场竞争。由此，双方共享资源的跨界合作，共同构建起的产业数字金融服务平台，既弥补了提供场景服务的平台机构短板，又综合化地提升银行在供应链金融中客户交叉、产品加载、资产配置等方面经营效率。

通过产业数字金融服务平台所形成降低金融交易成本的中间组织，在组织的合约安排上，是基于双方达成的数据共享、客户划分、资金价格等方面的协议来实现；在组织的技术接口上，又基于双方的 IT 系统升级与 API 连接，使软硬合约和技术接口整合于产业链金融的 API 开放平台层之中。在图 3-1 中，产业数字金融层的开放银行平台与产融场景平台搭建起市场创新的中间组织，在银行机构与产业生态层之间发挥着一种治理机制的功能。

三、产业链金融的制度逻辑与价值共创

"科尔曼浴缸"模型（Coleman，1990）是社会科学中解释宏观—微观和微观—宏观因果互动关系的有力分析工具，该模型的宏观—微观情境机制、微观—微观行动机制和微观—宏观转换机制，能对服务生态系统因果机制的作用进行有效解释（Storbacka 等，2016）。在此引入"科尔曼浴缸"模型，通过如图3-7所示的机制过程，对产业链金融的服务生态系统制度逻辑及其制度化，是如何推动转换为创新资源，从而实现价值共创，进行解释概括。

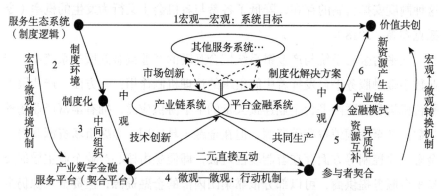

图 3-7　产业链金融服务生态系统的制度逻辑与价值共创
（资料来源：结合 Coleman（1990）和 Storbacka 等（2016）研究整理而成）

箭头 1：服务生态系统的目标与重要研究主题是价值共创与服务创新（令狐克睿等，2018），"科尔曼浴缸"模型的宏观—宏观层面讨论了社会现实（多层嵌套的服务生态系统结构）与社会结果（产业链金融模式创新）的因果关系。

箭头 2：协同演化的制度环境提供了关注整个社会参与者、多个服务系统相互交换的宏观—中观情境机制。同时，在整个宏观与中观层次上，表现为产业链服务系统和平台服务系统还分别与其他服务系统（如政府部门、其他行业等）进行更大范围的资源整合与服务交换。

箭头 3：产业链金融的服务生态系统制度化节点包括：一是传统供应链系统的价值链被产业互联网重构为新的价值网络，即制度被打破；二是越来越多参与者分别以基础设施运用商、大宗交易的服务商、综合风险管理者、综合金融提供方以及第三方、第四方物流等角色不断进入系统中，参与价值共创，从而持续改变和优化产业链金融系统；三是国家出台的一系列重大规划与政策所形成的制度环境，体现对产业链金融的服务生态系统结构提供监管支柱（The Regulative Pillar）的制度化维护过程。技术创新成果的巩固既需要制度环境与之协同演化，也需要制度安排为其提供治理机制，中间组织的制度安排为市场创新和技术创新提供了中观—微观的情境机制。

箭头 4：服务主导逻辑强调参与者"共同生产"，将互动体验与价值共创为核心的顾客契合，拓展到包括供应商、零售商等在内的参与者契合，参与者契合作为生态系统价值共创的微观基础，在契合平台上进行资源集成的交互活动（Storbacka 等，2016）。契合平台具有向服务系统参与者之间的资源交换和整合提供结构性支持的一组物理或虚拟的多个接触点（Breidbach 等，2014），产业数字金融的契合平台及其组合所提供的众多触点，促进了互动体验和共同生产的参与者契合。产业链系统的数据信息、网络成员、产业场景、虚拟社群等资源和需求，与平台金融系统的资源和服务，在契合平台上进行直接、精准的匹配，资金流、交易流、信息流和物流由此在产业数字金融服务平台实现跨越时空、四流合一的运转。产业数字金融服务平台作为契合平台，它在二元直接互动的微观层面将技术创新同化为参与者契合的行动机制。

箭头 5：服务主导逻辑将市场创新实践作为一种制度化解决方案的同时，也把技术的扩散和应用同样视为市场创新。制度化过程中市场与技术的创新组合，带来大量异质性、高度分布式的资源重组，在服务生态系统中观层面形成制度化解决方案的产业链金融新业态。

箭头 6：随着更大范围生态系统的形成，系统的制度逻辑及其制度化推动资源重组持续进行，产业链金融服务模式以其横向扩展功能整合产生出更多的新资源，实现价值共创的宏观结果。

第四章　产业链金融生态系统的服务创新

　　服务创新是产业链金融的运作目的，也是产业链金融为畅通"科技—产业—金融"良性循环提供新动能的具体体现。数字经济时代，服务创新不再是从某一个组织的范围内发展起来，而是由一个从供应商、合作伙伴到客户和独立发明人等参与者网络所联合的行动演变而来，即以网络为中心（Lusch 和 Nambisan，2015）。网络环境下的产业链金融服务创新，同样是一个生态系统内外部环境与资源能力等因素融为一体的动态系统过程，它通过生态系统参与者进行资源整合的价值共创，将同质性资源输入有效转化为异质性资源输出（Peters，2016；李剑玲和王卓，2016），从而创造出新的资源。产业链金融服务创新不仅体现为有形的金融产品，而更多地聚焦于平台和数字化的无形金融产品与服务，其本质是基于生态系统的新资源产生。将有形产品与无形产品之争统一到服务体验上来的服务主导逻辑理论，是以服务科学范式研究服务创新的主要方法，本章基于服务主导逻辑的服务创新三方框架，从价值主张、数据资源溶解和场景化金融三个方面，对产业链金融生态系统的服务创新展开研究。

　　研究中发现，产业链金融以服务创新产生的新资源、新动能，也是通过数字网络通信技术、人工智能、云计算等新技术，将数据作为关键的新质生产要素，将场景作为新型劳动对象，以"价值主张之手"提供金融产品服务、维系生态系统平衡、驱动资源整合实践的过程，该过程实际上也体现了科技创新推动新质生产力在金融领域的发展。

第一节　产业链金融服务创新的基本框架

一、产业链金融的突破式服务创新

创造性破坏（Creative Destruction）驱动经济增长的熊彼特范式，将创新作为增长新动能的重要性提升到前所未有的高度，开辟了现代创新理论之先河。自 20 世纪末以来，学术界越来越多地强调服务的独特属性，将之前熊彼特主要针对工业技术变革的创新理论和方法转移到服务业中来。Gallouj 和 Weinstein（1997）较早地奠定了服务业创新过程的理论基础，认为服务创新是人力资本、技术、组织和能力的集成，是针对特定的客户提供一种新的解决问题的方法。Sundbo（2008）认为，服务创新是指在服务过程中，服务企业运用新思想、新技术来改善和变革服务流程及服务产品，提高服务质量与效率，为顾客创造新价值，最终形成服务企业竞争优势的活动。从服务创新一些经典定义可知，现代服务业中的服务创新与制造业不同，它更侧重于客户导向，是一个由单个组织无法实现的结果，必须通过紧密合作来完成（Agarwal 和 Selen，2009），并共同创造出价值（Møller 等，2008）。

对于服务是如何创新，即服务创新的过程，存在着两种研究流派：一是将服务创新过程视为结构化、系统化、序贯性的过程，二是认为服务创新过程是一个非形式化但具有突变性的过程（Menor 等，2002）。对前一种过程也称为新产品开发（New Product Development，NPD）；后者则更强调在运营实践中的过程性。Gopalakrishnan 等（1999）通过对银行业务流程和产品创新的研究，发现过程创新比产品创新更具系统性和复杂性，它虽然实施成本较高，但比产品创新更加有效。Damanpour 和 Gopalakrishnan（2001）运用产品/过程二分法，研究了英国商业银行业的产品与过程的创新，发现产品创新比过程创新的发生更为频繁，但两种创新的出现是相伴而生。

与此同时，服务创新被分为突破式创新（Radical Innovation）和渐进式创新（Improvement Innovation）。Leiponen（2005）的研究表明，纵向和横向信息传递对突破式服务创新更为重要，组织内部协同则对渐进式服务创新更加重要。Jones 和 Samalionis（2008）基于对美国印第安纳州的南本德第一资源银行（1st Source Bank in South Bend）的案例研究，认为探索突破式服务创新应聚焦于顾客和技术，强调突破性的价值主张，关注价值创造模式以及新价值的传递。Cheng（2011）选取亚马逊作为突破式服务创新的研究典型，发现动态的服务创新能力有助于企业充分利用不同资源，它与突破式服务创新呈"倒 U"形的关系，更开放的商业模式加强了动态服务创新能力，从而对突破式服务创新产生积极影响。Perks 等（2012）认为，突破式服务创新的价值共创方式与特征显著，其过程中价值共创的路径并非简单或单一，服务创新对此应发展共享与可视化的互动机制。

狄蓉（2018）结合有关突破式服务创新的研究文献，提出了"互联网 +"新态势下的突破式服务创新的概念，将其界定为服务型企业在服务领域进行突破性的创新改变，其形成过程与互联网和信息技术的发展密切联系，全新技术或产品率先进入市场，企业和顾客需要获取新的知识和技能，大幅度提高服务便捷性，实现创新主体的共创价值。突破式服务创新的出现对传统服务型企业带来冲击性和颠覆性的影响，往往改变市场规则和竞争态势，创造出一个新的产业甚至导致整个产业重新洗牌。借鉴这一观点并基于已有的服务创新研究，本书认为，在新一轮科技革命和产业变革的背景下，产业链金融已并非单纯的 NPD，而是对供应链金融的一种突破式服务创新。与供应链金融相比，产业链金融突破式服务创新的特征，集中体现在产业数字金融平台在价值共创中所扮演的服务集成商角色（见图 4-1）。

第一，网络环境下的服务创新呈现为整合性、网络外部性和知识密集性（简兆权等，2013），需要通过互联网和 ICT（Information and Communication Technology）进行突破式的技术创新，多方扩大服务创新的参与主体，帮助服务提供商与顾客获取知识和提升技能。产业数字金融平台不仅以其纵向与横向地促进知识共享的功能来突破组织边界，推动企业和金融机构的内部整合、产业链供应链上下游的外部整合，扩大服务创新的参与者范围，同时，自身还以服务集成商角色，成为一个重要的创新参与主体。

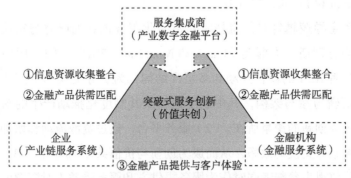

图 4-1　产业链金融突破式服务创新与服务集成商

第二，服务创新的价值创造方式是共同创造价值，而价值共创的策略是将人、组织、技术整合到一起，构建一个如共生环境般的价值共创系统，系统中的顾客与网络组织在价值共创的过程中基于共同的承诺而互动互惠（Normann 和 Ramirez，2013）。产业数字金融平台正是为价值共创系统提供了基础设施和互动互惠的环境。

第三，网络环境下服务供应链中的价值共创并不是某一端的价值创造，而是上中下游所有组织共同创造价值的过程（简兆权和肖霄，2015）。产业数字金融平台作为服务集成商充当信息资源整合者与匹配者，它将作为资金提供商的金融机构与产业链上企业的信息及资源进行整合，基于前端企业的需求分析和后端金融机构的能力分析，进行服务的匹配与再设计。在此过程中，金融机构为企业提供现实而具体的产品与服务。

二、产业链金融服务创新的三方框架

在 ICT 迅猛发展的时代，服务创新的焦点已经明显地从创新产出的特征和属性，转移到重视资源整合利用与参与者共同创造价值（Prahalad

和 Ramaswamy，2004），基于价值共创主题的服务主导逻辑理论，由此成为对服务创新进行系统化研究的重要方法（Spohrer 等，2008；Perks 等，2012；令狐克睿等，2018；狄蓉，2018），服务生态系统如同服务创新的"摇篮"（Vargo 和 Lusch，2011）。

服务主导逻辑针对信息技术对数字化服务创新的研究与实践，提出了一个服务创新三方框架（Lusch 和 Nambisan，2015）：（1）服务生态系统，参与者 A2A 的耦合互动与多层次结构，为服务交换和价值共创提供了制度逻辑与参与架构，其中制度逻辑及其制度化推动产生的新资源，又正是服务创新的源泉所在。（2）服务平台，通过资源流动和增加资源密度，提高服务交换的效率，从而成为创新与价值共创的场所。（3）价值共创，将价值视为参与者同时作为服务提供方和服务受益人对资源的集成。基于这一框架，以及前面章节对产业链金融的服务生态系统、服务平台以及价值共创制度逻辑的研究，在此以"价值主张—资源溶解—场景创新"为进一步研究的理论脉络，形成如图 4-2 所示的产业链金融服务创新三方框架。

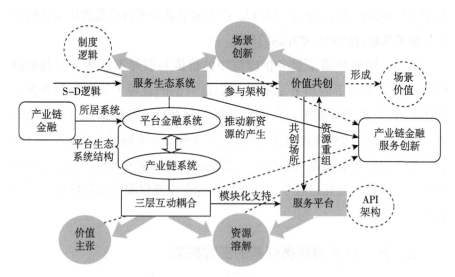

图 4-2　产业链金融生态系统服务创新的三方框架

（一）支撑服务生态系统结构的价值主张

"价值主张"是公司战略理论、商业模式理论、市场营销理论中应用非常广泛的一个术语。Lusch 等（2010）对服务价值网络与供应链管理进行研究时，将价值主张描述为将公司与其供应商、客户形成价值网络的连接器。在此研究基础上，服务主导逻辑理论提出，一方面，在数字世界的价值网络中，寻找和确定适当的价值主张，有助于建立和加强生态系统中参与者之间的联系，能为服务生态系统提供结构完整性（Lusch 和 Nambisan，2015）；另一方面，价值主张又在服务生态系统的三层互动结构中扩展和演变（Frow 等，2014）。由此，在服务创新三方框架中，价值主张可以代表成为服务生态系统的组织逻辑。

价值主张在商业模式中起着关键作用（Payne 和 Frow，2014），代表着公司战略的本质与核心（Kaplan 和 Norton，2001；Lehmann 和 Winer，2008）；而服务创新又可以等同于通过新方式整合实践与资源来创造新的价值主张（Skålén 等，2015）。鉴于此，基于服务生态系统三层互动结构研究产业链金融的价值主张，能够揭示其服务创新机理以及模式本质。

（二）以服务平台为场所的数据资源溶解

服务主导逻辑理论将资源的"溶解"（Liquefy）与"密度"（Density）作为新资源产生的一对基础概念，认为服务创新是资源在服务平台的溶解后的密度提高，而服务平台之所以成为创新的场所，关键在于它以高水平数字化能力实现资源溶解（Lusch 和 Nambisan，2015）。资源溶解是指信息与其相关物理形式或设备的分离，使其易于移动的非物质化。随着溶解信息资源能力的提高，资源密度创造价值的潜力也在增加。Normann（2001）从理论上给出了一个最大密度的定义，即"为特定情况调动资源的最佳组合"，例如，在给定的时间，为客户在不受地点影响的特定地点，创造最佳的价值/成本结果。服务平台的分层—模块化结构在服务生态系统三层互动结构的组织逻辑中，随着层数以及每一层模块化程度的增加，能增加资源密度，进而扩大服务创新的潜力（Lusch 和 Nambisan，2015）。产业数字金融平台是服务创新三方架构中的服务平台，分析其

API 开放结构对数据资源溶解及密度提高，是研究产业链金融服务创新的重要环节。

（三）价值共创中形成的场景及场景价值

服务生态系统的制度逻辑为价值共创提供了参与架构，在此架构下，系统参与者（尤其是客户）以兼具创意者（Ideator）、设计师（Designer）和中介者（Mediator）三种角色，进行价值共创而与其他参与者彼此同时成为受益人（Lusch 和 Nambisan，2015）。系统参与者之间交互行动共同创建了服务场景，场景中所创造出的受益人体验价值，以现象学角度被概念化为场景价值（Value-in-context）（Akaka 和 Vargo，2015）。参与者共同创造的价值是场景价值，为价值共创而进行整合的资源，也只有在场景中才具有价值（Chandler 和 Vargo，2011）。

场景是服务生态系统的重要特征，系统的资源整合和服务交换均在场景框架下进行，研究价值共创下的产业链金融突破式服务创新，需要讨论系统参与者如何在产业场景的互动中获取异质性资源，进而经由服务平台的资源重组，创造出具有场景价值的新资源。

第二节　产业链金融多层级价值主张

本节解构产业链金融在服务生态系统结构中不同层次的价值主张，从中分析理解生态系统参与者是如何在合作实践中，通过现有或新的解决方案组合，以实现服务创新。

一、价值主张：从产品主导逻辑到服务主导逻辑

价值主张概念一般被认为是由麦肯锡咨询公司的 Lanning 和 Michaels（1988）开发，他们将价值主张定义为"公司将提供的有形和无形利益的清晰、简单陈述，以及向每位客户收取的大致价格"的同时，提出价值主张方法是公司内部"价值传递系统"，包括三个步骤：选择、提供和传达价值。虽然 Lanning（1998）后又扩展了其最初概念，将价值主张定义

为"一个组织使一些客户拥有的一整套结果体验……包括一些价格",用体验组合涵盖产品组合来强调价值主张,但仍有许多学者基于自己的研究,提出不尽相同的定义:如 Kambil(1997)将价值主张描述为产品或服务满足顾客需求或提供增值服务的独特价值驱动因素;Buttle(1999)认为,价值主张是企业将提供给顾客一个特定的产生利益的价值,是企业对顾客可以从公司提供的产品或服务中所能获得的有形结果的清晰阐述;Bagchi 和 Tulskie(2000)认为,价值主张可以被视为企业将产品或服务提供给顾客时,所呈现和被感知的优点。这些定义实际上都是以客户与企业二元视角,将价值主张视为企业向客户提供的产品服务、感知体验或者价值等。即便有学者将价值主张理解为企业家的"远见"(Doz 和 Kosonen,2010)、公司定位和使命(Treacy 和 Wiersema,1995;Johnson 等,2008)等,但也是基于企业与客户的二元关系。上述这些定义,整体上属于产品主导逻辑的观点,是一种"细分市场、吸引顾客"的价值主张(王雪冬等,2014)。

随着市场交易范围和复杂程度日益加大,学界转向更广阔的视角,扩大了对价值主张的使用范围,将其应用包括价值网络、价值星座、利益相关者、知识共享等多个方面。Prahalad 和 Ramaswamy(2004)认为,在价值网络中,参与者不断参与规划、搜索、选择、协商和评估一系列可供他们使用的价值主张;Kowalkowski 等(2012)则运用服务主导逻辑理论,通过资源整合参与者之间的知识交互,探索了价值主张的动态性。产品主导逻辑向服务主导逻辑转变,使学者们对价值主张有了新的进一步认识(王雪冬等,2014),价值主张的研究视角从供应商决定转变为由供应商与客户相互决定(Payne 等,2017)。

服务主导逻辑的价值主张观,不以企业对客户的单一角度来看待,而认为是相互创造、相互影响和动态的,它不同于产品主导逻辑价值主张观的两个主要区别就在于:关注价值共创和强调资源整合的重要性。服务主导逻辑认为,价值主张不只是关于"某些价值"或利益的承诺,而是关于公司、客户以及其他各方借助资源共同创造价值的承诺,这些承诺由关于有效整合资源实践的计划作支持，价值主张既来自资源整合，又为资源整合从活动到形成提供了关联（Skålén 等，2015）。参与者不能单独提供价值，他只能提供作为与其他参与者共同创造价值的邀请或承诺（价值主张），价值主张因而在价值共创中充当确定价值期望的机制（Vargo 和 Lusch，2008）。

Frow 等（2014）在总结梳理服务主导逻辑相关文献基础上，描述了价值主张在价值网络与生态系统中作为资源提供塑造者的作用，并同时采取隐喻的方式，对服务生态系统的微观、中观和宏观三个层面价值主张的性质与特征分别作出了以下比喻：一是系统微观层面作为"承诺"的价值主张，主要是指一家公司对其客户作出的"提供特定价值组合"的隐含承诺。这一点与企业顾客二元视角下价值主张的内涵相近。二是系统中观层面作为利益相关者连接的"桥梁"，主要作用是支持参与者在寻求实现互动共享的过程中，通过资源实践发展价值互惠关系。三是系统宏观层有明确路线图的"目的地之旅"，则是站在战略的高度，支持每个参与者的资源共享关系，旨在促进生态系统福祉支持。借鉴上述观点及比喻，在此提出一个产业链金融服务创新的价值主张层级模型（见图4-3）。

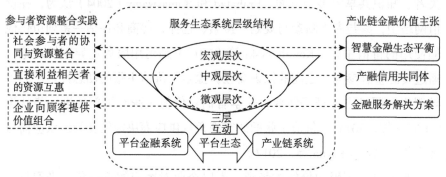

图4-3　产业链金融服务创新的价值主张层级模型

服务主导逻辑强调实践过程的服务创新，从关注创新"产品"的产生转变为资源整合和价值主张的强化（Michel 等，2008）。服务创新就是价值主张的发展与创造，而这种价值主张的组合进化，又来自对既有资源进行"拼装式"（Bricolage）建构的整合实践（Fuglsang 和 Sørensen，2010）。在图 4-3 中，产业链金融各参与者在服务生态系统各层次以及层次间的资源整合实践，形成了其价值主张的多层次结构，即金融产品与服务提供的微观层价值主张、"信用共同体"连接的中观层价值主张、以智慧金融下的生态平衡促进"科技—产业—金融"良性循环的宏观层价值主张。

二、产业链金融的多层级价值主张分析

从以下的分析中能够发现：供应链金融融资机理下的金融产品与服务是产业链金融在微观价值主张上的基本构成；产业链金融相较于供应链金融，有更高层级的价值主张，其高层级的价值主张作为促进平台生态的协同演化机制，旨在畅通"科技—产业—金融"良性循环。

（一）微观层次价值主张：金融服务解决方案

承诺和提议作为微观层次上的价值主张，被视为是供应商和客户等参与者为了寻求公平的价值交换而进行的交易（Frow 等，2014），其实质就是在微观二元互动关系中企业向客户提供的价值组合。供应链相对于产业链处在微观层级，产业链金融在微观上与供应商、客户二元互动过程中向产业生态圈企业提供的"承诺"，具体内容即是基于供应链金融融资机理的产品服务及创新。供应链金融主要提供以应收账款类融资、库存质押融资和预付账款类融资为基本模式的金融产品与服务，微观上产业链金融在两个交易主体之间价值共创的承诺和提议，实际只是对现有供应链金融实践加入一些资源整合。

以中信银行、百信银行与百度协作探索的汽车产业链金融为例：将对 B 端的公司金融业务作为切入点，银行在对主机厂商、经销商等进行广泛连接时，以具体的供应链金融产品服务为价值组合提供，以共创"AI 车联盟"汽车金融生态圈为互惠承诺，进而形成以 B 端带 C 端，广泛获取 C 端客户，提供以车贷为主的金融服务。运营中，通过数字技术与平台对汽车产业链复杂交易关系及链上每个企业生产、经营情况进行实时监测和风

险管控，并据此将金融产品和服务延伸至终端汽车消费者。这个案例反映的是要以供应链金融、消费金融的既有产品与资源，开展产业链金融的新实践。

服务主导逻辑将服务创新分为四类，由此也代表对既有价值主张进行创新发展的资源整合实践方式有四种类型（Skålén 等，2015）。一是适应（Adaptation），它是将现有资源以新的方式纳入现有做法。这种类型的价值主张修改和服务创新的范围有限。二是基于资源的创新（Resource-based Innovation），它是将新的资源整合到现有的或稍加改变的实践中，创建新的价值主张。三是基于实践的创新（Practice-based Innovation），它是将现有的或稍作改变的资源整合到新实践中。四是组合创新（Combinative Innovation），它是以新实践整合新资源，在根本上创造新的价值主张，这种类型的创新属于突破式服务创新。按此类型划分，产业链金融微观层面的价值主张属于第三种类型的资源整合实践，它是对现有供应链金融等资源稍作改变，通过深挖特定产业链的共性和个性，形成产业链金融的新实践，提供具有针对性的一揽子金融解决方案。

（二）中观层级价值主张：产融信用共同体

如前一章所论，在由利益相关者结构嵌入、交织而成的价值网络中观层，形成一种中间组织，中间组织在降低交易成本的同时，能否形成维护市场秩序和道德约束的治理功能，则有赖于参与者在其中建立起价值主张。Frow 等（2014）指出，价值主张能否为网络中各参与者架起连接的桥梁，取决于价值主张在多大程度上，能使参与者因通过互动不断增加的资源获益而结成"利益共同体"。针对以往供应链金融中存在的产业级供应链信息难以形成，以及潜在的机会主义和道德风险，使金融机构与中小微企业之间的信任较难通过社会属性或特征属性确立起来的难题（宋华，2022），作为供应链金融升级的产业链金融，在其面对各利益相关者的服务生态系统中观层次上，将确立起"产融信用共同体"的价值主张，通过形成一种吸引资源的互惠关系，维护市场秩序、形成道德约束。

2021 年 12 月，工业和信息化部、国家发展改革委等十九个部门出台了《"十四五"促进中小企业发展规划》，在其中重点工程的"创新金融服务模式"部分，提出"强化供应链各方信息协同，通过'金融科技＋供应链场景'，实现核心企业'主体信用'、交易标的'物的信用'、交易信息产生的'数据信用'一体化的信息系统和风控系统"。这可谓从工具理性上赋予了"产融信用共同体"价值主张的基本内涵。产融信用共同体是参与产业链金融活动的各经济主体及利益相关者，通过主体信用、物的信用和数据信用的互为补充和互为能动，在产业部门和金融机构之间共建形成资源互惠的机制。

1. 主体信用。主体信用是基于某个组织和个人信誉的信用评价，主体信用的信贷风控管理本身已是金融机构的主流且成熟模式。作为价值主张的互惠机制，主体信用的重点在于通过对交易管理要素规范化和交易流程知识体系化的制度安排，发挥产业链链主的资源与能力聚集功能，基于产业链供应链经济主体之间长期持续交易，建立链主信用联合体，以主体信用资质为评定依据，以优惠贷款政策为动力，以集成分散资源为主要内容，将链主企业的信用穿透传递到链条其他企业，在此基础上对联合体的中小企业贷款实行"余额控制、循环使用、随用随贷、到期清偿"的信贷优惠管理模式，推动金融产品和服务下沉到产业链中的二级、三级乃至更下层级的供应商、分销商。

2. 物的信用。其顾名思义就是借款人拥有或者控制、具有物理实体的"物"所带来的信用。这个"物"包括不动产和动产，但中小微企业拥有很少不动产，大部分拥有的是动产，如机器设备、存货、原材料等，一般会采用动产权利质押作为担保。对"物"的信息资源进行充分整合、获取，是产融信用共同体构建的重要一环。为此，一方面，需要运用数字技术对企业生产经营各环节数据进行全面收集，为刻画"物的信用"提供广泛的数据来源，进而借助信贷工厂、特别是物联网平台的物模型功能，将中小微企业的机器设备、存货、生产过程等之前无法产生信用信息的物品，转化为金融机构信用模型可识别的数据；另一方面，需要金融机构、金融科技公司、物联网公司、仓库方监管人甚至地方政府、金融监管部门等各方共同推动，形成促进"物的信用"发挥的良好生态环境。

3.数据信用。数据信用也叫数字信用、交易信用，它强调理性、合理运用数字技术，不断提升供应链效率和效能，进而为金融优化决策提供支撑。宋华（2022）指出，数字信用并非指的是对数字信息或者数字技术本身的信任，而是借助数字技术重构商业流程后，对高质量运营的认同以及安全可靠金融模式的信心。

产融信用共同体的价值主张属于第二种类型基于资源的创新，它是将物流业务与动产、数据信息等作为新的资源，整合到对产业链供应链企业的金融服务实践中，产融信用共同体构建中"物的信用""数据信用"具有重信用轻授信、重债项轻主体的特征，是对以往"主体信用"实践的有益补充。

（三）宏观层级价值主张：智慧金融下的生态平衡

一方面，智慧金融通过建立并参与新兴生态系统、拉动了平台金融业务模式实现对传统金融的颠覆式转型（IBM 商业价值研究院，2018），从而成为传统金融模式智慧化和互联网金融模式创新相结合的成果（徐理虹等，2018）；另一方面，平台金融作为一种自组织演化过程，其系统各主体在信息和利益不断交换中彼此约束、协同耦合，进而能保持整个系统有序运行，降低金融风险（叶秀敏，2012）。智慧金融与智慧旅游同样源于IBM 所提的"智慧地球"概念中，有关"更透彻的感知、更全面的互联互通、更深入的智能化"的智慧方法（IBM 商业价值研究院，2009）。因此，正如智慧旅游是通过新兴 ICT 和大数据而转化为旅游生态系统的价值主张（Gretzel 等，2015），智慧金融也在产业数字金融平台的赋能下成为平台金融服务系统的价值主张。

产业生态与金融生态的融合是供应链金融发展的未来（宋华，2019a），产业链系统与平台金融服务系统耦合而成的产业链金融服务生态系统，既是产业与金融生态融合的系统表征，也是供应链金融迈向产业生态系统的旨归。作为相较于供应链金融更高系统层级的产业链金融，其在服务生态系统宏观视角上的价值主张，应具有基于智慧金融的更高层级价值主张。

金融存在着一种自我循环不断强化的可能，会导致金融与科技、产业等实体经济要素之间的联系趋于弱化、关系出现失衡，这意味着产业与金融相融合的生态系统可能出现严重的不平衡。生态系统级的价值主张位居服务生态系统的宏观层面，它作为一种生态平衡／协调的系统机制，旨在预见有益结果，避免破坏性结果（Frow 等，2014）。产业链金融生态系统需要一种生态平衡的机制，以便为每个参与者"阐述了生态系统内提供的潜在机会""预见了有益结果"，这种生态平衡的机制同时需要将科技创新的智慧金融运用到其中。智慧金融以其自组织特性和智慧方法，可以动态协调整个生态系统参与者的冲突与利益关系，提供整合实践到达"科技—产业—金融"良性循环这一预期目的地的路线图。由此，智慧金融下的生态平衡构成产业链金融在服务生态系统宏观层次上的价值主张。

基于服务生态系统结构的产业链金融，在微观层次上有着新实践的创新，在中观层次中又有着新资源的创新，而宏观层次又在前两者的基础上，通过智慧金融的新资源推动整个生态系统平衡的新实践，进而从根本上创造出全新的价值主张，体现了突破式服务创新的特征。

第三节　产业链金融的数据资源溶解

数据作为关键的新质生产要素，需要通过数字平台这一新型生产工具的"加工"，才能以数据服务、数据产品和数据应用等形态，贯穿到链式生产和决策的全流程，激发产业数字化，从而"兑现"其要素价值。服务主导逻辑理论将数据"加工""兑现"的需要视为资源的溶解与密度提升。

针对数字技术迅猛发展带来信息与存储、传输以及处理信息的技术（或设备）脱钩，从而使信息的使用与共享，不再受到物理传输成本与时间限制的现实情况，服务主导逻辑引入资源溶解的概念加以描述；同时认为，对数字资源的溶解有助于重塑工作性质、社会联系、认知模式，从而释放"生成性"，开拓出服务创新的机会（Tilson 等，2011 年）。然而，数据资源溶解本身并不足以直接实现服务创新，生态系统参与者必须获得与问题背景相匹配的资源（如知识和技术资产）的适当组合，即需要高水平的资源密度（Lusch 和 Nambisan，2015）。对此，服务创新三方框架认为，以有形和无形组件所构成模块化结构的服务平台作为接口的交互规则（或服务交换协议），能够提升密度水平，服务平台通过支持和决定参与者可以轻松访问各种资源，进而实现资源集成与服务创新。

服务平台对应服务生态系统层级而形成分层模块结构，不同层级模块对数据资源溶解与密度提升的程度不一。随着服务生态系统互动层级的上升，服务平台模块化嵌套程度相应增加，其 API 开放度随之扩大，由此平台协调、排序和集成不同层级资源密度也随之提升（Lusch 和 Nambisan，2015）。同时，产业级的服务平台能够支持系统参与者进行平台内和跨平台的资源混合与匹配，这将进一步扩大创新资源组合的机会。基于服务主导逻辑和平台理论，在产业链金融服务生态系统中，其服务平台（产业数字金融平台）以模块化嵌套增加的架构，体现为由二元体、三元组、复杂网络构成的不同层级 API 开放平台。这些 API 开放平台组合以其交互规则的功能，支持对数据进行访问、共享和重组的资源溶解，能够提升资源密度水平，从而扩大创新资源组合的机会。

一、数据访问的资源密度提升

良好的数据访问是数据资源得以共享、重组的基础，而数据访问所依赖的正是 API。API 作为一组规则和协议，支持不同的软件应用程序相互访问和分享数据，各个模块间的数据通过 API 可以实现快捷、安全地传输和功能调用。平台金融与产业链系统互动中汇集大量参与者创建市场，API 开放平台作为其中的"做市商"，聚合起更多的 API 使用者和生产者，支持各参与方及时、自由地访问数据、匹配资源，以此支持相互间发生 A2A 的交易关系。

产业链系统中的 API 平台，通过与企业 EPR（Enterprise Resource Planning，企业资源计划）、各类传感器、设备的连接，实现对生产、物流、质量等各个环节数据进行实时访问和分析，可以监控和了解产业链供应链运行的动态变化；而当 API 的调用与外部系统（如平台金融服务系统）进行连接和整合时，则在产业链系统中形成开放 API 圈层，圈层中生态系统参与者（如商业银行、产融场景服务平台企业等）以 API 接口形式可以互相访问和调用数据资源，促进了产业链的生态建设与跨界融合。

不同于一般工商企业，商业银行各种组件（资源）的数字接口规范具有行业限制性，需要接受金融监管部门的调节或控制。银行数据大部分是敏感数据，如客户身份信息、信用评级、交易记录等，可否进行访问，需要有授权乃至获得监管许可。然而，开放银行模式却在《商业银行应用程序接口安全管理规范》等金融管理制度支持下，能够通过 API 平台架构将银行服务与产品直接嵌入合作平台，实现银行与第三方之间的数据信息的互访与融合。开放银行 API 平台具有客户认证与授权、第三方服务核准等机制，能对数据的描述、记录、形态、质量进行标准化、格式化，明确敏感数据发布授权与获取对象，并通过 HTTP、SSL 等协议方式，加强数据传输的安全控制，实现数据资源访问的效率性与安全性。开放银行 API 平台支持一个应用程序调用另一个应用程序之间的通信，因而第三方平台能调用银行 API 服务层数据与服务，实现访问银行存储敏感数据的互操作性，它在授控权限下，可以访问企业在银行账户中敏感信息，同时也支持企业根据特定需求，随时随地访问自己在银行储存的数据（夏蜀，2021）。

二、数据共享的资源密度提升

数据共享是数据资源密度得以提升的重要标志，这其中既包括平台金融系统与其他服务系统 API 合作方的数据共享，也主要针对产业数字金融平台中的产融场景服务平台与第三方平台开放银行 API 服务层的数据共享。

产业数字金融平台有良好链接的界面，能将内外不同的产业与金融数据资源进行网络化、协同化的在线共享，使其在产业链金融的产品研发与服务供给过程中，可以为资源优化组合而实时共享得到所需的多方面数据：一是产业链供应链运行中过程数据，如交易合同数据、销售和采购的订单数据、付款信息（发票数据等）、物流信息（提货、仓储入库等），以及物联网数据（资产入库状态）等。二是企业交易结果数据，如应收账款、应付账款、存货等数据。三是其他服务系统的数据，如行政数据（企业缴纳的税款、水电费等社保信息）、舆情数据（工商舆情信息、司法舆情信息等），以及中国人民银行的企业征信数据等。这些多维数据为产业金融的交易信用构建提供了基础（邵平，2023）。

数据共享也是数据资源溶解的难点所在，在产业数字金融平台上要实现数据资源的开放共享，离不开打破数据壁垒和信息孤岛的一系列宏观政策支持。为此，一是须落实《"十四五"大数据产业发展规划》有关推动数据"时效性"流动的要求，加快率先在工业等领域建设安全可信的数据共享空间，形成供需精准对接、及时响应的数据共享机制，提升高效共享数据的能力。二是地方政府应建立健全跨部门、跨行业、跨地区的数据融合与共享机制，加强与金融机构、产业企业、金融科技公司等各方合作，逐步整合政府平台中的工商、司法、税务、电力等公共数据，采取多种模式打造产业内公共数据、交易数据、金融数据资源的融合应用平台。例如，地方信用信息共享的"征信＋融资平台"模式、强调生态与统筹发展的"平台的平台"模式、围绕资源整合与产业重构的"政企合作赋能产业集群"模式、强调信用主体的"票据平台"模式等（邵平，2023）。三是大力推进产业链核心企业加快数字化转型步伐，引导其利用自身规模实力强、影响力大、联结广泛的优势构建产业互联网平台，以此不断丰富产业数字金融平台的模块化架构，提高其数据资源的溶解能力。四是根据不同产业的特征，通过优化契合产业平台技术架构，对产业链内的企业进行数据整合，基于在线订单的信息流、在线支付结算的资金流以及在线运单交付的物流，构建起"三流合一"的产业全息生态，形成跨企业链的协作机制和产业链信息共享机制。五是引导物流企业、第三方平台、金融科技公司，深度嵌入相关垂直产业链的价值网络结构中，建立包括物流交付平台、交易撮合平台、智能制造平台、融资增信平台、咨询服务平台等在内的产业互联网平台联盟，以拓宽数据共享的纵深与跨度。

三、数据应用的资源密度提升

数据资源的访问与共享的目的还在于数据资源的使用。产业数字金融平台作为一种服务平台，包含由数据中台、技术中台、AI模型等组成的中台架构，从API开放平台访问与共享的数据资源，经由产业数字金融平台的中台架构进行重组、集成，以数据应用方式产生了新的资源。正如产业数字金融平台是跨越了不同组织的契合平台，其中台架构既可能是由商业银行作为平台方独立承担，也有可能是由银行与其他专业化平台方共同承担。

（一）降低数据使用门槛

数据资源的应用首先在于降低数据使用门槛。在数据技术中台架构下，基于低代码的数据资产接入以及研发支撑工具、大数据支持社区的运用，针对数据整合的贴源、聚合、萃取等领域，通过覆盖需求管理、研发测试、生态社区等研发周期的DataOps数据研发流水线，能够对数据价值进行快速交付与规模化输出。与此同时，基于机器学习、图像识别、语音识别、自然语言处理、知识图谱等各垂直领域技术的AI大模型应用，通过聚焦共性需求，形成端到端业务智能化解决方案，以及相应的算法分析，能够降低产业链供应链融资中信用评估的用数门槛，为产业链金融决策提供实时的数据支持。

例如，中国农业银行发挥数据中台的平台化、产品化服务能力，通过基础数据服务、数据智能（BI）服务、人工智能（AI）服务等多层次立体化的数据服务，实现数据开发、数据分析、预测建模的全流程、自助化支撑，降低了用数门槛，为前台瘦身、为后台减负，通过数据智能为使用者赋能。[1]

---

[1] https://finance.sina.cn/2019-12-13/detail-iihnzhfz5572258.d.html.

（二）数据存储与清洗

数据存储与清洗等方面的资源重组，主要通过数据湖这个由业务诉求催生而出的平台架构来进行。数据湖是一个组织 / 企业中全量数据的存储场所，其仓库中的数据可供接入、存取、处理、分析及传输。数据湖不仅可以任意规模存储所有的结构化和非结构化数据，还能实现从控制面板可视化到大数据处理、实时分析和机器学习，从而更好地为决策提供支持。源自不同系统的数据，因不可避免地存在错误、重复、不完整等问题而需要清洗，数据湖以一定的管理授权，能对海量非标准化数据进行检查、过滤、纠错、转换等预处理的"清洗"。

例如，中国工商银行在大数据平台、数据湖、数据仓库等大数据服务体系的建设中，打造了工银魔方大数据体系。该体系具有统一的数据加工处理链路，属于实时采集、实时计算、实时分析的实时数仓体系，它能通过资源扩容保障算力供给，提供十亿 GB 级海量数据存储、百亿 GB 级数据并行处理能力，支撑全数据存储、全数据挖掘、全算法应用、全场景部署的需要，可充分发挥数据要素价值。[①]

（三）数据资产的集成

数据以资产化方式集成的应用，目的在于从稳定高效、动态调配、成本可控、按需服务等方面，提升数字资源的使用价值。数据资产集成建立在数据资产管理平台和工具的基础之上，它能将产业链供应链中碎片化、孤立的数据进行互相关联与融合，通过数据资产的标准化加工工艺，构建数据资产标签类目体系和企业级数据资产目录，在登记、审批、准生、研发、发布、使用、运营的全流程管理中实现数据资产的集成。

数据资产的集成依托于嵌入产业数字金融平台体系中的企业级数据处理平台，企业级大数据处理平台以其数据分层和数据资产目录的功能模块，提升了数据资源密度，能形成集团数据资产全景视图，使数据资产看

---

① 《银行业数字化转型白皮书（2023）》，中国工商银行、中国信通院。

得全、看得清、看得懂。例如，中国银行打造了"三横两纵一线"企业级数据平台，"三横"是指"数据＋分析＋展现"三层架构体系，支撑数字资产的数据共享、分析挖掘和服务展现。"两纵"分别指一本全集团统一的数据字典，用于提供企业级数据字典管理服务；一套标准质量全流程管控机制，用于从业务需求提出、设计开发到投产及数据分析应用的全生命周期把控。"一线"指明确一条数据红线，全面推行数据认责，其中最基础的功能是数据确权。[①]

第四节　产业链金融的场景化创新

虽然业界俨然形成"无场景不金融""场景为王"的发展态势，也有研究指出，业务场景化是产业金融的基本做法，场景精细化和服务定制化的程度加深是产业数字金融发展趋势（邵平，2023），但学术界对场景的定义、本质、模式以及价值创造等基础性问题的理论研究却十分薄弱。由此导致场景化金融的理论建构一直未能形成。本节首先通过梳理场景概念溯源及演进脉络，对数字化时代对场景概念进行再定义，探究场景的基础性理论问题，进而运用价值共创的服务创新框架，基于服务主导逻辑场景层次中的"场景嵌入—场景应用—场景价值"三个流程环节，分析产业链金融生态系统场景化服务创新的机理。

一、场景概念溯源及演进脉络

"场景"本指影视、戏剧及文学艺术作品中的场面。自社会学芝加哥学派重要人物欧文·戈夫曼从对戏剧表演的观察获得灵感，开创著名的社会拟剧理论后，场景成为社会学、传播学等学科一个重要的理论范畴，而

---

① 王继武. 纵横破局　数智驱动——中国银行"三横两纵一线"企业级数据平台建设实践[J]. 金融电子化，2023（15）.

"场景"概念对应的英文词语主要经历了Situation、Scene、Context三种提法。

20世纪50年代，戈夫曼的拟剧理论把社会比作舞台，把人生比作表演，将场景视为"在建筑物或房舍的有形界限内有组织的社会生活"和"受某种程度的知觉障碍限制的地方"。这一场景概念有两个基本特征：一是强调社会生活的面对面互动，二是基于物理空间维度，偏向诸如公园、咖啡厅、教室等地理位置的空间概念。虽然戈夫曼将诸如剧班、舞台、表演等戏剧术语引入社会学中，但拟剧理论实际上被视为"情境社会学"（Sociology of Situations）的重要组成部分，有时也以"情境互动论"命名戈夫曼的社会学（王晴锋，2019），戈夫曼所提出"场景"概念对应的英文词语是"Situation"。

20世纪80年代中期，美国传播学家约书亚·梅罗维茨面对电视媒介蓬勃兴起与广泛覆盖的浪潮，提出了富有影响的"媒介场景理论"（Media Situational Theory），这一理论有力地解释了新媒介对社会行为的影响。梅罗维茨（2002）坦陈，戈夫曼的场景主义方法为其"研究新媒介对社会角色的影响方面间接地提供了最多的思路的方法"，但他在继承戈夫曼场景方法的同时，又对戈夫曼的场景概念作了扬弃和延伸，指出"我们需要抛弃社会场景仅仅是固定的时间和地点发生的面对面的交往的观念。我们需要研究更广泛、更有包容性的'信息获取模式'观念"（梅罗维茨，2002）。在梅罗维茨（2002）看来，场景（Situation）已不再是一种空间概念，而是一种信息系统，他认为，"地点和媒介同为人们构筑了交往模式和社会信息传播模式。地点创造的是一种现场交往的信息系统，而其他传播渠道则创造出许多其他类型的场景"。

尽管戈夫曼被认为是早期的场景主义者，但社会学理论中与戏剧场景（Dramatic Scenes）英文词语相对应的，则是新芝加哥学派提出的"场景理论"（The Theory of Scenes）。20世纪90年代，随着后工业社会的到来，文化旅游、娱乐创意、金融服务和高新技术等新兴产业取代传统制造业而占据了城市空间，城市形态由生产中心向消费中心转变，以场景（Scenes）作为创新后工业社会城市发展模式研究框架的场景理论，在此背景下应运而生。该理论代表人物是芝加哥大学社会学教授特里·克拉克，他对场景的定义包括四个方面要素：一是地理学概念上的社区；二是显著的实体建筑（场景植根于有形的、可识别的集聚空间，如购物中心）；三是种族、社会阶层、性别、受教育程度、职业和年龄等各不相同的人，因为场景高度关注集聚在其中的特定人群；四是将这些要素链接起来的特色活动（如一场庞克音乐会）（克拉克，2017）。

2014 年，科技创新领域著名记者罗伯特·斯考伯和资深技术专栏作家谢尔·伊斯雷尔，敏锐把握互联网与云计算融合对人类生活和工作方式变革的趋势，两人合著出版《即将到来的场景时代》（*Age of Context*）一书。书中断言，在未来的 25 年，场景时代即将到来，由大数据、移动设备、社交媒体、传感器、定位系统构成的"场景五力"营造出一种"在场感"，"五种原力正在改变你作为消费者、患者、观众或者在线旅行者的体验，他们同样改变着大大小小的企业"（斯考伯和伊斯雷尔，2014）。斯考伯和伊斯雷尔的场景概念对应英语词汇是"Context"，其在英文词典的解释里包含"语境""上下文"的意思，该书并未对 Context 场景概念进行具体定义，而只重在介绍场景感知的实际运用案例，但此书的问世，却引发场景成为互联网时代商业领域及传播界一个凡事必言的流行语。

事实上，对场景概念的运用近年来已广泛遍及哲学、公共管理学、心理学、认知语言学、通信技术学、未来学、军事学等众多领域，不同学科之间进行着交叉研究，形成不同乃至互斥的场景概念，但无论如何，戈夫曼开辟了场景研究范式的先河。戈夫曼以其独特的场景概念框架和戏剧化理论语言，探讨个体微观的场景行为与宏观社会结构之间的关系，开辟了一种全新的社会学研究范式，场景不再是一个背景性、附属性或修饰性词语，而成为社会生活研究的重要分析单元。自兹以降，场景概念沿此分析思路，呈现出两条主要演进路径。

一条是基于后工业社会消费观的 Situation → Scenes 进路。以克拉克对场景的定义，Scenes 内涵不仅包含并超越了戈夫曼场景观中的物理空间概念，也包含并超越了"生活舒适设施"（Urban Amenities）集合的物化概念，有着文化价值观内涵和消费生活方式意义。站在消费者角度重新审视城市和社区的场景理论，其场景"是由各种消费实践所形成的具有符号意义的社会空间"（吴军，2014）；作为分析文化消费的一种新工具，场景"对于区域发展路径选择、公共政策创新以及文化力构建具有重要启示"（徐晓林等，2012）。

另一条则是基于信息技术发展的 Situation → Context 进路。人与"场景五力"的绑定，前所未有地改变了人们的场景感知，场景构件已不限于现实性的、可感知边界的物质，而更多地来自与网络空间、电子情境、虚拟现实相连接的多维度信息流。即便梅罗维茨使用的是"Situation"一词，也因将其视为信息系统而与 Context 具有内在一致性。之前他强调，"计算机和其他新技术肯定强化了电子媒介和所有从前的传播模式最重要的差异——对社会地点和物质地点关系的破坏"（梅罗维茨，2002）；之后他根据 20 世纪 80 年代末互联网发展趋势，调整了原有场景（Situation）的限定，将其拓展为 place contexts 和 media-contexts 两种场景（Context）（Meyrowitz，1989）。换言之，信息技术改变了戈夫曼的场景范式，是"媒介场景理论"的一个重要观点。Context 场景概念是信息技术的产物，它为研究信息技术革命对社会经济结构带来的变化重组，提供了一种崭新的视角。

二、数字化时代对场景概念的再定义

继 2015 年 6 月国际电信联盟（ITU）公布未来 eMBB、URLLC 和 mMTC 三大 5G 应用场景（5G Application Scenarios）之后，2019 年我国开始发放 5G 商用牌照，由此步入 5G 时代，场景概念在数字化时代更加引人高度关注。信息通信技术的迅猛发展重新定义了场景概念，对场景概念流变的梳理，为把握数字化时代的场景概念提供了一个三维认知框架。

（一）"连接"重构场景（Situation）的时空与环境

空间和时间是人类对场景感知的基本要件，而技术条件决定着人类场景感知的方式。在工业社会，戈夫曼的"面对面场景"是研究一种"此时此地""一对一"的物质场景；"媒介场景理论"将物质场景延伸到"此前彼地""一对多"的信息场景，但梅罗维茨的场景概念却是一种中心化、非共享的单向"传→受"场景。TCP/IP 协议和由终端联网构建起的网络平台通过数据化消灭时空障碍，使人与人、人与设备之间实现了广泛连接；作为互联网延伸和扩展的物联网，连同 5G、AI、区块链、云计算等技术，进而"可以实现所有人连接、所有物连接、所有资金连接、所有信息（数据）连接，同时还可以实现所有环节、所有过程、所有时空节点的连接"（胡正荣，2019）。移动互联无限的连接力量改变了场景构成的要素条件，数字技术变革颠覆了人类的场景感知方式。

以时空视角，在时间特定、空间隔断的固定场景之外，移动互联网构造出"时空一体化"的场景。智能手机、移动智能终端、可穿戴设备、智能应用程序（App）组成了人们的"智能感觉器官"。在移动网络中人们能够"身体缺场"而"智能感官在场"，"智能感官"通过数据高频次的超文本符号（HTML）传输交换，随时随地在线上网络和线下固定场景之间进行自由地连接与切换，这种连通 5V（Volume、Velocity、Variety、Veracity、Value）特性数据的网络，模糊了人类对时间和空间的意识，却实现了一种既有共享性又具流动性，既"面对面""多对多"又跨越时空的互动交流，即"时空一体化"。

以环境视角，在真实物质世界的现实场景之外，移动互联网连同 AR、VR 等技术构造出虚拟性场景和现实增强性场景。VR 运用计算机仿真系统产生的三维虚拟世界，通过移动互联网的界面连接，其所形成虚拟性场景使人们能够"在现实和虚拟之间自由穿梭，甚至无法明确区分现实和虚拟的界限"（喻国明和梁爽，2017）。[1]AR 技术将现实性场景和虚拟世界信息进行"无缝"连接，产生了现实增强性场景，物联网 +AR 的融合应用又实现了数字信息与物质世界的互联互通，无限丰富的交互式场景不

---

[1] 喻国明和梁爽（2017）按界面形式对现实性场景、虚拟性场景、现实增强场景进行了划分。

断地诞生。

（二）"社群"丰富场景（Scene）的文化与情感

马克斯·H.布瓦索（2000）在其建立由认识过程、信息处理和社会文化构成的三维信息空间（I-Space）框架中指出，"我们将个人（认识论空间）和社会信息处理（效用和文化空间）会聚在一起创造一个三维的信息空间，通过该空间来理解时空分配和数据场中的数据流"。网络不仅是数字信息空间，也是一个文化空间，在这个社会文化空间中，各类社交媒体平台和App的强大社交功能，使社交化成为移动互联网络中人与人沟通的主要方式，由此产生出一个全新的社会组织形态——社群。

后工业化社会的人们越来越注重"小众自我"的消费，在追求自我差异化消费的彼此交流互动过程中，社群产生和塑型了具体的消费行为，并为新的消费文化生成、流行提供了重要空间，它如同克拉克所指的场景（Scenes）那样，"提供了社会成员的归属感与文化需求的协同管道"（徐晓林等，2012），微信群与朋友圈、微博、豆瓣、知乎、贴吧等都是这个文化空间的载体。数字化社群有着主动认同感与团结性、其人际关系的真实性与透明度，以及感性参与、融入日常情境的社群活动等特征（胡泳等，2013），属于一种亚文化群体。通过观察描述与定性分析，具有这些特征的社群与线下的多样性人群比较而言，更契合克拉克的文化价值观测量维度体系（Clark，2007）。从而更具揭示各种文化消费活动空间的符号意义。以场景理论的视角，社交媒体各类平台和App是数字化时代场景重要的"生活舒适设施"，而社群文化作为构成场景中的要素，成为将多元化、跨地域、大规模社会成员聚集连接在一起的纽带，并在三维信息空间中通过网络消费行为孕育并传递着价值观，培养和表达社群成员的共同情感。

（三）"数据"决定场景（Context）的宽度和深度

在描述新技术人机交互的落地应用场景时通常使用"Scenario"一词，英语词典中Scenario本身含义是"对未来可能采取的行动或发生事件的一种描述"。与"场景"相关的新技术英文词汇表述，则均使用Context，如场景感知计算（Context Aware Computing）、场景搜索（Contextual

Search）、情境发现（Contextual Discovery）等。从技术术语来讲，Context对加载资源、启动 Activity 组件、获取系统服务、创建 View 等操作起决定性的支撑作用，它可视为计算机程序中系统交互的一种环境。Context 是场景概念演进中的重要节点，作为信息技术的产物，Context 概念能更广泛地代表场景的技术特性并统摄数字化时代的场景概念，可涵括 Scenario 在技术应用环节上有关"场景"之意。

按照舍恩伯格和库克耶（2013）所讲"世界本质是由数据构成"的逻辑，场景本质上也是由数据构成的，一切场景都可以被万物智联、智能感知的数字技术所识别、储存、传输和计算，场景中的互动变成数据的流动，场景（Context）的存在变成数据的泛在。一方面，在云计算环境下，海量分布式数据处理协同机制与图谱搜索技术，满足物联网感知大数据的时空逻辑要求，场景能构造为一个从"端"延伸到"网"、从"网"延伸到"云"的数字生态系统，场景的宽度拓展性强；另一方面，大数据智能化的算法既能对人进行数据画像，建立复杂的人类行为定量预测模型，也能使真实社会生活现场的复杂性获得更加精细客观的表征，洞悉"由个体之间数十亿物质、货币、信息和想法的微小交换构成的微观模式"（段伟文，2016），场景的深度因而得以不断挖掘。

场域理论是社会学非常重要的理论，其"场域"（Field）一词又正源自和信息技术密切相关的电磁场（Magnetic Field）概念。社会学大师布尔迪厄（1998）提出："一个场域可以被定义为在各种位置之间存在的客观关系的一个网络（Network），或一个构型（Configuration）。"这一概念与Context 的契合度高，借此概念，场域可能是数字化时代对场景进行描述的一个恰当用语。结合以上连接、社群和数据的三维分析，本书在此得出数字化时代的一个场景新定义：场景是物质空间与信息空间通过数字技术进行相互连接、切换与融合，进而实现人—机—物互动交流的场域，场域中的人、物品、时空环境、文化与情感、数字生态（见图 4-4 中方框部分）构成场景的五个要素。智慧连接、社群文化和大数据是数字化时代的场景赋能三个要件，能为社会经济活动带来一种场景化的总体观念实践。

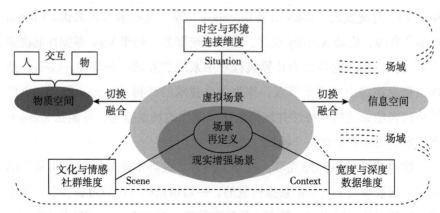

图 4-4　数字化时代场景概念框架

（资料来源：夏蜀 . 数字化时代的场景主义 [J]. 文化纵横，2019（5）：88-97+143）

三、产业链金融场景化创新机理

场景化的总体观念实践经过社会网络理论的分析，又得以进一步的深化。沃瑟曼和福斯特（2012）在其所著的《社会网络分析：方法与应用》一书中，用社会矩阵（Sociomatrices）或社会关系网图来描述参与者的相互关系（参与者不但指具体的个人，也可指一个群体、公司或其他集体性的社会单位），将场景视为一组独特参与者和它们之间独特的相互联系。信息技术迅猛发展背景下产生的服务主导逻辑理论，充分接受了社会网络理论对场景的这一定义，在此定义的基础上，认为参与者基于场景所框定的位置，开展资源整合和服务交换，潜在资源之所以能变为有价值的现实资源，就是因为其嵌入了场景，价值正是在这种特定场景中的资源整合而得以确定（Chandler 和 Vargo，2011）。

按照以上定义和观点，产业生态圈中某些特定参与者及其相互之间的独特联系即构成了产业场景，产业场景是产业链金融在生态系统中创造场景价值的重要介质。人工智能技术可以更加细致地划分场景，增加场景的粒度，呈现动态的场景，由物理实体系统、虚拟模型系统、映射与交互系统、环境数据感知系统，数据连接系统五个子系统构成智能制造管理系统，促进企业战略场景化的实现（李高勇和刘露，2021）。因此，ICT 应用指向性的 "Scenario" 更适合表述现代制造业以及产业链领域中技术性应用场景。

服务主导逻辑将场景扩展为三个层次：企业和顾客之间二元互动的服务接触、考虑物理和社会环境的服务景观、关注更广泛 A2A 共同生产与制度逻辑影响的服务生态系统（Akaka 和 Vargo，2015）；基于上述对数字化时代场景概念的再定义，以及服务主导逻辑的场景分析框架，以下分析中不难发现，产业链金融以服务接触的场景嵌入（Situation Embedded）、服务景观的场景应用（Scenario Application）到服务生态系统场景价值的流程机理，创造出具有场景价值的新资源，实现场景化金融的服务创新（见图 4–5）。

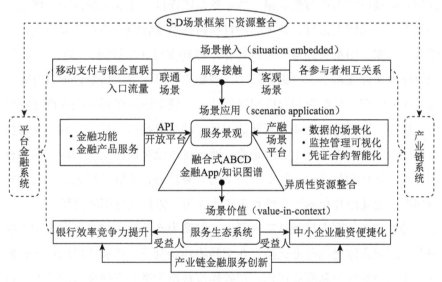

图 4–5 产业链金融生态系统场景化创新流程机理

（一）场景嵌入

产业链金融场景嵌入是基于账户管理的银企直联与移动支付，相对于银行是 "本来无一物" 的产业场景，重塑融合为平台金融的 "时时勤拂拭" 联通场景。场景嵌入是通过服务接触（Service Encounters）来实现的。服务主导逻辑对服务接触的定义与市场营销学对其定义相同，是指"客户和服务提供商之间的直接互动"（Surprenant 和 Solomon，1987），以及由此带来的短期和长期影响（Czepiel，1990）。

产业链上中下游从设计端、供应端、生产端、流通端、销售端、物流端到其他服务端的各个环节，以及各环节中的各个参与者互动，构成了A2A 服务接触下的各式各样产业场景，这些场景在未涉及银行账户时，独立于金融系统而客观存在，即二元互动服务接触的产业场景是一种客观存在的场景。

银企直联和移动支付分别为产业链上的大中型企业及小微企业带来场景联通下的金融服务。银企直联是银行和大中型企业之间的电子化交易平台，通过互联网或专线连接的方式，企业的账户和财务系统能够基于特定的数据接口，实现与商业银行的业务系统连接。企业无须到银行网点，甚至无须登录网上银行，即可利用自身财务系统就能自主在线完成支付、收款、转账、明细查询等一系列操作。移动支付在二维码、NFC、人脸识别等技术条件支持下，与银行的二三类账户、第三方支付平台的自有账户体系注册绑定，也如银行直联同样的功能，使金融服务得以嵌入产业场景中，形成金融机构与企业之间新的二元互动服务接触。只不过移动支付相比较银企直联，更适宜于小微企业。通过这种泛在便捷支付和即时到账查询，银企间移动与固定、线上与线下的服务接触，能够进行无缝衔接、实时切换，由此碎片化的产业场景被联通成为一体化交易闭环的场景。

场景嵌入使服务接触从二元互动，转换为产业链上的交易双方和金融中介的三元主体之间服务交换。在交易闭环场景下，产业链供应链中各种高频次的交易行为和商业运作，都被连接转换为平台金融系统的获客入口和流量，这同时解决了商业银行自身业务相对低频的问题。

（二）场景应用

服务主导逻辑引入市场营销学中的服务景观（Servicescapes）概念，将其作为中观层次的场景。市场营销理论虽然先将服务场景视为影响客户感知和满意度的一种"被建立"的环境（Built Environment）（Bitner，

1992），之后又将其理解为"管理策略和客户投入的嵌套产品"（Arnould 等，1998），但"人为环境的物理创造"是其概念不变的核心要素。服务主导逻辑在允分吸收市场营销学服务景观概念中"人为环境的物理创造"的内核同时，针对技术进步对服务景观以及服务接触带来的时空重构（Nilsson 和 Ballantyne，2014），以其服务生态系统的场景框架扩展了服务景观的内涵，认为技术作为操作性资源所创造的价值取决于其应用的情境（Akaka 和 Vargo，2014），对服务接触进行扩展的服务景观场景框架，包含了技术维度、社会维度以及多个参与者的价值共创（Akaka 和 Vargo，2015）。在此，可从服务景观的角度探究数字化时代的产业场景。

1. 产业场景应用下的服务景观。人工智能 A（AI）、区块链 B（Blockchain）、云计算 C（Cloud Computing）、大数据 D（Data）等新技术的出现，不仅为传统金融体系与金融市场结构带来了颠覆性创新，也对产业链供应链带来冲击和影响。宋华（2019b）在分析这些新技术为供应链金融综合赋能时，提出了一个包括两层含义的融合式 ABCD 概念：一是 ABCD 不仅指的是 AI、区块链、云计算、大数据这些具体的技术本身，而且代表各类现代 ICT 相互关联的整体，这些技术手段相互之间在不同阶段、不同环节、不同状况下，发挥着既有关联又有差异的作用。任何单一的 ICT 不可能单独发挥作用，要通过相互之间的关联、配合，综合发挥作用；二是这些关联化的技术的作用协同，需要嵌入供应链运营场景中，方可实现技术与商业之间的互动和相互促进。

宋华提出的融合式 ABCD 框架包括感知层、数据层、流程层和模式层四层 ICT 架构，位于感知层的 ICT 是最底层的技术，包括 RFID（无线射频识别技术）、M2M（Machine-to-Machine / man）、IoT（物联网）、AI 等技术，用于获取供应链各个流程环节的基本数据。感知层获取的数据将传递给数据层，数据层将利用移动边缘计算、雾计算、云计算等技术以整合、挖掘和分析供应链数据并基于以上挖掘与分析的数据信息进行决策。决策结果将会传输给位于第三层的流程层。流程层负责供应链单证、票据、凭证等电子化的流转以及基于上述电子单证的区块链技术和管理。电子单证及管理信息将会被传输给模式层来进行进一步的价值评估与价值创造。模式层的主要目标是确立智慧供应链金融模式。

数字化时代的产业场景可以理解为由融合式 ABCD 的感知层对物理世界进行数字化，构建起数字孪生的服务景观，这主要表现在以下三个方面。

一是数据的场景化。以场景的维度看，数据资源密度提高体现为数据的场景要求（Contextual）。数据的场景要求是指数据的质量依赖于数据被观察到和使用的场景，包括关联性、价值增加性、总量（Wang 和 Strong，1996），以及可信度、可及性、数据声誉（Madnick 等，2009）。基于融合式 ABCD 所实现的大数据先进分析，能将产业链各参与者经营活动中产生的生产流、商流、物流归结整合为体现数据场景化特征的服务景观。

二是监控管理可视化。运用区块链技术实现信息溯源防伪；运用物联网感知技术对在途在库物流全程智能监控；运用人工智能技术精准识别客户信用行为，在融合式 ABCD 整体赋能下，可以构建从订单、采购、生产、物流到分销等全流程的可视化服务景观。

三是凭证合约智能化。对产业链供应链中的交易行为、贸易背景、资产状况，需要控制好并证明每个参与者在其中的行为和关系，以遏制有可能因这些行为关系的真实性、合法性问题而带来的机会主义和道德风险问题。交易资产或活动标准化的电子凭证，以及智能分布式记账与智能合约的实现，保证交易在多主体之间达成共识，形成多家共存于相互监督的场景（宋华，2019b）。融合式 ABCD 技术支持下的凭证合约智能化，实际是为产业链系统提供"信用自增""信用自证"的服务景观。

2. 产业链金融的服务景观。平台金融系统同样基于融合 ABCD 的技术赋能，以上述产业场景的服务景观为介质，通过开放银行平台与产融场景平台架构，再次开展场景应用，构建起产业链金融的服务景观。

企业金融 App、"开放银行 + 银企直联"和知识图谱都可被视为产业链金融服务景观的具体表现形式。Nilsson 和 Ballantyne（2014）指出，在互联网和社交媒体呈指数级增长的时代，网络商店中常用的"购物车"、各种 App 成为数字虚拟空间的服务景观。企业金融 App 是产业链金融从用户视角上构建的服务景观，它作为企业"一站式"金融移动服务平台，在以融合式 ABCD 技术构建"生物识别＋手机数字证书＋智能风控"多层级安全防控体系的基础上，扩展账户管理的服务接触场景，将包括贷款融资、票据贴现、投资理财、代发工资、企业缴税等在内的各类金融服务，通过"封装"共享运营模块和提供对外标准接口方式，嵌入产业链供应链各主体、各环节中，为中小微企业提供"泛在"与"跨界"的金融服务场景。

"开放银行＋银企直联"具有与企业金融 App 同样的金融服务景观机理，主要适用于大中型企业集团。"开放银行＋银企直联"是以开放银行"OpenAPI"对银企直联业务的支持实现传统银企直联的转型。在通过对通信方式、报文格式、安全认证三个方面进行轻量化改造，为企业提供快捷、安全、低成本接入方式的基础上，建立密钥安全等级，增强业务承载能力，并以 SDK 解决企业系统业务逻辑与前置机通信逻辑紧耦合的问题，提升银企架构弹性（陈胤和张熠，2023），从而实现开放银行与银企直联能力互补、数据互通和客户共享的服务景观。

知识图谱是结构化的语义知识库，基本组成单位是"实体—关系—实体"三元组，它通过信息科学、图形学、数学等技术，能够以可视化的形式展示不同个体、变量之间的关系。商业银行以其知识图谱建模、图谱分析、图谱挖掘、知识服务全流程的"一站式"应用能力，针对产业场景中智能搜索、用户交互、渠道协同、风险识别等环节，建立起企业图谱、交易图谱和信贷风控图谱三者集成的服务景观。

（三）场景价值

突破式创新需要引进大量的异质性知识和资源，而这些异质性知识和资源不可能在一个企业内全部获得（党兴华和刘景东，2013），突破式创新是在一个多个战略联盟同时建立的新网络中进行（Wassmer，2010）。产业链金融之所以成为一种突破式服务创新，也正是由于其在服务生态系统的价值网络中，获取到了金融系统自身无法提供的异质性资源。

异质性资源是以"涌现"（Emergence）的形式产生，"涌现"是从自身实体其他不同实体的互动组合中，产生具有特定特征（结构、质量、能力、纹理、机制）新实体的过程，它也属于一种资源集成（Peters，2016）。产业场景在融合式 ABCD 技术创新下，其在产业链服务系统所产生大量的交易数据、客户行为方式、信用状况等各种"独特相互关系"，被整合成场景粒度更细的产业服务景观，"涌现"出数据场景化、监控管理可视化、凭证合约智能化等相对于金融机构的异质性资源。

服务生态系统中所有的经济主体都承担着服务提供者（向其他系统参与者提供资源或服务）和服务受益人（它们本身也从其为他人所提供的服务或资源中受益）的双重角色（Lusch 和 Nambisan，2015），参与者之间通过异质资源整合所形成的价值共创，不仅能导致特定的服务受益人获得价值，而且也会使更广泛的服务生态系统产生价值（Peters，2016）。在产业链金融服务生态系统中，一方面，银行等金融机构通过获取产业场景的异质性资源，提升了服务效率和市场竞争力而成为受益人；另一方面，产业链系统的各类经济主体通过由企业金融 App、"银企直联 + 开放银行"、知识图谱应用等构成的金融服务景观（也相对于产业链系统的异质性资源），获得便捷、优质的金融服务，也同时成为受益人。平台金融系统与产业链服务在耦合互动中分别"涌现"出异质性资源，进而彼此共同创造出场景价值。

场景价值以发展新质生产力的视角，实际是场景作为新型劳动对象参与资源组合配置与价值创造的结果。数据要素的嵌入使劳动对象从实体的自然物逐步升级为"自然物＋人造自然物＋虚拟的数字符号物"，日益呈现数智化特征（程娜，2024）。场景作为数智化劳动对象的广泛应用，激发了产业链金融的服务模式创新，也促进金融机构通过数字化、平台化、生态化的转型，创造出多样化的新价值增量。

第五章 平台主导视角下的产业链金融运作

在供应链金融的发展演进中，以产业核心企业、物流公司、电商平台、金融科技企业等多主体主导的线上供应链金融服务模式获得长足的发展，改变了传统供应链金融服务中由银行金融机构"一家独占"的格局。这实际上是一种平台金融生态系统的制度化过程，同时也表明供应链金融向产业链金融的演进是依存于平台生态系统结构。平台生态系统结构下的产业链金融，以数字技术为核心驱动力、数据为关键生产要素，将金融服务高效贯通于生产、分配、流通乃至消费各个环节，推动"科技—产业—金融"良性循环。

平台生态系统结构中，平台企业（Platform Firms）是平台生态系统的平台提供商和平台运营商，它负责制定平台交易规则，维持平台交易秩序，积极吸引互补品提供商参与进入平台，因此而成为平台生态系统的主导者（Cennamo 和 Santalo，2013）。就平台金融生态系统而言，产业链金融在"平台生态—平台企业—平台参与者"交互情境中运作，无论是商业银行还是其他非金融类企业，谁成为获取生态系统领导地位的平台企业，产业链金融就在其主导下运作。区别于线上供应链金融以主导企业的实体性作为模式划分标准，平台主导是归纳分析产业链金融现实运作多样性的基本视角。商业银行在数字化转型中不断构建形成了以开放银行平台为核心的金融服务平台体系，产业链金融运作可以分为商业银行金融平台主导与平台型企业主导的两类模式。

第一节　产业链金融的平台提供者与互补者

在具有多边性（Multilateral）的平台生态系统结构中，有成为平台领导者愿望的企业通过制定生态系统战略，搭建产品架构和 API 设置接口开放程度，均有可能成为平台企业；而当平台企业聚合成以其为领导者的子生态时，又在生态系统中与其他平台企业主导的子生态进行双边互动（Adner，2017）。同样地，平台金融系统中能够发起和建构平台的不同参与者，将有可能成为产业链金融运作的主导者。

一、平台生态系统及其互补者

（一）不同理论视角下的平台生态系统

平台生态系统是由平台企业（作为平台的发起者、提供者）与互补者（Complementors）构成的网络，平台企业通过基础架构来增加与互补者的协同交互，互补者连接平台并提供互补品，平台由此更富于价值（Mcintyre 和 Srinivasan，2017；Jacobides 等，2018），进而形成平台发起者、互补者和平台用户之间价值共创的结构（Thomas 等，2014）。平台生态系统的价值共创，是通过系统参与者在由组件、流程、界面和人员的异质性关系所组成交互平台中实现的（Ramaswamy 和 Ozcan，2018）。

平台生态系统是一个跨学科的构想（王新新和张佳佳，2021）。技术管理理论将平台生态系统视为一个大规模行动者集体协作提供数字化技术支持的基础设施，探讨生成性（Generativity）等技术特征（Cennamo 和 Santaló，2019；Yoo 等，2012）是如何影响平台用户使用价值或焦点平台组织绩效。战略管理理论将平台生态系统视为多个行动者所组成的协作网络，突出其可操作性的战略建构（Adner，2017），强调平台企业动态能力与竞争策略（朱晓红等，2019；贺俊，2020），以及通过获取和利用新的互补资源、能力和知识进行价值构成（Basole 和 Park，2018）等方面。复杂适应系统理论将平台生态系统概念化为一个复杂适应系统，认为平台生态系统的"整体"价值是从组成部分之间动态的、跨层次的相互作用中涌现生成的（王新新和张佳佳，2021）。服务主导逻辑理论则将服务系统单元引入平台生态系统分析中，通过探讨行动者参与、资源整合活动以及制度逻辑之间的相互作用，将价值创造的范围从以企业为中心的生产活动和以协作为中心的多个行动者网络拓展到了更大的生态系统。

（二）平台互补者相关内涵

平台生态系统下的互补者是指为平台提供互补性的产品、服务、技术的独立供给方（刘畅等，2022）。互补者及其提供的互补组件既可以使自身在生态系统中与合作伙伴的关系中受益，同时也提升平台的价值创造能力以及获取能力（Teece，2018；Wang 和 Cameron，2020）。更多互补者在异质性动机驱动下，为平台提供了更多数量和种类的互补品，从而有助于提高平台生态系统质量（Boudreau 和 Jeppesen，2015；Parker 等，2017）。高阶位互补者及其组件的嵌入，能够提升平台生态系统资源与组件功能互补的一致性（Conformity），促进平台用户增长（Taeuscher 和 Rothe，2021）。当互补者在平台中参与价值共创时，互补者构成方式被视为一种网络结构（梅景瑶等，2021）。互补者与平台发起者之间的相互关系是平台生态系统构成及其价值共创的重要基础，平台企业应在增加互补者多样性的同时，还需使嵌入生态系统中的互补者及其提供的互补组件具有足够的竞争力，以增强所发起平台系统的价值共创绩效。

Jacobides 等（2018）将平台生态系统的互补者性质分成独特互补性和超模互补性（Supermodular Complementarity）两类。对于 A 和 B 两种不同的活动、资产或产品，独特互补性是指没有 B，A 就不起作用，两者在一起能够实现价值创造，若缺少一样则无法运转，会产生价值损失。独特互补性可以是单向的，即 A 需要特定的 B；也可以是双向的，即 A 和 B 彼此都互相需要。超模互补性指的是更多的 A 使 B 产生更多的价值，两种产品或服务一起能够创造出比各自更大的价值，即这两种产品或服务可以单独使用、有各自独立的价值，但是两者基于互补关系创造的价值远远大于单个参与者创造的价值，能实现"1+1>2"的价值共创效果。上述两种互补性可以共存，如在 OS Platform/APP（操作系统平台/应用程序）的生态系统中，应用程序和平台具有独特互补性，即应用程序在没有操作系统的情况下无法运行；同时也具有超模互补性，因为应用程序的存在增加了操作系统的价值，操作系统安装的广度增加了应用程序的价值。

二、平台金融生态系统的平台提供者

平台的提供者（Providers）与发起者（Sponsors）既可以是同一家公司也可以是不同的公司，平台使用权和持有权可以由一个公司专有或者由多个公司共享（Eisenmann，2008；Parker和Alstyne，2012）。[①] 在平台金融生态系统中，平台的提供者角色并非只是由商业银行来扮演。Gawer和Cusumano（2008）指出，企业可以通过两种战略成为平台领导者：一种是构建一个以前不存在的新平台，另一种是通过建立市场势力赢得平台竞争。如果产业类核心企业、物流企业、电商平台等主体利用其在产业供应链中的有利位置，构建起有别于金融机构的金融服务平台技术架构，也能在平台金融生态系统中成为平台的发起者与提供者。

由此，在与产业链系统进行耦合互动的平台金融系统中，其平台领导者除搭建开放银行平台的商业银行外，还会存在由非金融平台企业担当的情况，产业链金融形成分别由商业银行主导和非金融平台型企业主导的两类运作模式。

（一）商业银行作为平台提供者模式

我国的金融体系是以商业银行为主体，商业银行以开放银行平台作

---

① Parker和Alstyne（2012）对平台提供者和平台发起者分别作了界定：平台提供者通常是平台用户的联系点，即内容的消费者和内容的开发者。它是通用组件、规则和体系结构的联系点。提供商角色可以由一家公司或多家公司来完成。平台发起者是平台的整体设计者和知识产权持有者。发起者设定方向并控制底层平台技术，它还通过规则、治理和生态系统支持为平台提供了整体组织结构。平台发起者可以帮助参与者了解自己是系统的一部分而不是系统之外的人，从而帮助生态系统工作。这一角色可以由一家公司或多家公司来完成。平台生态系统中的焦点企业往往通过成为平台架构的提供者或发起者而成为平台的领导者。

为平台金融生态系统的发起者与提供者，无疑是产业链金融的主要运作模式。

在该模式下，商业银行通过自建或与金融科技公司等第三方技术提供商合作建立开放银行平台核心部分 API 平台，在此基础上向作为产业场景服务平台的合作伙伴开放，形成以商业银行为焦点平台组织的平台金融生态系统。在这类系统中，金融科技公司等第三方技术提供商、各类产业场景服务平台作为开放银行平台的互补者，成为产业数字金融平台体系构成部分。其他的互补者也从不同的起点涌现加入该生态系统中，其提供的互补性产品和资产，与产业场景服务平台功能一样，补充和完善开放银行平台的核心模块功能（见图 5-1 左边部分）。

（二）非金融平台型企业作为平台提供者模式

在我国"依法将所有金融活动全部纳入监管"的监管原则下，只有持牌金融机构经营行为方属于正规金融活动。从这个意义上讲，本不存在所谓的以核心企业为主导、以物流企业为主导、以电子商务公司为主导的供应链金融。然而，站在平台生态系统的角度，如果不由商业银行，而是由这些非金融企业作为平台的发起者或提供者，则的确存在一种有别于商业银行主导的产业链金融模式。

产业类核心企业、物流企业、电子商务公司等本身嵌入在产业链供应链运营网络中，了解掌握链条上信息和运作流程，加之自身有特定的资源禀赋，能通过搭建金融导向的平台架构，成为产融场景服务平台。产融场景平台与开放银行平台既在接口管理与标准方面兼容、互补，契合而成产业数字金融平台，同时也是平台金融生态系统中的两类关键平台。Adner（2017）强调，生态系统结构是由系统的价值主张所决定，焦点公司承担平台领导者角色，取决于自身愿望以及生态系统参与者同意下的价值主张。若产融场景平台明确提出以金融服务支持产业链供应链的价值主张，且取得平台治理等方面的主导权时，则能形成以其为平台领导者的产业链金融运作模式。在这种模式下，商业银行转换为平台生态超模互补者，扮演着资金流动性提供者角色（见图 5-1 右边部分），负责资金支持和过程中的风险控制，与平台领导者相互协同配合开展产业链金融运作。

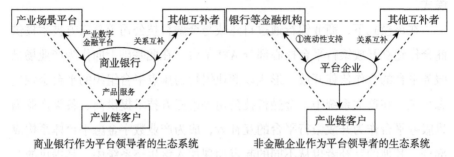

图 5-1 平台金融生态系统的两类平台领导者

第二节　商业银行产业链金融的平台化实践

进入银行 4.0 阶段，在产业升级和技术驱动下，商业银行迎来平台生态系统的全新经营方式。基于平台大数据的授信模式，其数据来源从原来的核心企业拓展到 ERP 厂商、电商平台和物流公司等多个方面，产业链金融的组织形式向平台协作化发展。为成为生态系统的领导者，商业银行构建以开放银行平台为核心的生态系统，以此聚合众多类型的公司 / 服务商参与其中，加强各合作伙伴的交流互动，组成价值网络，在价值网络中主导实施产业链金融运作。

基于产业数字金融平台对供应链金融模式进行升级迭代，是商业银行公司金融业务转型与多元化拓展的基本趋势。在此，选择已明确提出发展产业链金融的商业银行代表性实践，从中剖析商业银行平台主导的产业链金融运作机理。

一、交通银行：全力发展产业链金融的国有大行

交通银行以"建设具有特色优势的世界一流银行集团"为战略目标，践行"以产业链金融服务现代化产业体系构建"的价值主张，将发展产业链金融作为全行的战略性业务，并取得良好成效。《交通银行股份有限公

司 2022 年度报告》显示，交通银行产业链金融业务量从 2020 年的 1909.1 亿元增长至 2022 年的 4791.26 亿元，客户数从 1.32 万户增长至 2.63 万户，全行 2022 年产业链金融业务量同比增幅 41.92%，交通银行 2023 年上半年经营业绩的数据显示：产业链金融业务量 2803.85 亿元，同比增长 31.41%，服务融资客户 2.76 万户，同比增长 49.19%；"十四五"规划以来交通银行产业链融资年复合增长超过 30%。在国有大型商业银行中，交通银行全力发展产业链金融模式的实践，尤为值得总结借鉴。[①]

（一）以产业链金融模式构建特色业务体系

在《交通银行股份有限公司"十四五"时期（2021—2025 年）发展规划纲要》中，提出打造普惠金融、贸易金融、科技金融、财富金融四大业务特色。交通银行通过产业链金融模式，促进前三者企业类金融业务的战略规划落地实施。

1. 普惠金融方面。以"1234"的发展路径，形成"线上标准产品＋场景定制＋产业链产品"综合服务方案。"1"是"一个中心"，以数字化转型为中心，即以大数据运用赋能业务流程各环节，以"精准化营销、数字化产品、智能化风控、集中化运营"的业务全流程，全面推进普惠数字化转型金融实践；"2"是"双轮驱动"，持续探索"线上＋线下"双轮驱动模式，在营销拓客、产品创新、渠道服务、风险管控等方面创新提升线上线下服务能力；"3"是"三项重点"，即以"线上标准产品"实现扩面增量、以"场景定制"打造特色满足小微客群个性化需求、以"产业链产品"服务实现稳链补链强链；"4"是"四个能力"，即提升产品创新、渠道建设、协同联动和风险管控能力。

2. 贸易金融方面。深挖产业链核心企业跨境金融需求，提高核心企

---

① 任德奇.为新时代金融高质量发展贡献交行力量[J]. 中国金融，2023（23）：14-16；http://ah.people.com.cn/n2/2020/1109/c338265-34403838.htm；https://baijiahao.baidu.com/s?id=1738033712557698200&wfr=spider&for=pc；https://finance.ifeng.com/c/8VIi75OsgTc；交通银行年报等。

业合作层级，不断提升"蕴通易链"产业链金融业务体系服务国家支柱产业的能力。作为唯一具备离岸银行业务资格的国有大行，交通银行为产业链核心企业及上下游企业提供境内外、本外币、离在岸一体化账户结算服务，创新推广"EASY 系列""单一窗口""交银 e 关通"等特色产品，支持企业全球布局。

3.科技金融方面。围绕与科创企业紧密相关的产业链、科创圈、科技园，首创"三大场景生态"。在产业链场景中，"科创易链"聚焦强链补链延链，通过嵌入核心企业供应链平台和自建平台，构建"物流、信息流、资金流"全流程闭环，将核心企业的信用扩展至上下游供应商，提供"一点触达、秒级放款"的极致融资体验。在科创圈场景中，"科创易智"为专业投资机构和科技型企业搭建"蕴通 e 智"平台，并引入科研院所等主体，建立政策、资源、信息共通互享的科技金融"朋友圈"。同时，通过引流机构资金、引荐金融服务、引进顾问咨询、引入科研智慧、引导企业战略，做大金融资源的乘数效应。在科技园场景中，"科创易园"通过提供"一园一策"差异化金融服务，深度参与园区共建和运营管理，精准服务园区管委会、入园企业及员工的金融和非金融需求，既有效支撑园区软硬件建设，优化营商环境，更助力做好招商引资、企业孵化培育。

（二）确立"蕴通·易链"产业链金融业务品牌

交通银行确立将"蕴通·易链"作为其产业链金融业务品牌。该品牌基于"运用数字化、场景化、便捷化解决方案服务全产业链"的目标，旗下形成一系列为相关产业链核心企业、上下游供应商经销商、终端企业，提供融资、结算、风险管理等综合性金融服务解决方案。

1.蕴通财富产业链金融服务方案。这是交通银行围绕相关行业中的核心企业，通过与国内大型物流公司开展质押监管合作、与保险公司开展信用保险合作、与担保公司开展担保业务合作，与大宗商品交易中心开展电子商务合作等方式，为其上游的供应商，下游的经销商和终端用户提供的融资、结算、风险管理等综合性金融服务方案。蕴通财富产业链金融服务方案致力于帮助产业链上核心企业和上下游链属企业有效拓展融资渠道，降低融资成本保障供需安全，实现产业链的整体增值。

2. 系统、完备"链金融解决方案"。该方案在服务涵盖订单融资、国内保理、票据、保函、经销商融资、智慧汽车金融等各方面的基础上，进一步借助企业自建供应链金融平台、第三方信息服务商供应链金融平台，以及交通银行自己的智慧交易链平台，进行灵活组合标准产品，将产品和服务从产业链条上的核心企业直通上下游中小微企业。

形成产业链"秒级"融资产品线。交通产业链金融解决方案具有丰富的场景生态培育功能，可以为汽车、医药、租赁、电力等行业，提供成熟的行业化定制解决方案。目前，根据客户需求已经可以做到"标准方案即时确定，定制方案按需上线"特别是在交易放款处理方面，已加速至"秒级"，仅一步线上操作，全流程自动处理。

3. "蕴通账户"财务资金管理整体解决方案。除提供融资支撑外，交通银行"蕴通账户"为各类企业机构提供本外币一体化和境内外一体化的账户管理、资金收付、运营结算、票据管理、投资管理、融资管理、流动性管理、风险管理、渠道服务九大类、近40项现金管理服务。同时，通过"智慧金服平台"，以"收款＋对账"为核心，为广大企业提供涵盖资金管理、信息管理、业务管理等多维度的综合化金融服务，覆盖C端用户便捷支付＋B端企业综合金融服务的全流程，通过将场景金融嵌入客户日常经营，解决了场景分离、时间错位的痛点问题。

（三）与产融场景平台共同打造"交航信"服务

"交航信"是交通银行作为国内首家国有大型银行与第三方科技公司联合打造的全线上产业链金融产品。合作方是金网络（北京）数字科技有限公司，该公司隶属于中国航空工业集团有限公司，是专注于供应链金融和产融数字化领域的金融科技公司，其研发和运营的航信平台，具有链接服务"N（核心企业／采购企业）＋N（金融机构）＋N（多级供应商）"多类主体、汇集多种金融产品的产融场景平台特征。航信平台上所提供的"航信"服务，从本质来看，属于数字化的应收账款资产，是航信持有人拥有、以航信开立人为债务人的应收账款债权的电子凭证，航信通常载有明确的金额和期限；从使用方式看，"航信"可分为开立、持有、拆分、流转、融资、清分等几个环节，相关登记操作均在航信平台上完成。

交通银行以其自建的智慧交易链开放平台，与航信平台进行总对总直联，共同打造的产业链金融产品"交航信"服务模式。该模式通过线上化平台高效链接产业端和资金端，以真实贸易背景及核心企业信用为依托，买方企业通过航信平台对应付账款进行确权并签发航信，卖方企业获得航信后，可通过交行网银或航信平台直接向交通银行申请融资，无须授信额度，无任何线下操作，全流程自动放款，为产业链上下游提供全线上"秒级"融资服务，大大缓解企业过去收款周期过长、流动资金紧张的局面。

2020年才上线的"交航信"，到2023年末即已累计实现融资规模突破1000亿元，覆盖交通银行全国34家省直分行，服务中小微企业数量近3万户。"交航信"是交通银行与第三方产融场景服务平台合作的"链金融解决方案"主要产品服务之一。除此之外，交通银行还与中企云链共同打造"交云信"的产业链金融服务，截至2023年11月底，实现累计融资规模突破500亿元，覆盖交行全国34家省直分行，服务中小微企业数量近万户。

（四）建立开放银行与银企直联数字新生态

交通银行从2020年起系统实施开放银行平台建设。截至2023年底，交通银行在产品层面累计开放接口4000多个，形成七大类、400多项的开放产品服务；由此在服务终端层面整合形成综合场景解决方案，服务产业链核心、上下游企业4万多家、个人客户200万户。交通银行的开放银行平台一方面与1000多家机构在生态建设层面围绕医疗、交通、教育、政务四大民生场景，以及平台经济、跨境、司法、住房、养老、乡村振兴等特色领域开展服务合作。开展服务合作，对合作机构进行全生命周期的管理，如机构入驻、产品开通以及最终上线审批、存续期管理等都在平台上完成；同时建立运维监控一体化平台，对API资产和合作机构交易进行业技一体7×24小时的监控，在控制风险的前提下，实现从银行私域流量客群服务，转变为通过合作机构场景的公域流量客群服务，打造G-B-

C-F 端多元联动的场景生态。

另一方面，交通银行在其开放银行建设统一蓝图下，总结出一套开放银行场景下的银企直联模式（见图 5-2）。该模式作为交通银行产业链金融的重要业务系统，能充分发挥认证授权技术的合规性、安全性，丰富应用程序和服务的数字生态，提供包含授权查询、授权动账、市场营销等能力的产品服务，并不断升级其产业链金融产品的配置化、服务化和组件化。

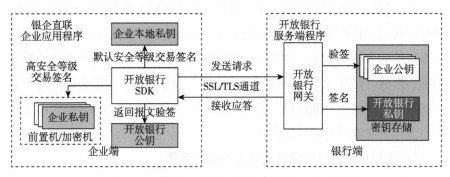

图 5-2　开放银行模式下银企直联场景实施架构
[资料来源：陈胤，张熠. 开放银行赋能银企直联模式转型实践 [J]. 金融电子化，2023，11（上）]

二、苏宁银行：以数字银行构建产业链金融模式

江苏苏宁银行股份有限公司（以下简称苏宁银行）成立于 2017 年 6 月，主发起人为苏宁易购集团股份有限公司（002024.SZ，以下简称苏宁易购）和日出东方太阳能股份有限公司（603366.SH，以下简称日出东方），分别持股 30% 和 23.6%，是中国第 13 家民营银行。① 苏宁银行虽自谦为银行业市场的"补位者"，但经过 7 年的差异化稳健发展，2023 年资产总额已达 1163.56 亿元，成为继微众银行、网商银行后第三家千亿级民营银行，

---

① 2024 年 3 月 27 日，经国家金融监督管理总局江苏监管局批复，苏宁银行更名为江苏苏商银行股份有限公司。

稳居中国民营银行的第一梯队。

苏宁银行成立伊始即定位于"科技驱动的O2O银行"，从诞生之初就融入了科技创新的基因，开展了包括大数据、反洗钱、大语言模型、场景搭建等方面的数字银行应用场景建设，成为江苏省首家数字银行。在The Asian Banker研究院发布的全球前十家纯数字银行排名中，苏宁银行成功入选并排名全球第六；荣获"全国商业科技创新型企业"称号及"2023全国商业科技进步一等奖"。

苏宁银行在数字银行建设中，遵循"金融科技＋场景金融＝普惠金融"的经营逻辑，将产业链金融与微商金融、消费金融、财富管理平台共同作为全行的四大核心业务；在全行9个前台业务部门中，专门设置产业链金融部，形成"账易融""货易融""采购贷"为主打的产业链金融产品。苏宁银行不通过线下营业网点，而是依托线上平台生态和金融科技走出了一条产业链金融发展的差异化路径。[①]

（一）以金融科技支撑产业链金融业务系统

一是建立全流程的智能风控基础设施。自主研发的金融CSI反欺诈大脑，可以从8个维度对贷款和交易的欺诈风险进行实时识别；"识器"设备指纹相似性模型体系，能够准确发现群体性金融欺诈团体；"极目"黄牛识别系统，识别准确率达92.7%，防止营销资源损失；"伽利略"信用风险矩阵，通过3000多变量实时进行信用风险决策；"天衡"小微金融风控系统，能够基于苏宁微商分模型以及工商、税务的数据，对小微企业贷款进行全流程风险分析和侦测，推动小微金融业务高速增长；"多普勒"小微企业风险预警，可实现从500个数据源对小微企业风险进行实时预警。这些智能风控基础设施，覆盖了营销获客、审批、贷后预警、逾期催收的全流程，实现金融科技对小微企业金融服务的全流程赋能。

---

① 苏宁银行年报：https://www.163.com/dy/article/FI29H7IJ0519QIKK.html；https://www.financialnews.com.cn/yh/sd/202208/t20220811_253247.html；https://baijiahao.baidu.com/s?id=1691820580152175720&wfr=spider&for=pc。

二是打造区块链物联网动产质押融资平台，上线当年即入选世界互联网大会核心 FinTech 产品，同时入选国家网信办公布的第二批境内区块链信息服务备案清单。该平台依托区块链技术，可以实时查看大宗货物出入库记录；依托物联网技术，动产质押融资业务的实体流、信息流和资金流做到了"三流合一"。

三是开发区块链应收账款流转平台，将基于业务凭证的真实贸易背景及债权债务关系以电子凭证的方式上链，确保信息不可篡改，并使业务凭证获得随意拆分、跨级流转的特性，把核心企业的信用渗透至全产业链中，既解决产业链企业的碎片化融资需求，还为远端供应商打开应收账款融资的大门。

（二）整合集成股东产业链系统异质性资源

苏宁银行与苏宁、日出东方等股东的生态圈进行深度融合，充分整合集成股东产业链供应链系统的异质性资源，发挥苏宁易购、苏宁小店、苏宁物流、苏宁云平台等为其产业链金融客户精准引流的功能，围绕核心企业、仓储监管机构、垂直互联网平台等机构，为生态系统中的中小微供应商、经销商提供无须抵押担保的融资服务。

在应收款项融资方面：苏宁易购背后的苏宁集团体系内有 30 多万供应商上下游商户，其产业链上下游的一般经销商从付款到回款，资金时间缺口至少在 50 天，其他商超以及零售行业的上下游小微企业资金时间缺口远大于 50 天。对于需要铺货的经销商，账期带来的资金周转压力非常大，融资需求极为迫切，而开展应收款项融资又取决于能否得到核心企业信用对应收款项背后的贸易真实性进行确认。股东产业链系统的客户群及其作为链主企业的主体信用，成为苏宁银行发展产业链金融模式丰富而优越的异质性资源。

在存货融资方面：苏宁银行依托苏宁物流的全国仓储、配送能力，商品入库全程录像；通过物联网的机器视觉、GPS、3D 激光扫描、物联网产品电子代码、条形码、图形计算等感知技术，实现对动产的位置、温度、体积、重量、移动、操作人员等状态的自动监控，对未经授权行为可以随时发出预警，从而确保在存货融资服务中银行对货物"看得清、管得住、卖得掉"。在数字技术支持下，苏宁银行"货易融"服务的范围大大延伸，从钢铁、有色金属、汽车、能源等传统货押行业，扩展到家用电器、数码3C、家装建材、日化快消等体量更小、监控难度更大的行业。

在预付款融资方面：由于"货易融"利用区块链、物联网能实现发货、物流、仓管的全流程监控，即 A 批货不能变成 B 批货，因此苏宁银行可以较好地为经销商提供未来货权质押融资，先由苏宁银行为其垫付采购款，待货物生产发出后存入股东生态系统中的仓库后，经销商再向苏宁银行申请动态的存货质押融资，获取经营的流动资金，再分批还款赎货并保持一定存货量，适应企业的正常经营周期变化，实现预付款融资和存货融资的无缝衔接。

（三）联合链主企业共建产业链金融生态圈

苏宁银行在通过小微市场来做大用户规模的同时，也非常注重与产业链链主企业进行深度合作，在与苏宁、日出东方等股东形成深度融合的生态圈同时，又积极与徐州工程机械集团、南京钢铁集团等省内大型企业共建外部生态圈，打造跨行业跨生态跨地区的场景。

2023 年 1 月，苏宁银行与北京建龙重工集团公司开展战略合作，共同推进数智化产业链金融创新。建龙集团是一家以钢铁产业为核心的大型重工产业集团，拥有完整的产业链条，总资产规模达 1761 亿元，国内外员工人数达到 6 万人。该集团基于工业 4.0 理念，形成高度互联互通的产业链智能化管理平台，围绕"生态 + 数字化"主线，推进采购、销售、物流和金融的全面线上化，进而实现与数千家供应商、客户、金融机构的高度互联互通。

2023 年 8 月，苏宁银行与立邦公司进行产业链金融全面合作的系统正式上线连通。立邦公司系新加坡立时集团旗下涂料品牌，连续八年蝉联"中国涂料企业 100 强排行榜"榜首；在美国《涂料世界（Coatings World）》杂志发布"2022 全球顶级涂料企业排行榜"（2022 Top Companies）中，立邦位列全球第四，亚大第一。

在共建产业链金融生态圈过程中，苏宁银行充分重视场景营销能力、场景分析能力、场景产品能力、场景实施能力的打造，推出产业链"1+N"场景金融模式，结合场景特色创新专属产品及服务体系。2022 年，苏宁银行新增 120 家产业链场景核心企业，同时与找钢网、中钢网等 To B 产业服务平台合作，基于平台客户画像匹配金融产品，满足在场景中的订货、运输等金融需求。

三、中国邮政储蓄银行：专业化打造农业产业链金融

中国邮政储蓄银行（以下简称邮储银行），是定位于服务"三农"、城乡居民和中小企业的中国领先大型零售银行。在规模结构方面，全行拥有近 4 万个营业网点；2023 年第三季度，资产规模达 15.315 万亿元。

在国家乡村振兴战略实施中，邮储银行以解决产业链融资难题，促进农业产业链发展，助力实现乡村振兴中的"产业兴旺"为价值主张；以大数据技术为支撑，建成"邮 e 链"涉农产业链金融服务平台，形成"数据层"+"风控层"+"产品层"+"场景层"的四维涉农产业链融资业务系统，为乡村振兴产业重点领域提供更精准高效的个人产业链场景金融服务。由此既充分展现金融助力农业全产业链发展的"邮储"作为，同时也提供了农业产业链金融模式的典型实践样本。在 2021 年农业农村部发布金融支农八大创新模式与十大典型案例中，邮储银行"农业产业链金融"模式成功入选为金融支农八大创新模式。[①]

（一）创新背景

农业产业链金融是解决农业产业链长尾客户融资难题，降低农业信贷交易成本，助力农业产业链提质增效的有效方式。由于缺乏高价值的可抵押品、透明的财务信息和历史信贷记录，涉农产业链长尾客户普遍面临融

[①] 邮储银行. 打造"农业产业链金融"模式[J]. 农产品市场，2022（18）：42–44；https://www.udfspace.com/article/5346254385166186.html.

资难、融资贵问题，制约着农业产业化发展。为了有效解决上述问题，邮储银行以产业链金融为抓手，大力推进大数据等信息技术和农业产业链金融服务深度融合，构建涉农产业链数字金融服务体系，通过 API、H5 等技术快速对接农业产业链龙头企业，整合内外部数据资源，创新订单、应收账款、仓单等抵质押方式，突破传统融资担保约束，为龙头企业上下游客户批量提供线上融资服务，强化农业全产业链金融服务能力，助力现代农业发展。

（二）主要做法

邮储银行秉持开放银行理念，搭建"邮 e 链"涉农产业链金融服务平台，形成"数据层"＋"风控层"＋"产品层"＋"场景层"的四维涉农产业链融资业务系统。该体系以"邮 e 链"平台为"数据层"支撑，解决农户等产业链长尾客户信息收集难题；以数字化驱动的涉农行业精准风控为"风控层"支撑，破解传统担保约束；以面向涉农产业链长尾客户的系列经营贷款产品作为"产品层"支撑，为乡村振兴重点产业提供更加精准高效的个人产业链场景金融服务。

1. 数据层：数据共享科技赋能，实现合作效率与客户体验双升级。邮储银行涉农产业链金融服务体系以"邮 e 链"平台作为"数据层"支撑，一方面实现"引进来"，通过"邮 e 链"平台与农业产业链龙头企业敏捷对接，批量引入涉农产业链场景数据，提高合作效率；另一方面，实现"走出去"，通过微信银行二维码、H5 等方式，将融资服务全流程嵌入农业产业链各个场景中，实现批量获客，客户线上化办理融资比例达到100%，客户体验全面升级。

2. 风控层：构建数字化风控体系，风控能力全面提升。邮储银行在充分分析涉农产业链长尾客群特征和农业场景特点的基础上，构建涉农产业链数字化风控体系，不断提升风控管理的集中化、流程化和自动化水平。一是邮储银行结合专家经验和相关分析方法，建成产业链通用风控策略，并在产业链风控通用模型的基础上，上线了农资（含化肥、饲料等）等行业准入策略、评分卡以及授信额度策略，实现农业重点场景的精准化风控。二是落实资金流、信息流等闭环管理，引入订单、应收账款、仓单等交叉验证，实现风控手段的场景化，突破传统担保约束。

3.产品层：聚焦不同场景下的产业链客群，打造产业链创新产品。针对不同场景下的涉农产业链长尾客群特点，邮储银行基于"邮e链"平台，创新性地推出"邮e链"经销贷、"邮e链"供应贷、"邮e链"商圈贷、"邮e链"白名单四种产业链重点产品。其中，"邮e链"经销贷、供应贷是指面向农林牧渔业、涉农批发业等重点行业，与涉农产业链龙头企业合作，以经营数据驱动风控，面向龙头企业上下游客户提供的线上化贷款服务。"邮e链"商圈贷是指面向线上线下商圈客群，以线上交易流水等数据为助力，提供的商户线上贷款。"邮e链"白名单是指邮储银行开展主动授信，通过客服热线呼出，为有贷款意向客户提供的在线融资服务。

4.场景层：外拓合作内建协同，实现场景化批量式服务。一方面，邮储银行积极对外拓展合作，与农林牧渔业、涉农批发业、粮食加工业等众多行业龙头企业合作，结合具体农业产业链场景，设计金融解决方案；另一方面，邮储银行与邮政集团、行内各条线协同服务涉农产业链客群。基于"行内＋合作方"数据，通过合作方引入和大数据分析等方式，不断扩大涉农产业链客户服务广度和深度。

（三）模式成效

邮储银行基于"邮e链"平台已与百余家涉农企业合作开展个人产业链经营贷款，特别是山东分行、黑龙江分行基于"邮e链"平台，因地制宜地创新了具有地方特色的产业链金融模式。

1.山东分行围绕饲料行业推出全线上产业链金融产品。随着近年畜牧行业的快速发展，饲料行业产业链金融需求旺盛。山东分行在与饲料企业的对接中，发现其下游客户压款较多，资金需求量较大。虽然传统农担贷能够较好地满足客户需求，但部分下游客户由于无法提供反担保，融资问题依然严峻。山东分行在了解到相关难题后，积极对接山东农担与山东某饲料行业龙头企业，通过饲料龙头企业缴纳保证金为下游客户向农担提供反担保，截至2022年2月末，已为102户下游客户授信1.3亿元，着力解决其融资难题。为升级客户体验和优化系统流程，山东分行 2021 年自建小额网贷前置系统，通过该系统与总行"邮 e 链"平台实现邮储银行与山东农担、涉农龙头企业系统的线上对接，从而达到客户申请、签署保函、支用、还款的贷款全流程线上化，进一步丰富了产业链金融服务模式。

2. 黑龙江分行推出基于电子仓单的"粮食收购贷"。为加速农民、粮食购销经纪人在收粮旺季的资金回笼，黑龙江分行与黑龙江某农业物产公司合作，通过"邮 e 链"平台，与该农业物产公司系统进行数据交互，以农户、粮食购销经纪人在农业物产公司存储粮食生成的电子仓单作为质押，向借款人提供用于满足其粮食收购或其他农事活动资金需求的贷款。具体而言，农业物产公司负责为借款人开具电子仓单，由农业物产公司作为监管方，对质押物实行全程动态跟踪管理，邮储银行为借款人提供全线上的融资服务，包括线上贷款申请、粮食（非标仓单）自动质押登记、放款、还款、解质押等信贷功能。该服务模式既解决了粮食收购经营主体的融资担保难问题，又帮助银行把粮食抓在手中有效防控了信用风险，并通过粮食收购价格的盯市机制提升了银行主动风险防控能力，当粮食收购价格下跌接近仓单价值时可要求借款人继续存入粮食，或是偿还部分贷款。截至 2022 年 2 月末，本轮粮食收购期黑龙江分行已为 625 户粮食收购主体提供贷款资金 10.5 亿元，量化支持粮食收购 7 亿多斤。

（四）模式推广

该模式具有很强的推广性。一是业务范围拓展性强。除面向农户等个人客户提供产业链贷款服务外，后续可叠加涉农小微企业贷款、数字人民币、商户收单等各类业务，协同做好农业产业链服务。二是批零联动能力强。一方面，该模式能联合涉农企业满足其上下游个人客户的融资需求；另一方面，能以产业链上下游客户的服务更好地服务涉农企业，助力农业全产业链升级。三是服务对象拓展性强。该模式除适用涉农产业链龙头企业外，可广泛应用于其他合作方，包括但不限于农贸市场等商圈主体、农业担保公司、农业重点行业协会等。四是服务行业拓展性强。该模式可广泛应用于农林牧渔业、种植业、涉农批发业、粮食加工业等各类涉农行业客群。五是服务地域不受限制。该模式采用线上化业务受理方式，实现"数据多交互，客户少跑路"，客户业务受理不再受物理网点限制。

（五）模式完善

在模式进一步的完善中，邮储银行以"邮e链"平台为依托，大力发展"邮e链"经销贷、"邮e链"供应贷、"邮e链"商圈贷、"邮e链"白名单等重点产业链贷款产品，加强邮银协同和行内协同，共同做好农业产业链金融服务。一是联动中国邮政集团，与邮政速递物流、邮乐网等合作，协同做好邮政集团内部涉农客户服务。二是加强行内协同，并与第三方/第四方支付机构等合作，积极服务各类涉农商户和农业龙头企业，提供结算、收单、融资、财务管理等一体化综合服务，建设涉农产业生态，不断扩大农业产业链金融的规模结构。

第三节　非金融企业平台主导的产业链金融

平台包络（Platform Envelopment）是平台提供者通过利用通用部件（如标准化接口等）或共同用户，将平台自身功能与目标市场进行捆绑，从而进入另一个市场（Eisenmann 等，2011），它是平台进行跨生态系统协同演化的一个重要路径。以平台生态系统演化的视角，非金融企业作为平台提供者的产业链金融模式，又可分为两类：一类是平台包络战略下的产业集团旗下平台主导类型；另一类是独立于产品服务的供给者或需求方的第三方平台主导类型。本节选择这两类有关典型事实与代表性案例进行学理分析，从中可以发现，数字平台对金融行业生产关系的调整：独立于金融机构的数字平台，也能以其共享配置的特性，通过动态联动产业链、创新链、资金链上的不同主体、不同要素，将金融资源精准化输送配给到需求端。

非金融企业平台之所以也能主导开展产业链金融，是由于其掌握着产业场景优势，在通过数实融合促进产业"聚链成群"方面较商业银行更具优势，但优势不能"越俎代庖"，资金提供与金融工具运用仍然归属于银行等金融机构。

一、产业企业平台主导的产业链金融

企业在数字化时代实施平台包络战略，一方面，可以进入新的利基市场，连接异质性互补资源，推动企业平台化转型并向平台生态系统演化；另一方面，通过连接丰富的互补性资源，企业平台化发展可为用户提供更为多样化的功能选择，并通过大数据等技术对用户数据进行分析、利用，进而反向指导企业产品与服务开发，从而打通系统内生态循环，实现生态系统层面的协同，并最终获取竞争优势（葛安茹和唐方成，2021）。产业类集团公司构建供应链金融服务平台，通过平台全面布局集团的资产与采购资供应链金融产品，为本集团所在的产业链上下游企业提供优质金融服务，成为其在数字化时代以平台包络战略进入金融领域，开展产业链金融创新，促进产融协同发展的新趋势。

根据不同时点的有关数据资料，产业类集团公司构建供应链金融服务平台已诞生出一批交易规模达千亿级的平台，如中国铁建集团旗下的铁建银信供应链金融服务平台交易规模达到 3000 亿元（2021 年 9 月）；比亚迪旗下迪链供应链信息平台开立"迪链"数字债权凭证的交易规模突破 4000 亿元（2023 年 5 月）；徐工集团旗下徐工融票供应链金融平台的交易规模已突破 1400 亿元（2023 年 9 月）；国家电投集团旗下"融和 e 链"供应链金融服务平台的业务规模突破 2000 亿元（2023 年 10 月）。

平台交易规模达到 1000 亿元以上，是成为上海票据交易所直连平台须达到的条件之一。在 2023 年已实现与上海票据交易所直连的 24 家金融服务平台中，商业银行的平台有 9 家，第三方平台有 3 家，产业类集团旗下的平台达 12 家（11 家为央企，1 家为地方国企）。从整个市场情况看，产业类集团的平台型企业开展产业链金融业务，无论是平台数量还是在交易规模上，事实上已超过第三方平台。

（一）国家电网产业链金融服务平台案例镜鉴

国家电网有限公司（State Grid Corporation of China）（以下简称国家电网）是全球最大的公用事业企业，2023 年《财富》世界 500 强排名第三。

国家电网在能源产业链中居于核心企业地位，连接着上游一百多万家供应商和下游亿万用电客户，汇集着海量的业务流、信息流和资金流。国家电网旗下的国网数字科技控股有限公司（以下简称国网数科），是围绕电网数字化、电子商务、金融科技、数字科技创新四大业务领域的科技平台企业，国网数科运营管理的国家电网数字化产业链金融服务平台——"电 e 金服"于 2020 年 5 月正式上线。

国家电网有限公司财务资产部产融协同处处长邹迪等五位同志，以其掌握的第一手资料，总结提炼了上线运行一年多之后的"电 e 金服"创新实践。[①]

1.平台架构。"电 e 金服"通过整合内外部数据信息、集成各方专业系统、贯通各类渠道场景，为上下游企业和金融机构搭建了一个以产业链为依托、以供需对接为目的的数字化产业链金融服务平台（见图 5-3）。其平台架构主要体现在六个方面。

（1）各方主体"聚起来"。在金融需求侧，多渠道引流产业链上下游市场主体，开拓客户群体；在金融供给侧，联合内外部金融机构，打造金融云超市，上架各类金融产品及服务，全方位满足客户金融需求。

（2）业务线上"跑起来"。集成平台门户、内部专业系统和金融机构业务系统，打通业务办理全流程，满足平台用户与金融机构、核心企业"一站式"在线办理业务需要。

（3）海量数据"活起来"。对内接入各级企业财务、营销、物资、合同管理等数据，对外接入征信、工商、税务、司法等外部信息，在为业务办理提供背景确认、稽核校验等支撑的同时，通过数据建模创新运作模式，帮助金融机构防控业务风险，将无形数据转化为有形价值。

（4）业务场景"连起来"。嵌入购电结算、项目投标、合同履约、电费交纳、电力交易等业务场景，研发具有电网特色的金融产品，实现金融

---

① 邹迪，王学亮，陈一鸣，等.国家电网数字化产业链金融服务平台——"电 e 金服"创新实践[J].财务与会计，2021（23）:27-30.

业务与电力业务一体化办理，提高服务效率。

（5）金融科技"用起来"。利用大数据、云计算、区块链、人工智能等技术，将用户、产品、订单等信息全部上链存证，通过用户画像实现金融供需智能匹配，确保金融业务安全可靠。

（6）风险防火墙"筑起来"。严格遵守国家法律法规和金融监管规定，严把系统、数据、业务三道防控关口，所有产品均履行监管备案，主动接受金融监管，严格区分金融监管业务与非监管业务，有效隔离金融风险。

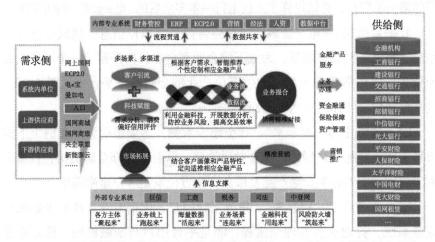

图5-3 国家电网公司数字化产业链金融服务平台——"电e金服"平台架构

[资料来源：邹迪，王学亮，陈一鸣，等.国家电网数字化产业链金融服务平台——"电e金服"创新实践[J].财务与会计，2021（23）：27-30]

2.资源整合。"电e金服"通过汇集数据、渠道、用户等资源，形成平台对异质性资源的强大整合能力。一是整合数据资源。"电e金服"集成贯通国家电网财务、营销、物资、合同、资金等内部数据以及税务、工商、司法、征信等外部信息，帮助产业链上下游企业更好地对接金融机构，提高金融服务可得性。二是整合渠道资源。"电e金服"对内深度融合物资招投标、电费交纳等渠道，对外广泛对接地方政府服务平台，有效扩大平台覆盖范围和引流效果。三是整合用户资源。"电e金服"充分对接电网系统内一丁多家单位、上游一百多万家供应商和下游亿万用电客户，通过线上线下联合推广等多种方式，精准提供各类金融服务，有效满足用户金融需求，不断拓展服务上下游用户的广度和深度。

3. 科技赋能。"电e金服"充分利用"大云物移智链"等新兴技术提升平台服务质效。一是借助大数据技术，集成整合内外部业务数据、金融数据和用户行为数据，打造数字化运营分析体系，支撑金融业务线上"一站式"高效便捷办理。二是借助云计算技术，通过数据分析模型对客户进行全方位画像，满足在线风控、精准营销等业务需要。三是借助物联网技术，通过传感、导航、定位等感知技术，实现远程识别和信息采集，有效解决实物资产与账面信息不对称可能引发的问题。四是借助移动互联网技术，通过手机App、小程序、公众号等移动终端扩大应用覆盖范围，提高客户与平台双向互动水平。五是借助人工智能技术，增设智能客服机器人，提升交互体验，实现数据智能校验。六是借助区块链技术，通过数据上链存证确保数据真实可信，大幅提高业务办理效率，打造多边交易信任体系。

4. 特色服务。

（1）供应链金融。基于购电费结算、物资采购等场景，对上游发电企业、设备物资供应商应收国家电网的账款进行核实确认，以电网企业良好信用作为背书，帮助上游企业通过资产证券化、信托、保理等方式获得应收账款融资。

（2）保证保险。基于项目投标、合同履约、电力交易等场景，以国家电网对供应商的信用评价作为基础，帮助其通过购买保证保险产品来替代投标、履约、售电等保证金交纳。

（3）电费金融。基于电费交纳场景分析客户用电行为和交费情况，作为金融机构贷前核查和信用评级的重要参考，帮助下游企业获得银行低成本、纯信用的融资。

（4）绿色金融。落实国家关于"碳达峰、碳中和"战略部署要求，发挥国家电网在服务"双碳"中的独特优势，打造绿色金融专区，通过电力大数据分析形成绿色评价结果，帮助上下游企业对接金融机构获得低成本的绿色融资及保险保障。

（5）征信服务。按照国家关于进一步加强征信业务管理的监管要求，通过"电 e 金服"嵌入征信牌照，面向金融机构提供规范的征信服务。在用电客户充分授权下，根据企业用电行为及交费信息，通过电力大数据分析评估企业状况，有效反映企业生产经营情况及潜在风险，为金融机构做好贷前风险识别及控制、贷中授信审批和贷后风险防控等提供支撑服务。

"电 e 金服"经过两年多的上线运行，已发展成为中央企业自主发起建设的业务规模最大、涵盖领域最全、服务对象最广的数字化产业链金融服务平台，是上海票据交易所 24 家直连平台之一。上线以来，已累计面向产业链上下游用户 93.6 万、联合各级金融机构 539 家、对接金融产品 56 款，帮助产业链上下游实体企业获得普惠金融服务超 5700 亿元，其中帮助 16.9 万家中小微企业获得金融服务超 3200 亿元。①

（二）产业类平台主导的产业链金融模式解析

产业集团在构建其自身产业链金融平台过程中，既有如国家电网那样直接命名为产业链金融平台，也有基于原来的供应链金融平台名称。即便平台整合升级后的称谓仍为供应链金融服务平台，但都明确指向了促进数字化产融结合，为产业链上下游企业提供融资便利的价值主张。从总体上来看，产业类平台主导的产业链金融模式主要有以下三个特征。

1. 打造平台型专业公司统一运营产业链金融。产业集团通常是由集团出资（包括集团成员企业共同出资），通过以新设或整合重组，以控股乃至全资的方式成立专业化的平台型公司，由其承担对产业链金融平台的运营与管理。2022 年 7 月，首钢集团将其控股 60.88% 的在香港注册红筹上市公司（HK00730）——首惠产业金融服务集团有限公司，作为首钢供应链金融平台的承建与运作主体，由其以集团钢铁产业为依托，与集团集采系统紧密契合，打造供应链服务新模式，构建更紧密的产业链金融综合生态圈。

负责运营管理中交数字金融服务平台的中交商业保理有限公司（以下

---

① http://szjj.china.com.cn/2023-12/26/content_42650256.html.

简称中交保理），是由中国交通建设集团（以下简称中交集团）旗下的中交资本控股（持股51%）、中交一公局集团（持股15%）、中交疏浚集团（持股15%）以及其他集团成员企业共同持股组成。2023年10月，中交数字金融服务平台与中交疏浚供应链金融服务平台完成整合，整合完成后，以中交数字金融服务平台为载体，强化对中交集团供应链金融的品牌统一、平台统一、数据统一、管理统一、风险管控机制统一。

2.围绕本集团为链核的上下游并进一步延伸。不同于第三方平台，产业集团搭建产业链金融平台的必要性，通常是为助力集团聚焦主责主业、加强内部协同、深化产融结合；其可行性又在于集团处于所在产业链中的"链核""链长"地位，拥有得天独厚的产业链资源与产业场景。因此，此类产业链金融平台的行业范围与客户对象，就是为集团所处产业链供应链的上下游企业提供服务便捷、低成本的金融服务。

"电e金服"平台汇聚国家电网的资源优势，深入挖掘与10万多家上游供应商和亿万下游用电客户的业务流、信息流、资金流数据价值，围绕电费交纳场景，以客户用电行为作为增信，通过"电e贷""电维保""电e票"等59款金融产品，缓解中小微企业融资难融资贵问题。中国中化集团旗下的中化资本数科公司联合集团成员企业打造的"中化产融服务开放平台"，其行业范围主要是为中国中化集团各业务以及产业链客户提供包含企业融资、企业保险、企业招投标、企业数字化、企业信息查询、园区综合、个人金融等在内的"一站式"金融服务。

与此同时，一些起步较早的金融服务平台，随着平台成熟度提高，服务的行业范围已从当初本集团所在产业链延伸到更多的行业中。如前述的航信供应链金融服务平台，已不仅服务于航空产业链企业，还发展成为服务于航天、船舶、电子、核工业等各大军工集团，以及制造、建筑、能源、医疗等产业的产业链金融服务平台，同时也因其在业内率先实现与国有大型商业银行总行的系统直连，而成为商业银行开展产业链金融服务的重要产融场景平台。成立于2015年2月上海欧冶金融信息服务有限公司（以下简称欧冶金服），是中国宝武钢铁集团公司旗下的产业链金融服务平台企业，经过多年来的发展，已处于从宝武的生态圈，走到钢铁的产业链，再从钢铁产业向大宗商品领域延伸的过程，正在走向更广泛的生态圈。[①]

3. 以专属金融解决方案提升平台生态领导力。通过设立数字债权凭证，和联手金融机构设立针对自身所在产业链的金融产品，形成平台专属的金融解决方案，是产业类平台主导其平台金融系统的重要手段。

数字债权凭证也称为"电子债权凭证"，它是借用"商业承兑汇票"的商业逻辑，以应收账款数字化为基础的创新型供应链金融产品，多以"信、单、链、证、宝"或"×票"等命名。数字债权凭证通过供应链金融服务平台的拆分、流转，可以快速、便捷地与商业银行、保理公司或财务公司对接合作，开展融资服务。产业类企业的产业链金融服务平台，通过综合发挥其集团核心企业资信优势和产业链上下游企业的客户优势，抓住数字债权凭证对应收账款进行线上确权的关键，巩固其在平台生态系统中的优势地位。中航金网络、欧冶金服之所以建立了以其为平台领导者的广泛生态圈，利器就在于创设了领先的数字债权凭证。欧冶金服基于区块链的供应链金融服务平台——通宝平台，形成了完全应用"区块链＋供应链金融"技术和解决方案，该平台发行的"通宝"上线当年交易规模即达到1000亿元，目前在产业类集团的供应链金融服务平台中，是对接金融机构最多、交易规模最大、融资余额最大的数字债权凭证。

中国石油集团公司旗下昆仑数智科技有限责任公司（以下简称昆仑数智）运营的昆仑易融平台，以中国石油产业链上下游供应商的真实交易合同、应收票据、应收账款、预付账款为基础，依据石油产业链中的信用信息和核心企业为供应商提供的融资增信，联合金融机构定制出具有中国石油产业链特色的信易融、票易融、账易融和油易融等系列融资产品。平台提供的融资产品具有不需要核心确权、一点接入全国办理、不需要变更原合同回款账户等特点，工商银行、建设银行、浦发银行、光大银行、昆仑

---

① https://baijiahao.baidu.com/s?id=1737489563385010484&wfr=spider&for=pc.

银行等金融机构是这些融资产品的资金提供者，昆仑易融平台以其数字能力帮助银行预先识别风险，为银行提供获客场景，在平台金融生态圈中居于主导地位。

值得注意的是，产业类集团推进平台化产业链金融模式，往往是其产融战略的进一步深化，越是产业与金融协同化程度高的产业集团，其构建供应链金融服务平台的行动也会越早。中央企业在这方面的特征尤其明显。中航工业集团实施"军民融合""产业融合"的"两融"新发展模式，以中航产融（中航工业产融控股公司）作为金融运营平台，较早地拥有证券公司、财务公司、租赁公司、信托公司、期货公司、产业基金管理公司和保险公司，同时积极通过收购和参股的方式涉足银行业、寿险业。中航产融基于打造一流金融控股公司的战略目标，坚持产业金融、综合金融两大业务方向，不断强化产融结合、以融促产服务能力，盖因如此，旗下的金网络公司较早地打造航信供应链金融平台，建立起领先的平台金融生态系统。

表 5-1　部分央企集团旗下产业链金融平台比较

平台名称	航信供应链金融平台	中国宝武产业金融服务平台	中化产融服务开放平台	中交数字金融服务平台	昆仑易融平台
平台企业	中航金网络	欧冶金服	中化资本数科	中交保理	昆仑数智
平台上线升级时间	2017 年 9 月	2021 年 7 月[①]	2022 年 3 月	2022 年 5 月	2022 年底
所属集团	中航工业集团	中国宝武集团	中国中化集团	中国交建集团	中国石油集团
集团金融机构成员	中航信托、中航证券、中航财务等	华宝信托、华宝证券、华宝基金、华宝财务	中国外贸信托、中化财务等	中交财务	昆仑银行、昆仑信托、昆仑金租、中油财务等
价值主张	以数字科技推动产业—金融深度融合，助力产业链供应链健康发展	加强产业金融服务平台建设，驱动生态圈高质量发展	打造产业金融新生态	推动产业金融业务数字化创新，促进产业链上下游合作共赢	推动"产业、金融、科技"新生态深度融合

平台名称	航信供应链金融平台	中国宝武产业金融服务平台	中化产融服务开放平台	中交数字金融服务平台	昆仑易融平台
产品模式	"航信"数字债权凭证；航单、政采贷等融资产品	"通宝"数字债权凭证；供票通、银票通、订单宝、小额宝等融资产品	"订单贷""易化宝""易化金"等系列融资产品	"中交e信"数字债权凭证；结算融、货到融、订单融等融资产品	票易融、账易融、信易融和油易融等融资产品
服务对象	军工行业为主的广泛生态圈，也是重要产业场景服务平台	钢铁产业为主的更广泛生态圈，具有第三方平台特征	以集团所在上下游产业链企业，尤其中小企业为主	以建工上下游产业链中小企业为主，部分对集团外企业	以石油全产业链上下游企业，尤其中小企业为主

表 5-1 显示了构建产业链金融服务平台的央企集团旗下持牌金融机构成员情况，这些机构事实上在平台搭建和运营中发挥着重要作用。如中国外贸信托有限公司作为中国中化集团的成员企业，直接参与中化资本数科牵头的中化产融服务开放平台建设；英大国际信托有限公司是国家电网的成员企业，其"英大金融"系统深度对接融合国家电网数字化产业链金融平台，发挥核定供应商应收账款余额，动态调整融资限额的重要功能，成为该平台的组成部分。

二、第三方平台主导的产业链金融模式

产业互联网的迅猛发展，带来介于生产与消费、制造业与服务业以及其他不同行业之间的平台型企业大量涌现。不同于平台包络战略下利用相同组件和用户关系，为集团主业获取竞争优势的产业企业平台主导模式，第三方平台是以特定的交易与服务规则，独立地为买卖双方提供服务，服务内容包括但不限于"供求信息发布与搜索、交易的确立、支付、物流"，其主导的产业链金融模式，在服务对象上横跨多个产业链的更广泛生态系统；所构建的新平台，在组件和用户关系上也与股东或公司集团的既有平

台不尽相同。即便由产业集团打造的金融服务平台，若非基于平台包络战略建构平台组件与用户关系，也将会成为第三方平台。如主要由产业集团股东发起设立的中企云链，已发展成为头部第三方产业数字金融平台。

从市场发展情况来看，能够主导开展产业链供应链金融业务的第三方平台，其股东背景多来自供应链管理公司、物流企业和科技公司等，如怡亚通的"流通保"链融服务平台、顺丰金融服务平台、京东数字供应链金融科技平台等。这也是第三方平台本身的功能属性使然。通过对以下两个典型案例分析，从中可发现第三方平台在厘清与商业银行等金融机构的功能边界基础上，通过提供技术与交易的创新，在平台金融生态系统中主导产业链金融运作的机理。

（一）形成产业数字金融大生态的中企云链

中企云链股份有限公司（以下简称中企云链）成立于 2015 年，是由中国中车集团发起，联合 7 家央企、5 家金融机构、4 家地方国资、6 家民营投资机构组建而成。中企云链被国务院国资委列为央企双创平台之一，也是国资委重点支持的"互联网+"和央地协同创新平台，在平台构建之初公司就明确了混合所有制改革与第三方平台定位的基本框架。后经股权结构调整，目前中企云链的前三大股东为云顶资产、天津经开区国有投资、中国中车旗下华兴国创基金，分别持股 23.11%、20.73%、10.31%。2023 年 10 月 18 日中企云链向香港联合交易所递交招股说明书，拟在香港主板挂牌上市。[①]

中企云链提出以互联网链接的方式将产业数字化与金融数字化融合，打造"产业互联网+供应链金融"创新模式，其"开发出一个基于数字化、互联互通及数据交互操作的开放平台的生态系统，为供应链上的有关利益相关者提供服务"的技术与交易创新实践，形成产业数字金融大生态，搭建起国内领先的第三方产业数字金融平台，充分体现产业链金融价值主

---

① 中企云链案例分析的相关信息与数据来源：中企云链股份有限公司港交所IPO上市招股说明书（2023）。

张。据全球增长咨询公司 Frost & Sullivan 的资料显示，中企云链已成为中国最大的独立数字企业确权平台，按确权金额和融资金额计算，2022 年其市场占有率分别为 25.9% 和 31.3%，该公司的平台也是首家累计确权金额突破 1 万亿元的独立数字企业确权平台。

1. 平台生态系统。中企云链通过依托物联网、区块链、人工智能和大数据等技术所构建的产业数字金融平台，穿透了行业之间的壁垒，打破产业端与资金端的信息不对称，构建起"N+N+N"（N 家金融机构 +N 家核心企业 +N 家链属企业）的生态系统，将平台上核心企业、核心企业的上下游、金融机构充分整合，打造一个以场景为入口，以产业为基础，以金融科技为动能，具有自我强化与包容性的平台金融生态系统（见图 5-4）。

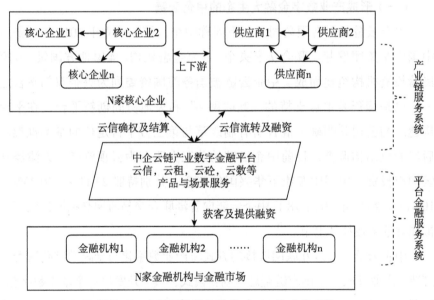

图 5-4　中企云链平台的"N+N+N"生态系统

在中企云链主导的平台生态系统中，拥有相较于其他同类平台系统数目最多的核心企业。截至 2023 年 6 月 30 日，云链平台有 3845 家注册核心企业，其中有超过 140 家母公司为中国 500 强企业的核心企业，核心企业覆盖全国 31 个省份，遍布中国《国民经济行业分类》中 90% 的行业，如建筑、制造、服务、批发及零售等，依托核心企业与 28.95 万家链属企业开展合作。在平台金融生态圈方面，截至 2023 年 6 月 30 日，中企云链已与 2344 家银行分支机构、21 家保理公司建立了合作关系。同时，中企云链销售及营销团队覆盖中国 31 个省份的 102 个城市，为这些核心企业、链属企业、金融机构及潜在业务关系提供及时支持，由此也更为有效地整合异质性资源。中企云链平台 2020 年、2021 年、2022 年的核心企业留存率分别为 83.1%、87.3%、88.5%。

2. 主营业务。中企云链主营业务包括确权业务、场景数字业务及其他生态业务三个板块。

（1）确权业务。主要包括云信服务、保理服务、供应链票据服务。其中，保理业务是通过购买应收账款向核心企业及链属企业提供保理服务；供应链票据服务是平台为链属企业提供一系列从票据签发、承兑、背书到融资，再到最终结算的服务。

（2）场景数字业务。包括云租和云砼等自建场景数字服务，以及云数等直连场景数字服务。场景数字服务在"一站式"且高效的商业环境及各种场景下，高效满足供货商和核心企业的融资需求，包括设备租赁、采购存货及材料或数字化业务数据管理。

（3）其他生态业务。包括中企云链通过管理供应链资产证券化的全生命周期提供证券化服务等资本市场服务。

3. 核心产品。以云信服务为主体的确权业务，是中企云链商业模式的核心所在。2020 年、2021 年、2022 年和 2023 年上半年，确权业务收益在其总收益的占比分别为 87.6%、89.3%、91.6% 和 95.2%。"云信"产品本质上就是一种可拆分、流转、融资的标准化电子债权凭证，核心企业在银行授信额度内，登录中企云链平台，在云链平台上主动向供应商确认付款期限固定的应付账款，其实质是基于企业间真实贸易的应收应付账款的数字债权确认凭证，如图 5-5 所示。该产品模式的关键环节包括四个部分。

首先，商业银行根据链属核心企业的实际需求状况给出信用额度，云链平台将此额度根据协议予以确认为等值的云信额度。核心企业其后可以云信对所属一级供应商进行信用拆分以支付所欠的应付账款。以类似方式，通过拆分和流转，链属企业可以利用其所持的云信，向对应的供应商结算支付应收账款，由此，云信能够流通于供应链中不同层级的供应商。

其次，若各级供应商选择对持有的云信进行融资时，则可以在云链平台上申请并提交相关材料，平台对申请的供应商进行基础审核，确保转让与接受云信的链属企业之间存在真实交易，审核通过后向金融机构推送贷款申请。

再次，金融机构终审后即可对符合条件的供应商发放贷款，贷款发放不需经过云链平台。但云链平台根据融资金额提取一定百分比的服务费，该费用将直接从发放的资金中扣除。由此构成云信业务收入。

最后，应收账款到期时，由开出该云信的核心企业与金融机构进行结算偿付，同时支付给其他代表该核心企业应收账款云信的持有人。

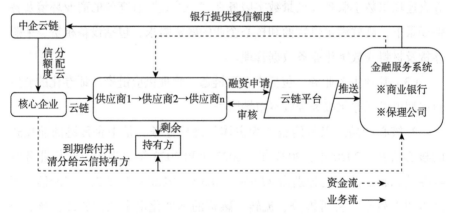

图 5-5 "云信"数字债权凭证流程示意

4.案例总结。中企云链平台以"云信"作为入口，采用"N+N+N"的产业金融生态圈构建路径，有别于传统的"1+1+N"或"N+1+N"的供应链金融模式，解决传统供应链金融"核心企业确权难"的问题，实现供应链金融的再造与升级，并带动了数字债权凭证业务的兴起。

一是核心企业的优质信用可穿透产业链末梢的小微企业。产业链广大中小企业随着级次递增其信用等级降低，融资成本逐渐增加。云信作为一种数字债权凭证的技术创新，能使核心企业的优质信用可穿透多级供应商，任何供应链级次的中小微供应商通过云信产品，可以向其他中小微企业流转核心企业"云信"，进行欠款偿付。同时，也可向云链平台提出融资需求，由平台合作金融机构 T+0 放款，从而实现精准融资，使产业链末梢的小微企业也享受到核心企业信用带来的低成本融资，推动产业链整体降本增效。

二是缓解核心企业过度中心化带来的风险。中企云链作为第三方服务平台主导构建的平台金融生态系统，完全区别于由核心企业单一控制的供应链金融生态系统，它以共享服务平台方式直接提供给企业，不仅省去了企业独自开发的成本，还吸引了更多的核心企业参与到平台生态中，将单一的行业布局拓展覆盖到更广泛的产业链生态系统，弱化传统供应链中核心企业的主导权，降低过度集中带来的风险。

三是数字债权凭证技术创新不仅推动脱胎于央企集团的中企云链成为领先的第三方产业数字金融平台，而且催生一个与票据市场相似功能的数字债权凭证市场的兴起和快速发展。

目前市场上存在三类数字债权凭证流转平台，除了第三方服务平台类外，还包括产业集团核心企业和银行等金融机构自建平台。截至 2023 年 5 月，已有 43 家央企共建立了 53 个数字债权凭证的金融服务平台，数字债权凭证业务已成为央企产业链供应链金融的主流产品。[①] 目前 98 家央企中已有 43 家央企共建立了 53 个数字化应收账款债权凭证（也称供应链债务凭证，以下简称数字债权凭证）供应链金融服务平台。数字债权凭证业务已成为央企供应链金融的主流产品。不仅是中企云链，前述作为产业集

---

① https://baijiahao.baidu.com/s?id=1766019545845833684&wfr=spider&for=pc.

团旗下金融服务平台的欧冶金服、金网络，也正是分别凭借数字债权凭证产品"通宝""航信"，正逐步发展成为第三方产业数字金融平台。

虽然目前央企、地方国企在数字债权凭证平台发起机构的数量上最多；而第三方平台交易流转数字债权凭证的金额最大，但数字债权凭证的最终融资提供方还是来自银行等金融机构。国有大型银行、全国股份制银行、城商行以及信托公司等金融机构也在自建的金融服务平台上创设发行数字债权凭证，如工商银行的"工银e信"、建设银行的"建行e信通"、平安银行的"平安好链"；日照银行在其自建的"黄海之链"产业数字金融平台上推出"橙信贷"数字债权凭证产品。

（二）怡亚通供应链金融平台的转型升级

怡亚通全称为深圳市怡亚通供应链股份有限公司，是中国第一家上市的供应链公司[股票代码（002183）]。怡亚通作为中国供应链领域的领军企业，连续13年登榜《财富》中国500强，2023年名列158位。

怡亚通战略定位从2007年上市时的"'一站式'供应链管理服务商"，已转变为如今的"以'供应链+产业链+孵化器'模式，打造集供应链平台服务、产业链整合运营、品牌营销、数字化商业、企业投融孵等多维一体、具有新时代特色的整合型数字化综合商社"。在公司战略与价值主张的转变下，同时也基于国家对互联网金融的治理整顿，怡亚通的供应链金融平台模式经历了深刻转型升级。①

1. 宇商供应链金融服务平台。2010年，怡亚通全资成立宇商供应链金融平台型公司（以下简称宇商金融），总注册资本近10亿元，公司旗下包括宇商小贷、宇商租赁、宇商资管、宇商保理、宇商理财等子公司或子平台。宇商金融是从怡亚通既有的集分销、零售、物流等构成的生态系统中衍生变异出的O2O金融服务平台，具体开展自营式的供应链金融业务

---

① 怡亚通案例的相关信息与数据来源：深圳市怡亚通供应链股份有限公司2008—2022年年度报告；https://baijiahao.baidu.com/s?id=1709750566383960089&wfr=spider&for=pc。

如图 5-6 所示。

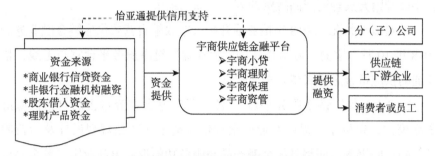

图 5-6　宇商供应链金融服务平台的自营式供应链金融

宇商金融首先通过四个主要方面形成资金来源：一是基于股东怡亚通的信用从商业银行获取信贷资金；二是股东以注资或借款的方式给予资金支持；三是通过宇商理财平台发行理财产品获得资金；四是利用供应链业务与管理搭建资产结构，向非银行金融机构开展融资。宇商金融打开资金来源后，在分销和采购环节上，根据怡亚通与客户供应链签订的合同开展个性化融资服务，即通过为采购商代预付货款的方式，间接地向客户提供融资，自身根据业务量（交易额／量）从中收取一定比例的服务费。

对于宇商金融通过怡亚通的供应链管理服务流程将资金投放给客户，从中赚取"息差"的自营式供应链金融业务，商业银行在其中只是扮演资金提供者的角色，回避了其因对供应链客户不完全了解而产生的信用风险；对分销商（生产商）而言，帮助其能够及时收回资金，尽快投入下一轮再生产；对怡亚通而言，能促进其与采购商、供货商从传统的客户关系发展成利益共同体，提高供应链管理效率和市场竞争力。

然而，这种自营式供应链金融，因不具有商业银行那样资金规模与风险管理能力而难以持续。在供应链端，尽管供应链金融平台出资代付会控制在一定的代付比例范围内，同时也有怡亚通对客户的资信状况的严格筛选，但如果代付规模过大，只要供应链上有一次收款受阻，就会给回收资金带来重大风险。宇商多渠道的资金端，主要构成还是来源于商业银行，若宏观经济形势变化和金融监管政策的调整，通常会给其银行资金来源带来很大的不确定性。而随着国家对 P2P 平台清理整顿，依靠互联网金融平台宇商理财开展理财产品融资的方式也彻底结束。

针对以上状况，2018 年怡亚通开始大幅收缩自营式供应链金融业务。2018 年 10 月，宇商金融新搭建的"流通保"链融服务平台宣布上线，怡亚通的供应链金融模式步入全面转型。

2. "流通保"链融服务平台。"流通保"平台摒弃过去的自营供应链金融模式，定位于"提供专业的全程供应链金融产品规划设计及运营服务"的居间服务，而将具体金融产品与服务功能返还给商业银行等金融机构（见图 5-7）。

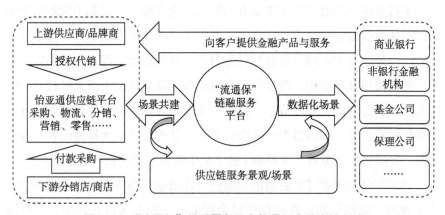

图 5-7　"流通保"链融服务平台的居间式供应链金融

"流通保"平台的一个核心功能是"链接"。怡亚通拥有细分近 100 个行业，服务 2600 多个品牌、20000 多家上下游供应商经销商、200 万家终端门店的产业链供应链资源。流通保就是作为金融机构对众多客户的统一对接平台，链接起外部金融机构与怡亚通的产业资源。

"流通保"的另一个核心功能是"整合"。它通过整合宇商原有的金融业务资源，依托怡亚通"科技 + 产业 + 生态"为核心的数字生态系统和宇商金融科技体系，建立资产证券化、资产穿透、线上 N+1 保理、线上 1+N、互联网票据、贷前风控模型、贷后多维度智能预警等较为完善的供应链金融解决方案全套体系。与过去自营式服务不同，"流通保"不再作为唯一资金者向客户提供融资服务，而将金融产品与服务主要交予专业的金融机构去完成。"流通保"平台通过构建起产业链供应链的金融场景，帮助更多金融机构穿透到产业场景中开展业务；同时，基于产业链供应链数据通过对融资业务的风险识别和预警，让更多金融机构信任怡亚通各项供应链业务，从而为产业链供应链上的企业打造最短的融资路径。

3.案例总结。在供应链金融发展过程中，产生了诸如怡亚通这样的大型供应链金融服务商，它们既是供应链运营的参与者，同时也搭建供应链金融服务平台，并且根据供应链运营数据，挖掘分析上下游的信用状况，提供供应链金融服务，资金来源于自己的金融公司（宋华，2019）。但随着供应链金融的活动范围不断拓展延伸和解决方案成熟度的提升，尤其加之国家金融监管体制健全完善，无论是第三方平台主导还是产业集团旗下企业平台主导的产业链金融，都无法仅依靠集团信用或通过自己的类金融公司来解决资金来源。以商业银行为主体的金融机构，包括提供金融保障服务的保险公司、提供资产证券化（Asset-backed Securities，ABS）业务的证券公司和融资租赁公司等，扮演着产业链金融生态系统的资金提供方角色。

互补性资产是生态系统各个主体之间实现协同互利、跨界创新和共赢共生的异质性资源，对平台企业及其生态系统构建具有重要性（Gawer 和Cusumano，2014）。银行等金融机构作为超模互补者，为非金融企业平台主导的产业链金融提供资金流动性支持、综合风险管理等方面的互补性资产，促进了作为自组织的平台金融系统进一步成为开放式创新生态系统。怡亚通的案例揭示这样的机理：产融场景平台主导产业链金融运作，完全脱离不了银行金融机构的互补性资产提供，分析研究产业链金融，必然要讨论其在商业银行整体实现模式的问题。

第六章 产业链金融与产业银行商业模式

供应链金融若如很多学者讨论那样，将其视为供应链融资服务的商业模式（宋华，2016），那么，产业链金融则可被视为供应链金融在"产业链导向"上的新商业模式。在主导运作的模式主体中，商业银行主导下的产业链金融运作模式最具代表性，也最为广泛；而产融场景平台主导下的产业链金融运作，则必须依赖于银行等金融机构为其提供流动性支持。这需要关注商业银行究竟应以怎样的商业模式，才能更好地承载和运作产业链金融。

本章首先基于商业模式理论，界定业务与企业两个不同层级商业模式的内涵，进而结合前面章节相关内容，对作为业务层级商业模式的产业链金融，进行构成要素的分析和概念模型的整合。其次，比较分析国内外"产业银行"典型实践，研究产业链金融运行外部环境的银行主导型金融体系结构，在此基础上，引入作为企业层级商业模式的产业银行概念。最后，以商业模式视角研究产业链金融与产业银行之间的相互关系，并对适配于产业链金融的产业银行模式进行框架分析。

第一节 作为业务级商业模式的产业链金融

商业模式与商业生态系统密切相关。Santos 等（2009）认为，商业模式是一组活动系统与活动执行单位之间的关系系统；Zott 和 Amit（2010）则直接以商业生态系统角度定义商业模式：是一组跨越企业边界的相互联系的活动系统，企业活动系统的架构能反映企业嵌入商业生态系统的方式。由于商业模式被视为企业内外部环境和资源能力等因素融为一体的动态系统，且强调其动态性在价值创造过程中的重要作用（Afuah 和 Tucci，2001；李剑玲和王卓，2016），因此，作为服务生态系统的产业链金融也能看作一种新型商业模式。

一、业务级商业模式与企业级商业模式

以产业链从微观产品到中观产业，从企业具体业务到整体，商业模式可以分为业务层面和企业层面（李鸿磊和柳谊生，2016）。关于企业层级商业模式方面：Morris 等（2005）在综合相关文献与一些核心问题研究的基础上认为，商业模式作为一种简洁的表述，旨在说明企业如何对战略定位、运营结构和经济逻辑等一系列具有内部关联性的变量进行整合，以便建立起持续的竞争优势。罗珉等（2005）认为，商业模式作为一种战略创新、结构体系和制度安排，是基于企业资源能力和内外部环境的基础上的集合，它通过对企业和其他利益相关者的有机整合，实现并获取超额收益，其核心逻辑包括四个要素：战略选择、价值网络、价值创造和价值获取。Shafer 等（2005）认为，商业模式是企业的战略选择，从而实现企业的价值创造和价值获取，是企业的核心商业逻辑。程愚和孙建国（2013）则明确提出，商业模式是为企业创造价值的基本机制，是企业基本的生意模型。

从学术界在企业层面上对商业模式的定义中可以发现，"战略选择"和"价值创造"是其中的关键维度。甚至有学者认为，商业模式与战略非常接近（Mansfield 和 Fourie，2003），两者的区别只是在于商业模式偏重"价值创造"导向，而战略偏重"建立竞争优势"导向（Magretta，2002；Chesbrough，2010）。

关于业务层级商业模式方面：Timmers（1998）认为，商业模式是对商业活动参与者及其角色、各自潜在收益，以及收益来源的描述，是一个产品、服务和信息流的综合架构。Rapa（2000）认为，商业模式在本质上是做生意的方法，它在价值链上为企业明确如何选择上下游伙伴的位置，以及在收益上如何与客户达成安排。Amit 和 Zott（2001）将商业模式定义为公司、供应商、渠道和顾客的网络交易方式。Weill 和 Vitale（2001）认

为，商业模式是为了识别产品、信息及现金的去向，了解参与者的获利情况，是对企业供应商、合作伙伴以及客户角色的一种描述。Wirtz等（2010）则把商业模式视为价值创造的方法，企业正常运行的体系，以及产品生产的系统。Demil 和 Lecocq（2010）认为，商业模式是企业为实现自己提出的顾客价值主张而设计的业务活动组合，由资源和能力、价值主张、内部和外部组织、收入规模和结构、成本规模和结构、利润六大要素组成。Demil 和 Lecocq（2010）的定义与魏炜和朱武祥（2009）所提出的商业模式模型（以下简称"魏朱模型"）较为接近。

"魏朱模型"将商业模式简练概括为"企业与利益相关者的交易结构"，由定位、业务系统、盈利模式、构建资源能力、现金流结构和企业价值六要素构成。"魏朱模型"被归类为企业层面的商业模式类型（李鸿磊和柳谊生，2016），但实际上模型中的业务系统、现金流结构等要素显然属于业务层级的要素，同时模型中相关要素之间的内涵与边界尚可进一步明晰。对此，本书根据商业模式研究文献的梳理，借鉴"魏朱模型"，提出一个涵盖企业层级与业务层级的商业模式框架（见图 6-1）。

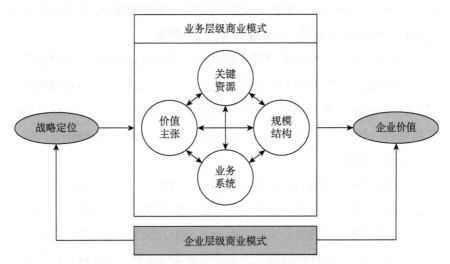

图 6-1 企业层级与业务层级的商业模式框架

[资料来源：根据魏炜和朱武祥（2009）以及其他相关文献研究整理]

（一）关于企业级商业模式部分

基于学术界在企业层面商业模式的定义，并结合战略管理理论对商业模式的分析，将"魏朱模型"中的"战略定位""企业价值"两部分作为企业层级的商业模式构成。

战略定位是企业战略选择的结果，它主要指企业应该做什么，决定了企业应该提供什么特征的产品和服务来实现客户的价值（魏炜和朱武祥，2009），这说明，企业的战略定位需要通过业务级的商业模式来完成。企业价值不单指客户价值，也不只是企业预期未来可以产生的自由现金流的贴现值（企业的投资价值），而应是全部参与者在商业模式内一切交易或互动中所获得的总价值或总收益（Amit 和 Zott，2001）。

（二）关于业务级商业模式部分

结合 Demil 和 Lecocq（2010）的研究，将"魏朱模型"中由业务系统、盈利模式、构建资源能力、现金流结构四要素所构成的"运行机制"，整合为由业务系统、关键资源、价值主张和规模结构四要素所构成的业务层级商业模式。具体分析如下。

一是"魏朱模型"中的"业务系统"由构型、角色与关系三部分组成，其定义分别是"构型指利益相关者及其连接方式所形成的网络拓扑结构；角色指拥有资源能力即拥有具体实力的利益相关者；关系指利益相关者之间的治理关系"。这些定义高度概括了业务流程、供应商、客户关系与渠道等方面的内涵。同时"魏朱模型"所强调的"支撑交易结构的关键资源能力"较好地揭示了企业运营的关键要素，因而图 6-1 中对这两个要素加以采纳保留。

二是商业模式作为"价值创造的逻辑"，通过价值主张、价值网络、价值维护和价值实现四个环节，为企业股东、供应商、渠道、客户等相关方创造价值（原磊，2007）。由于盈利模式及利润更本质地是要通过价值主张的活动组合来实现，在此以"价值主张"替代"魏朱模型"中的"盈利模式"。

三是商业模式作为企业业务流程和核心环节的抽象概念，包括了由企业、合作伙伴及顾客三者共同产生的物流、信息流、资金流、收入流和价值流（Mahadevan，2000；王晓辉，2007）。收入规模和结构、成本规模和结构、客户与合作方的规模结构决定着现金流结构，以"规模结构"替代"现金流结构"似乎更能全面识别产品、信息及现金的去向。

如第二章第一节内容所述，供应链金融是将供应链商流、物流、信息流与资金流紧密结合的一种金融产品组合与服务解决方案，它关注于运营管理与融资决策相协同的"内部流程和架构的设计"（Mayo和Brown，1999），这属于典型业务层级的商业模式。产业链金融是供应链金融在"产业链导向"上的创新模式，相应地，产业链金融也属于业务层级的商业模式。

二、产业链金融商业模式的框架及要素

以互联网技术为代表的新技术成为商业模式创新的主要动力（Amit和Zott，2001），网络技术是推动以产品为中心向以消费者为中心的商业模式演变重要力量之一（Wise和Baumgartner，1999），换言之，互联网技术作为技术革命性突破，催生出新的商业模式。产业链金融作为新商业模式，既有其新的框架模型，也包括业务级商业模式的构成要素。

（一）产业链金融商业模式的框架模型

信息技术创新所引发商业模式变革，必将引领企业的价值创造逻辑、价值系统发生变革（Patel和Giaglis，2005；Osterwalder等，2015），而与传统技术分离观相适应的商品主导逻辑显然无法解释互联网环境下从产品到服务转变的现象，以信息技术和网络技术为特征的第三次技术革命促使指导企业战略和行动的价值导向从商品主导逻辑转向服务主导逻辑（Kowalkowski，2010；李文秀等，2016）。第三次科技革命对商业环境带来的颠覆性改变，使商业模式从关注盈利性转向关注价值，从关注利润结构转向关注价值网络，从而集中于价值创造（李鸿磊和柳谊生，2016），由此，产业链金融商业模式的框架构建是基于服务主导逻辑及其价值共创机理。

服务主导逻辑下的商业模式是以过程、产品和服务创新相集成的、更一般化的服务生态系统，提供能够创造顾客价值的新服务体验或新服务解决方案（李文秀等，2016），产业链金融价值共创在价值网络的每个节点上，既体现为金融服务提供者和服务接受者之间的二元关系，也在整个服务系统中，体现为产业链服务系统和金融服务系统分别与其他服务系统（政府部门、其他行业等）进行更大范围的资源整合与服务交换。

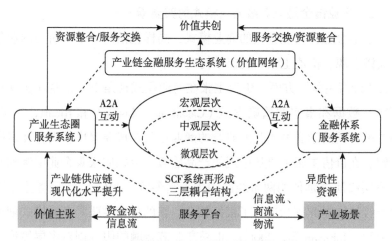

图 6-2　产业链金融商业模式的概念框架模型

服务生态系统研究方法的引入，意味着开发一个具有系统观、包容性的产业链金融商业模式的概念框架模型成为可能。在此提出一个如图 6-2 所示的产业链金融的商业模式概念框架，进一步丰富和整合其理论内涵：产业链金融商业模式是供应链金融模式在产业数字化、数字产业化发展趋势与中国实践背景下的演化升级，它以供应链金融作为产品与服务的基础，以产业数字金融平台作为创新的服务平台，以产业场景作为金融创新的异质性资源，在产业生态圈与金融体系的联结交互的价值网络中，通过服务交换与资源整合共同创造价值，畅通"科技—产业—金融"良性循环，促进产业链供应链现代化水平提升。

建立在企业微观具体业务基础之上的价值创造类商业模式定义指出，商业模式是由价值主张、价值创造和传递、价值获取三者组成（Bocken

等，2014）。在产业链导向和金融导向耦合互动的服务生态系统结构中（价值网络），产业链金融在价值创造方面的商业模式创新集中体现在价值主张、服务平台和产业场景三个关键构成。其中，服务平台以其对资源溶解的高水平数字化能力而成为价值创造的场所；它同时与作为特定参与者及其相互间独特联系的产业场景，共同为商业模式的价值传递与获取提供渠道。

（二）产业链金融业务级商业模式的四要素

产业链金融作为业务级的商业模式，同样包括图 6-1 中所指的业务系统、关键资源、价值主张和规模结构四要素。

1. "价值主张"方面。价值主张在商业模式视角下本是企业实现营收的逻辑、数据和事实的精确表达（Casadesus-Masnaell 和 Ricart，2010），但因它被不同的学者纳入其所研究的商业模式构成要素中，而存在多样化的理解。在价值主张术语从中观的产品层级，分别向宏观企业层级和向微观客户层级演进延伸的两条线路中（王雪冬等，2014）），服务生态系统的多层级结构对此概念进行了很好整合。新的价值主张是商业模式创新的第一要素（Johnson 等，2008），正是产业链金融的服务创新多层级价值主张，使其成为有别于供应链金融的一种商业模式创新。产业链金融价值主张蕴含着打造数字化时代的商业信用体系，构建生态联结、价值共创的新型银企关系，持续优化系统各经济主体的资产负债结构与风险控制水平等组合设计，能够在系统性解决产业链供应链中小企业融资难融资贵问题的前提下，帮助金融服务提供方实现其盈利模式。

2. "业务系统"方面。数字技术在提高全产业链数字化水平的同时，也通过产业数字金融的运营属性优化产业链金融的业务系统配置。价值共创的微观基础在于参与者契合（Actor Engagement），技术在对多种异构信息流的整合和优化中，增强了参与者契合的倾向与属性（Storbacka 等，2016）。数字技术贯通供应链金融业务系统在信息共享的"堵点""断点"，将其升级为数字化的产业链金融业务系统，为供应链金融的优化和重构提供解决方案，不断提升参与者契合度。产业互联网平台、数字技术等创新引发业务系统从供应链金融升级到产业链金融模式，从本质上讲，是企业面对动态的环境，以其特定的动态能力开展商业模式创新。动态能力被Teece等（1997）定义为企业整合、构建或重构内外部能力的能力，而业务系统正是对动态能力进行有机整合与系统性设计的商业模式结构模块。[①]在数字技术创新条件下，产业链金融的业务系统与其商业模式创新之间存在着相互促进的关系。

3."关键资源"方面。以服务主导逻辑视角，产业链金融的价值创造不再像传统供应链金融模式那样，是以上下游关联与时序前后的"链式"关系进行，而是在产业生态圈与金融服务体系耦合互动中，通过双向的资源对接与整合的方式开展价值共创。产业链服务系统（产业生态圈）产生大量的交易数据、客户行为方式、信用状况等相对于金融系统的异质性资源，金融服务系统基于在价值网络中所获取的异质性资源，打破产融信息壁垒，完成产品设计和风险定价，为产业生态圈提供资金流与其他金融服务，解决中小企业授信难、融资难问题。因此，产业链金融的价值创造是由金融服务系统和为其带来异质性资源的产业链服务系统，在彼此服务交换与资源整合中共同实现的。

4."规模结构"方面。服务生态系统的价值网络重构、更多参与者进入以及监管支柱提供的制度化过程，扩展和优化了产业链金融在客户、合作伙伴、收入与成本等方面的规模结构，形成"GBC三端联动、多主体运作、多场景应用、多产品服务"格局：产业互联网平台对传统供应链系统的价值链重构以及国家金融监管政策配套完善，支持产业链金融在对接地方产业发展与融入S2B2C、F2C模式中，开展GBC三端联动；开放银行平台与产业场景平台彼此作为对方超模互补者的多主体运作，大幅度提升

---

① 商业模式的结构模块是指焦点企业通过内部和外部制度安排或契约来"锁定"利益相关者的资源能力互补性组合的模块，包括交易结构模块、盈利模式模块和收支方式模块，是确保价值创造持续与稳定的价值子系统。参见：李鸿磊.商业模式设计：一个模块化组合视角[J]. 经济管理，2019，41(12):158–176.

产业链金融的业务规模与市场空间；而数据作为新质生产要素，在自身也是新型劳动对象的同时，又在新技术变革下孕育和催生了产业场景这样的新型劳动对象，数据资源通过多场景应用和多主体复用，有效改进金融产品的配置方式与成本结构，将金融服务深度融入生产生活的全链条。

第二节　国内外"产业银行"比较分析

从产业金融概念中延伸出的"产业银行"，并无规范性的定义，广义上是指重点服务于产业发展的银行业机构。本节比较分析国内外"产业银行"，旨在为产业银行作为企业级商业模式的研究提供典型事实与经验借鉴。

一、国外"产业银行"经验

银企关系与产业金融模式在国际比较上一般归结为两大类，一类是日、德的紧密型银企关系与银行主导的产业金融模式；另一类是以美、英为代表的松散型银企关系与资本市场主导的产业金融模式（宋栋和冷国邦，2000；曾燕等，2023）。对国外"产业银行"模式的探究，主要是考察前一类紧密型银企关系与银行主导的产业金融模式的国家。

（一）日本的长期信贷银行

日本产业银行（Industrial Bank of Japan，IBJ）又译为"日本兴业银行"，1902 年由私人资本投资创建，曾经是日本重要的长期信贷银行。

第二次世界大战结束后，日本经济极度萧条，企业濒临破产，银行资金短缺，银行内形成大量不良债权。为重振"二战"后经济，日本政府于1947 年成立"复兴金融银行"（Reconstruction Financing Banking，RFB）以此直接干预资金分配，向战后重建过程中政府认为的比较重要的工业部门提供金融支持，这些部门主要包括煤炭、电力、钢铁、化肥、航运和造船等产业。1952 年，日本颁布实施《长期信贷银行法》，日本政府据此出资建立日本开发银行（Japan Development Bank，JDB），用于代替 RFB，继续向上述产业提供贷款；与此同时，IBJ 随即注册转化为长期信贷银行，主要为制造业和铁路产业提供长期贷款，银行的中高层管理人员由日本大藏省任命，具有半官方性质。

日本长期信贷银行的资金很大一部分来自邮政储金。日本邮政储蓄系统依托隐含的政府信用保障、税收优惠等优势，加之其庞大的分支机构，吸纳了大量资金。政府将邮政储金机构的资金，通过包括 JDB、IBJ 等长期信贷银行向产业部门投放贷款，弥补了民营金融机构对长期资金的供给不足，为企业提供长期资本，在促进日本产业开发和经济社会发展；同时也促使"主银行制"（Main Bank）的形成。

主银行制是日本金融体制和产业体制不可分割的组成部分，其定义是指特定企业和特定银行间所建立的长期交易关系。在内容和范畴上，主银行与其所支持企业之间的关系是核心内容，内容不仅包括相互持股、提供管理资源、派遣管理人员、提供各类金融服务等多方面，而且主银行还监控企业并在企业出现危机时对企业经营进行干预，是一种"公司融资和治理体制"（青木昌彦和帕特里克，1998）。

长期信贷银行是有立法作支撑的政府特设金融机构，属于政策性银行。日本产业银行（IBJ）虽由私人资本持股，但被政府纳入长期信用银行的组成部分，其在为避免发生"战略产业互补性投资之间缺乏协调而导致的经济陷入低水平均衡的情况"（青木昌彦和帕特里克，1998），与其他的长期信贷银行发挥着同样功能，区别主要是在产业领域的投向与 JDB 等有所不同。从这个意义上讲，长期信贷银行也可视为日本的"产业银行"模式。

由此，日本的"产业银行"模式可以理解为，是"二战"后日本政府为优先发展本国相关产业发展而特设的一种政策性银行，其主要功能是为特定产业部门提供长期设备投资和长期周转资金，降低这些产业部门中的企业融资成本，并成为所支持企业的主银行。

随着日本的城市银行等金融机构不断对产业部门信贷投放的加大，并同时施行主银行制，政策性金融与民营金融机构之间出现了业务交叉和相互竞争，加之长期性资金的供求关系由短缺转为过剩，政策性金融机构的先导性作用下降。从 1999 年开始，日本政府启动对政策性银行的改革，减少政策性银行数量，政策性银行自身也适时调整业务边界及运作模式。JDB 被改革为日本政策投资银行（Development Bank of Japan，DBJ），DBJ 政策性业务主要是振兴产业与发展地区经济，其业务部门同样按照客户所在行业和所在地区进行设置，如面向化学、材料、金属等行业的企业金融第 1 部，面向北海道地区的北海道分店等（郭宏宇，2019）；IBJ 则在 2000 年 9 月与第一劝业银行、富士银行正式合并，组成日本瑞穗金融集团，完成商业化转型。

（二）德国的管家银行模式

德国实行混业经营的金融体制，金融体系以银行业为主，资本市场发展程度相对较低。在典型的混业经营体制下，全能银行（Universal Banking）是德国银行业的主体，由商业银行、储蓄银行部门和合作银行三支柱体系构成。三支柱中的"商业银行"与一般意义上的商业性银行概念有所不同，它是一个所有制的范畴，指私人所有的银行。三支柱中的另两类银行则属于公有制，其中，储蓄银行部门主要包括地方政府托管的储蓄银行和联邦州持股的州立银行；合作银行则属于信用社性质的社员集体所有制。不同于日本产业部门的长期贷款主要由长期信贷银行发放，德国大多数银行都可以发放长期固定利率贷款（Vitols，1995），这使德国的全能银行能够通过向企业提供长期融资，与企业形成长期稳定关系，进而诞生"管家银行"模式（Hausbanken）。

在该模式下，管家银行所提供的融资在企业债权银行的份额中最高，这种彼此互动、信息共享、信用互联的长期合作关系，属于典型的关系型融资；管家银行充分了解企业经营情况，在企业发生外部冲击时，将充当防止其他债权银行实施抽贷和断贷行为的协调者；管家银行参与企业的公司治理，通过承担监事职责对企业进行经营监督，从中可以获取企业大量的"软信息"。管家银行扮演着首要融资者、长期融资的伙伴、融资的重要稳定器和外部治理方四种角色（刘天琦，2022）。

与日本长期信贷银行功能相类似，德国复兴信贷银行（Kreditanstalt für Wiederaufbau，KFW）也是政策性银行。KFW 从最初为"二战"后联邦德国的重建提供资金，到现在为德国企业提供长期资金，打造了世界领先的开发性银行模式。KFW 不设分支机构，在以促进德国企业发展和推动德国经济发展为己任的同时，也为发展中国家和新兴国家的经济社会进步提供资金支持。整体上来看，德国并没有名义上的产业银行，但管家银行模式的本质特征在于与产业部门建立起长期稳定的紧密联系，为产业和企业发展提供长期资金。德国金融体系以管家银行所集中体现的亲实体经济属性，成为德国在第二次工业革命中的关键优势之一（张晓朴和朱鸿鸣，2021）。

（三）韩国的"产业银行"

韩国的金融政策与产业政策紧密关联，设有两家"产业银行"的金融机构：一个是"Korea Development Bank"（KDB），英文的直译是"韩国开发银行"，在我国则通常称为"韩国产业银行"；另一个机构是"Industrial Bank of Korea"（IBK），英文的直译是"韩国产业银行"，在我国则通常称为"韩国中小企业银行"。

1. 韩国产业银行（KDB）。1953 年，朝鲜战争停战，为迅速恢复战后经济，1954 年 4 月，韩国政府依据《韩国产业银行法案》设立了韩国产业银行（KDB），其宗旨是"遵照国策，为促进产业开发和国民经济发展，提供和管理产业资金"。

KDB 在 20 世纪 60 年代配合韩国政府的五年经济发展计划，加大对基础设施与基础产业的支持力度，如为煤矿开采业、房屋建造、电信网络、造船业、农村水利工程设施建设、发电机设备行业等提供大量中长期贷款。20 世纪 70 年代，KDB 贯彻韩国政府产业结构调整政策，以多样化的筹资渠道，加大对化工产业、制造业、节能工业以及基础消费品行业的投融资力度。从 20 世纪 80 年代起，KDB 提高对高科技产业、材料科技、制造业零部件的融资规模，并积极扶持中小企业。

KDB 作为韩国最大的政策性银行，也是韩国金融体系中的主体交易银行（Principal Transactions Bank）。20 世纪 70 年代中期，韩国建立一种由政府控制和分配信用额度的"主体交易银行制"，主体交易银行代表政府的银行监督检查局，负责控制对客户提供的信贷，收集和向上汇报客户财务和信用形势信息（青木昌彦和帕特里克，1998）。韩国的金融体系与产业政策密切配合，正是通过 KDB 这样的主体交易银行，对政府所要支持的大型企业集团或重大产业项目直接提供融资。KDB 作为政府的代表，在韩国整个产业发展过程中扮演着引导者的角色。

在 1997 年亚洲金融危机和 2008 年次贷危机中，KDB 参与繁重、复杂而艰巨的产业结构调整任务，发挥了重要的救助职能。但随着韩国的商业银行对 KDB 中长期贷款融资领域的不断挤占，同时 KDB 在推进成为国际投资银行的发展进程中，其政策性金融与商业性金融业务开始混淆和冲突（刘子赫和黄楠楠，2015），鉴于此，韩国国会于 2009 年通过对 KDB 的改革方案，将 KDB 的政策性业务移交给新成立的韩国政策金融公社，对 KDB 实行商业化和私有化。2013 年 2 月，韩国政府又制订了 KDB 回归政策性银行的方案，宣布撤回原来的商业化改革方案，2013 年 8 月，KDB 重新行使政策性银行的职能。

2. 韩国中小企业银行（IBK）。1961 年 8 月，韩国政府依据《韩国中小企业银行法》设立了韩国中小企业银行（IBK），旨在完善韩国的产业金融体系，扶植与培育中小企业和生产性服务业的发展。

根据《韩国中小企业银行法》规定，IBK 须将其所筹资金 70% 以上用于支持中小企业。IBK 可以从韩国中央银行获得低息优惠的"总额限度贷款"，主要用于支持中小企业有关"技术事业性等级较高"但投入大、风险高、见效慢的项目，将这类"弱质企业"（通常信用评级为 B → C），扶持引领为"优良企业"（信用评级为 AAA → BB），使之达到商业银行授信标准后再退出，实现政策金融与商业金融的"无缝对接"（阙方平，2014）；同时根据中小企业的发展阶段（创业、技术开发、商业化准备和商业化等阶段），开发相应的金融产品、构筑运营支持体系。

在金融产品开发中，IBK 综合运用投贷联动，积极开展企业并购、重组和股权投资等业务，帮助本土企业实现产业整合，直接参与相关产业链的优化和调整。IBK 在主要为中小企业提供各种融资服务的同时，还大力帮助本土企业向海外拓展，推动韩国制造业和服务业的国际化。

IBK 与 KDB 都是推动韩国产业发展、促进经济增长的国有政策性银行，同为韩国政府重要的产业金融机构。KDB 可谓韩国重点支持大企业集团、大型产业项目的"产业银行"，而 IBK 则属于韩国服务中小企业的"产业银行"。

二、我国"产业银行"实践

我国国内并没有具体以"产业银行"冠名的政策性或商业性金融机构。1994 年 3 月组建成立的中国国家开发银行（China Development Bank，以下简称国开行）是直属国务院领导的国有开发性、政策性金融机构，国开行重要的业务领域包括支持"两基一支"（基础设施、基础产业和支柱产业），推动传统产业转型升级与结构调整等方面的产业金融。作为中国最大的中长期投融资银行，在服务国家经济重大中长期发展战略、开展中长期信贷和投资等金融业务、发展产业金融等方面，国开行与日本的长期信贷银行、德国复兴信贷银行、韩国产业银行具有相近性质与相同功能。兴业银行（Industrial Bank Co., Ltd.）是成立于 1988 年 8 月的首批全国股份制商业银行之一，其英文名称中虽有"产业银行"词汇，本身也在开展产业金融相关业务，但该行的战略定位仍主要是打造绿色银行、财富银行、投资银行"三张名片"。

随着我国商业银行对差异化、特色化商业模式的不断探索，以及银行数字化转型浪潮的到来，一些中小商业银行尤其是中央企业控股的城市商业银行（以下简称城商行），率先明确提出了发展产业金融，打造产业银行的发展模式。

（一）昆仑银行

昆仑银行原名为克拉玛依市商业银行，中国石油天然气集团公司（以下简称中石油）收购控股其 92% 股权进行重组后，于 2009 年 4 月正式更名为昆仑银行。昆仑银行于 2009 年重组之初，就确立了以产融结合发展为特征的产业金融战略定位，是国内较早明确提出"产业＋银行"商业模式的商业银行之一。

作为一家产融结合的特色银行，昆仑银行在石油石化能源产业链金融上有着先天优势。结合自身股东——中石油的背景、业务特点及优势，昆仑银行将金融与能源相结合，深化"产融结合"发展理念，建立涵盖油气化工全产业链"上通＋下贷""线上＋线下"的"金融＋能源"供应链金融专属产品体系，在切实支持油气能源产业链中小企业发展的同时，也为产融银行发展供应链金融业务探索出一系列有效的措施与途径。①

一是设立专业化运营管理组织架构。昆仑银行于 2013 年在总行公司业务部内设立产融业务管理部，并于 2018 年将其提升为总行一级部门。总行产融业务管理部负责总体规划的制定、油气行业细分子行业研究、核心企业营销对接、产融产品开发创新、业务流程优化。产融业务管理部下设若干对应油气行业子行业的二级部门，实行总体规划、精细化管理。同时各分行也设立相应的产融业务经营管理部门。分行产融业务经营管理部门负责核心企业的营销对接和金融服务工作，针对核心企业产业链客户的合理金融服务需求，提供一系列供应链金融服务。此外，还建立了专业化供应链金融服务组织机构，专业、专注地为推进油气能源领域供应链金融业务快速发展提供组织架构保障。

二是建立个性化信贷支持系统。2014 年，昆仑银行开发了专门支持产融客户供应链金融的信贷业务系统，为油气能源领域的产融客户提供个性化的信贷流程支持。产融业务信贷系统基于昆仑银行与核心企业的密切关系，在资料收集和调查审查过程中实现要素精简、流程缩短、效率提高

---

① 温剑.产融银行供应链金融战略思考与实践——以昆仑银行为例[J].银行家，2021（5）：46-48；https://mp.weixin.qq.com/s?__biz=MzA4MzA1MjIzOQ==&mid=2650769735&idx=4&sn=9e4271 0c05a7d6f174c03e9680fd7569&chksm=87f77ae7b080f3f1ee570957361e390e31f275f6002fe8c5a4687f89 9c66c9c0832fb86cbf29&scene=27.

和竞争力提升。

三是开发全链条供应链金融产品体系。针对上游供应商、服务商、承包商企业，昆仑银行开发出基于商业承兑汇票的"商信通"，基于订单、合同、工程量和应收账款的"油企通""物采通""租融通"，基于加油站（加气站）租赁业务的"租融通"，基于合资建设油气储备库等基础实施的"投融通"等系列产品；针对下游经销商、直供用户、电商平台、零售终端企业，昆仑银行开发出基于燃气用户的"燃气贷"，基于销售商的"促销贷""油易贷"，基于电商平台的"商保贷"等产品。

经过近几年的实践探索，昆仑银行持续丰富线上产品，比如"油易贷"等线上产品全流程远程线上操作，实现秒级放贷，线上产品越来越多地替代线下产品。进入 5G 时代，借助大数据、区块链等新一代通信技术，昆仑银行进一步加强供应链金融战略定位，提出"着力打造四个链条"：一是客户链，与中石油集团成员企业建立业务联系，借助人脉关系、工作关系、地缘关系开展核心企业及其上下游产业链客户的营销链条；二是产品链，借助核心企业对产业链客户的影响和支持，开发打通全产业链供应链金融产品链条；三是业务链，基于核心企业及其产业链业务，设计开发无缝对接的供应链金融全链条服务的业务链条；四是利益链，基于全产业链参与各方的贡献度，建立合作互利的长效机制，以此扩大利润来源。

（二）华润银行

华润银行前身为珠海市商业银行，2010 年 1 月，华润集团公司联合珠海市政府对珠海市商业银行成功实施战略重组，华润集团成为银行的控股股东，正式更名为珠海华润银行（以下简称华润银行），成为华润集团的一级利润中心。截至 2023 年底，华润银行总资产达 3874.1 亿元，员工人数达 3000 多人。

"致力于打造以科技驱动的特色产业银行，构建金融基础设施信创平台"是华润银行坚定的战略定位。通过依托华润集团强大的产业背景和品牌优势；打造产业发展能力，构建产业金融基础设施框架；专注产融结合、融融结合，华润银行初步形成了具有粤港澳湾区特色的"产业银行"。

其金融服务产业、产业助推金融的产业金融发展模式，包括狭义、中观、广义三层递进关系与含义。[①]

第一层，深耕集团内部。围绕华润集团大消费、综合能源、城市建设运营、大健康、产业金融、科技及新兴产业六大领域需求，依托传统产融产品体系，实现以融促产，以产促融；创新现代产融供应链金融模式，提供业务单元及上下游所需的产品及服务。实现产业金融扩面、提质、增量的要求。据悉，该行未来力争"传统＋创新"产融规模占比达到全行资产负债表1/3以上，创新产融产品同比增速要达到两位数以上，实现产业金融业务高质量可持续发展。

第二层，布局大湾区。推动产业链业务和信用的全面数字化，将华润协同模式逐步向外部生态移植，提供覆盖央企产业全链条的一体化金融服务。首先，项目经验延伸央企总对总，通过已有央企子公司项目经验，由子公司落地带动央企总部完成"总对总"合作，实现已有合作的央企产业链全覆盖；其次，发挥经营单位在大湾区服务半径优势，将已成功落地产业金融服务模式及产品延伸至粤港澳大湾区央企数字联盟成员单位，运用科技创新优势，加强产品线上化、数字化转型；最后，将大湾区服务产融模式的经验赋能全央企产业，集成优化，结合细分行业特性，根据相同或近似行业提供产业链金融解决方案，延伸赋能央企产业链生态，根据产业链生态特性提供定制化服务，真正实现央企全产业链的融合支持。

第三层，服务全社会。将产业数字化模式拓展至央企外的产业，加强与大湾区地方政府的互动，重点聚焦大湾区地方国资国企，延伸拓展核心企业上下游供应链金融服务渠道，探索助力实体经济发展新路径，打造政、企、银合作新标杆，致力做"最熟悉产业"的银行。

[①] 一家大湾区特色商业银行，有哪些新模式？人民网微信公众号，2022-07-28.

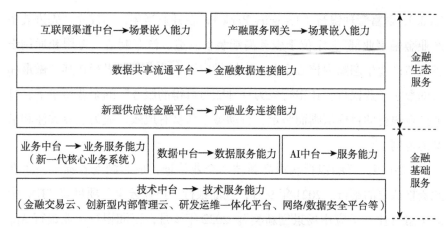

图 6-3　华润银行金融基础设施创新平台

[资料来源：张昕.构建金融基础设施创新平台，打造华润数字化产业银行发展新引擎 [J].
中国金融电脑，2022（11）：29-32]

华润银行为打造成为"中央企业特色数字化产业银行"，在"十三五"时期即启动信息化银行战略，按照"统筹规划、分类推进、分步实施"的策略，强化基于创新型底座的金融基础设施创新平台建设，持续推动平台化能力建设。在金融基础设施创新平台建设中，按照金融基础服务、金融生态服务两个方面进行（见图6-3）。前者重点打造创新型底座的技术中台、业务中台、数据中台，构建安全可控的金融基础服务平台，输出中台化的基础服务能力；后者重点是建设互联网渠道中台、新型供应链金融平台、数据共享流通平台，打造平台化的金融业务互联、数据共享流通、金融服务场景化构建等金融生态服务能力，支持构建央企特色产融生态圈（张昕，2022）。

（三）湖南三湘银行

湖南三湘银行股份有限公司（以下简称三湘银行）是我国中部地区首家开业的民营银行，由三一集团联合其他8家湖南省知名民营企业共同发起设立，于2016年12月16日正式开业，注册资本金30亿元。作为全球工程机械制造行业龙头品牌三一集团"孵化"的一个银行品牌，三湘银行自带"产业基因"，在成立伊始，就确立打造Best银行的战略定位，即产业银行（Business Bank）、便捷银行（Easy Bank）、数字银行（Smart

Bank）、财富管理银行（Treasury Bank）；在开业当年，即成立"先进装备产业金融事业部"，定位于服务高端装备制造、汽车制造、专用和通用设备制造产业生态圈内核心企业上下游供应链企业。三湘银行在其"做最伟大的数字产业银行，让银行成为一种随时可得的服务"的企业愿景下，打造产业银行的目标清晰而坚定，行动敏捷而富有成效，成为业界关注和借鉴的范例。[①]

2020 年，三湘银行获得高新技术企业认证，成为湖南省唯一一家获此资格认定的银行。2021 年 9 月，三湘银行"产业云家"项目获"IDC 中国金融行业技术应用场景创新奖"。2022 年 4 月，三湘银行产业银行 App 入围第一批湖南省中小企业服务数字化产品，该 App 已为产业链上下游供应商企业 5000 多家提供产品与服务。三湘银行年报数据显示，截至 2023 年底，产业贷款已累计投放 2531.34 亿元。

三湘银行围绕"服务产业、发展普惠"的市场定位，以及"聚焦制造业、深耕湖南，成为产业互联网银行的开拓者、探索者和建设者"价值主张，系统性地开展数智化产业银行实践。对有关资料收集整理后分析，其典型实践主要体现以下三个方面。

1. 构建产业金融事业部"四专"经营体系。按照"专营机构、专属政策、专业服务、专注研究"的原则，建立先进装备、现代服务业、城市更新、大健康、TMT（Technology，Media，Telecom，科技、媒体和电信）五大产业金融事业部。各产业金融事业部作为"自主经营、自负盈亏、独立核算、事业化经营管理、具有职能制组织架构"的产业供应链金融专业营销中心、经营中心和利润中心，紧紧围绕各自目标产业链，确定核心企业和供应链企业准入标准，实施全资产经营策略、地推策略、特色产品策略和平台策略，以更精准的服务、更专属的产品、更深入的渠道，对接湖南

---

① 湖南三湘银行股份有限公司2019—2022年年报；夏博辉.打造最伟大的数字产业银行[Z/OL].夏博辉iBank公众号，2021-11-02；夏博辉.创新产业链金融，一起向未来[Z/OL]. 夏博辉iBank公众号，2022-05-23；https://baijiahao.baidu.com/s?id=17595001138716922028wfr=spider&for=pc.

省"三高四新"战略、湖南 20 条新兴优势产业链、长沙 22 条产业链，助力目标产业链小微企业更好发展。

2.建设数智技术赋能业务的产业银行平台。2020 年 8 月，三湘银行产业银行平台上线。该平台是三湘银行自主研发、拥有独立知识产权、基于产业链场景的"产业＋金融＋互联网"科技平台。其定位是连接产业场景与银行服务的"路由器"；其目标是成为各方受益、产业链协同、信息完整安全、传输匹配高效的产业数字化金融服务平台；其建设思路是"软件定义银行"，即从渠道、风控、产品和运营四个维度进行落地和业务赋能，持续构建数字化渠道、智能风控、柔性产品以及平台化运营四大核心能力，赋能产业金融业务快速发展。

在此定位、目标和思路的框架下，三湘银行构建了"PRO-C"四层架构体系产业银行平台（见图 6-4）：在场景对接方面，通过数字渠道模块实现产业场景的金融服务植入、数据接入及共享；在平台核心能力方面，构建渠道、运营、金融产品以及风控四大模块实现业务赋能；在底座支撑方面，复用业务中台、数据中台及智能中台基础能力，提高平台运营稳定性及迭代效率。

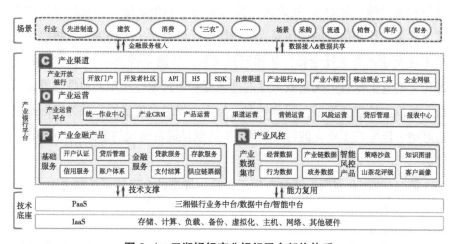

图 6-4　三湘银行产业银行平台架构体系

[资料来源：汪晓东.拥抱产业互联网，做深耕行业的产业互联网银行 [J]. 中国金融电脑，2023，12（12）：26-29]

3. 打造生态场景丰富的产业供应链金融产品。绘制目标产业的"一图三表"和终端客户地图，发掘"专精特新"小微企业，形成目标产业核心企业库，通过产业链数据及企业上下游关系，构建目标企业产业链关系图谱，并动态更新，着力打造"专精特新"小微企业的金融产品。一方面，基于目标产业供应链交易场景数据，按照"数据决策、在线审批、便捷高效"的原则，为核心企业供应链小微企业提供线上化的"链贷"系列服务；另一方面，基于目标产业多维度数据以及借款主体的综合信用，为核心企业终端和 C 端客户提供用"经营壹贷"产品。

三、"产业银行"相关评析

"产业银行"已是一种客观事实的存在，但学术界尚未对其开展系统性研究，在金融体系中也无明确的机构分类以及清晰的功能边界。结合前面对国内外"产业银行"相关运作的回顾，在此分析总结以下三个观点。

第一，"产业银行"是一个宽泛的概念，具有明确支持产业发展导向的政策性银行或商业银行均有可能扮演"产业银行"的角色。

德国银企之间富有韧性、长期互动的关系被称为协调性银企关系（张晓朴和朱鸿鸣，2021）。在此银企关系下的中小企业融资，既有以转贷方式为其提供长期信贷的德国复兴信贷银行，也有"一个德国银行将陪伴一个工业企业兴衰变迁全程，从摇篮到坟墓，从建立到清算"（格申克龙，2010）的管家银行。无论政策性的德国复兴信贷银行还是商业性的管家银行，都以支持产业发展为明确导向，与产业发展高度协同，成为德国推进追赶型、压缩式工业化的特殊手段。[①] 这就是通常所说的德国"产业银行"经验。

第二，"产业银行"通常产生于银行主导型的金融体系结构之中。

---

① 张晓朴、朱鸿鸣等（2021）分析认为，与英国的先发性、渐进式工业化不同，德国工业化走的是一条追赶型、压缩式工业化道路，这一路径要求资本必须向主导产业集中，德国三支柱银行体系、德国复兴信贷银行正是在这重要经济背景下形成。

德国金融体系是银行主导型金融结构，银行业占金融机构资产总额的比重和银行贷款占企业外源融资的比重均为 60% 左右（张晓朴和朱鸿鸣，2021）。日本、韩国两国的金融体系十分相似，都是主要由商业银行、政策性银行和非银行金融机构三部分组成，大体上也属于银行主导型金融结构。在银行主导型的金融体系中，银行扮演着促进经济增长和资金配置的重要角色，它们通过吸收存款和发放贷款，在金融市场筹集中长期债券，以促进资源的配置和流动、支持企业的发展、推动产业与经济的繁荣。

美国的产业贷款公司（Industrial Loan Companies）有时也被称为"产业银行"（这也体现了该概念的宽泛性），它是在企业内经营有限存贷款业务等金融服务的准商业银行机构。这类机构在美国数量不多，起初是企业为支付工资、支取小额贷款而成立，仅能办理有限的存贷款业务和发行信用卡，是一种提供有限金融服务的半商业银行机构（陶玲和刘卫江，2008）。产业贷款公司通常附属于工商企业集团或投资银行，主要服务于所属集团内部，并非完整意义上的金融机构，在美国成熟发达的资本市场主导型金融体系中，并不担当促进产业开发，满足产业各生命周期金融需求的重任。

第三，"产业银行"有其国别性与时代特征。

在不同国情下，"产业银行"有着不同的地位与运作。韩国对"产业银行"有明确立法，但按该法律设立的银行，其名称冠以"Korea Development Bank"（KDB）；而"Industrial Bank of Korea"（IBK）却又是基于《韩国中小企业银行法》。日本政策性的"产业银行"则以长期信贷银行的类型来呈现。德国为产业发展提供长期融资的银行体系，既包括长期稳定不变的三支柱体系，也有依据《德国复兴信贷银行法》设立的KFW。我国国家开发银行在当初设立时，充分考察借鉴了国际政策性产业银行的有益经验（武爱民，1995），但未对国家开发银行的设立与运营进行专门立法。

"产业银行"还有着明显的时代特征。"产业银行"提法的兴起，与"二战"后日本、韩国等国为恢复经济和产业重建而设立的政策性银行高度相关。但随着时代变化与金融体制改革推进，日本的长期信贷银行体系发生重大变革，日本产业银行（IBJ）合并转型为商业性金融机构；韩国的KDB和IBK也曾经历过不同程度的商业化改革。我国在金融服务于实体经济和银行金融机构转型升级时代背景下，"产业银行"又被重提，它成为商业银行尤其是城商行为提升自身市场竞争力而确立的战略定位。这些以"产业银行"为定位的商业银行中，全方位地打造为产业链上下游企业提供"一站式"、数字化和高质量的产业链供应链金融业务，这是它们共同的特征。

第三节　作为企业级商业模式的产业银行

国内提出"产业银行"战略定位的商业银行，均在发展产业金融，突出产业链金融业务、建设产业数字金融平台等方面作为着力点。对此，可运用"产业银行"概念作为产业链金融在商业银行运作实施的企业级商业模式术语。

银行商业模式的选择，离不开其所依存金融体系的环境。日本、德国等国的"产业银行"诞生于银行主导制的金融体系结构，其"主银行""管家银行"又与关系型融资密切相关。选择基于产业链金融的产业银行模式，应对我国金融体系结构作进一步考察，以明确将商业银行作为产业链金融创新实践重要主体的现实必然性。本节先分析产业链金融运行的客观外部环境，再对产业银行的商业模式进行研究。

一、银行主导型的中国金融体系结构

（一）银行主导与关系型融资的金融体系结构

关系型融资自20世纪90年代以来，一直是国内外经济学界和政策部门高度关注的研究议题。随着研究的纵深展开，对关系型融资的理解已不再似最初局限于信息不对称和代理成本给信贷决策带来市场摩擦的问题研究，而上升到金融制度与模式的层面。Aoki和Dinc（1997）将关系

型融资视为金融域与企业域联结而成的一种互补性制度[1]，认为"当关系型融资在公司财务域中成为自我实施、居主导地位的（但不是唯一的）融资形式时，即为关系型融资制度化"，并将非关系型融资称为保持距离型融资（Arm's Length Financing）。关系型融资与保持距离型融资并非以直接或间接融资作为划分依据，银行也发放保持距离型融资贷款，两者本质区别在于是否为"专有信息生产"。借贷双方长期多次交互和贷款人获取企业专有信息，是关系型融资的两个关键维度（Boot，2000）；保持距离型融资更多体现为公开市场融资，是一种信息透明度高、合同实施有力和富有竞争性的制度（青木昌彦，2000），保持距离型融资与资本市场主导型融资模式的主要特征较为契合。以金融中介为主要研究视角的关系型融资，也称为"关系型借贷"或"关系银行"，由此常将银行主导型融资模式与其相对应。但关系型融资并非商业银行的特有领域，它在投资银行、非银行金融机构、私募股权和债务市场的活动中发挥着关键作用（Boot，2000）。直接融资的风险投资（由于风险资本与企业家的关系），以及商业银行通过证券业务与新老企业客户发展关系型投资银行业务，都属于关系型融资（Aoki 和 Dinc，1997；Gompers 和 Lerner，2000）。

中国金融体系无疑仍是银行主导型模式。中国人民银行统计的数据显示，2023 年上半年，对实体经济发放的人民币贷款占同期社会融资规模的 72.4%，非金融企业境内股票融资仅占同期社会融资规模的 2.1%，然而，随着中国金融创新发展的不断深入，间接融资与直接融资、股权融资与债务融资之间相互交叉、边界日趋模糊，单纯以银行主导型模式表述中国金融结构，已不够完整准确。

第一，商业银行大量开展直接融资。一方面，银行不仅主导着信贷市

---

[1] "域"是比较制度分析理论研究参与人博弈的基本分析单元，它由参与人集合和每个参与人在随后各个时期所面临的技术上技术可行的行动集组成，参与人可以是组织，也可以是自然人。跨域的互补性关系可能意味着决策和制度创新。参见：青木昌彦. 比较制度分析[M]. 周黎安译，上海：上海远东出版社，2001.

场，同时也是直接融资的债券市场主要投资者。来自中央国债登记结算公司和上海清算所的托管数据，在 2023 年 6 月末的 133 万亿元托管债券规模中，商业银行持有债券 75 万亿元，占比达 56%，是债券市场的最大投资者；以银行理财等为代表的非法人类产品，持有债券 35 万亿元，占比为 26%。另一方面，影子银行规模仍然较大，股权融资中的"名股实债"客观存在。据《2023 年第一季度中国货币政策执行报告》，2023 年 3 月末，我国广义影子银行余额仍达 77.83 万亿元，占社会融资总规模比重为 30.8%。影子银行中的银行理财、集合信托等通常是"名股实债"融资的主要载体，披上直接融资外衣的"名股实债"，本质上是银行信贷的替代品。中国的银行主导型模式实际包含大量的直接融资。

第二，关系型融资的特征较为显著。国内外众多研究无论是从理论上还是在实证上都表明，中小企业信贷可得性增加与关系型融资的相关性，小企业贷款规模是观察关系型融资结构的重要尺度。在国家发展普惠金融和支持中小企业融资的一系列政策的持续发力下，银行业金融机构小微企业贷款规模增速快，在各类贷款余额的占比不断提升。据原中国银监会发布的统计数据，对中小微企业投放的信贷规模余额从 2013 年的约 13 万亿元增长到 2022 年的 59.7 万亿元。

此外，商业银行积极承销银行间市场债务融资工具，对其新老企业客户开展投资银行业务，也是关系型融资特征的一个重要体现。银行间市场非金融企业债务融资工具的发行规模从 2013 年的 2.87 万亿元增长到 2022 年的 8.91 万亿元，其中 2021 年的发行规模高达 9.31 万亿元。

图 6-5 为 2013—2021 年风险投资融资规模、银行信贷规模、股票筹资规模、中小企业非金融企业债务规模、银行间市场非金融债务融资规模五个指标的变化趋势。从图 6-5 中可以看出，五种不同的融资类型总体均呈现出逐年上升趋势，其中，中小企业非金融企业债务融资规模占比最高，上升幅度最大，其 2021 年规模合计 50.7 万亿元；银行信贷规模占比位列第二，呈现明显的逐年上升趋势，2021 年规模合计 19.94 万亿元，发行规模和上升趋势虽小于中小企业非金融企业债务，但规模总计也占总规

模的 23.99%，远远高于其他类型的融资规模；股票筹资规模位列第三，
也呈现出逐年上升的趋势，但上升幅度不大，2021 年规模合计 10.2 万亿
元；风险投资融资规模和银行间市场非金融债务融资规模占总规模的比重
较低，两种类型的投资规模上升幅度最小，变化趋势较为平缓，2021 年
两者融资规模分别合计约为 0.94 万亿元和 1.32 万亿元。

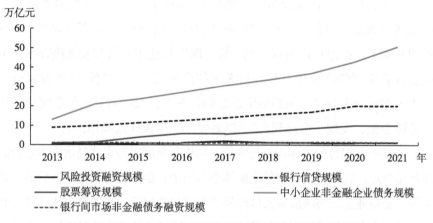

图 6-5　2013—2021 年不同金融工具产品的融资规模比较

包括金融中介机构、金融服务与产品、金融市场在内的金融供给方
的结构，以各金融参与主体在既定制度安排下的融资需求及行为偏好，集
中体现了金融结构及模式。银行主导型模式在中国金融制度变迁中已成路
径依赖，而关系型融资在指向一种特殊借贷关系与信贷技术的同时，也能
扩展为对金融结构及其制度性融资模式的一种概括。关系型融资既包含银
行中介的间接融资，也涉及直接融资；既有债权融资，也有股权融资，因
此，以"银行主导与关系型融资"能较好地表述中国的融资结构乃至金融
体系发展的特征。这一特征决定了产业链金融发展面临的基本制度环境与
选择的主体力量。

（二）中国金融体系结构下产业银行模式选择

产业链金融作为新型的产融互动模式，不但对完善现代金融体系、促
进金融业高质量发展具有重要作用，而且能够通过进一步改善金融服务机

制与效率，加大对产业链中的中小企业的金融支持，促进产业链技术创新和升级，更好地服务实体经济（杨涛，2023）。包括产业链金融在内的产业金融主要是服务于产业部门的金融需求，其运作的核心要义是实现"由融到产""以融促产"[①]，具体到中国的金融体系结构中，即是需要通过对银行的商业模式新定位，推动产业链金融的创新发展。

全球领先管理咨询公司的科尔尼（Kearney）公司，在我国商业银行的公司金融分为以供应链产品驱动的 1.0 时代、事业部改革驱动的 2.0 时代的基础上，提出构建覆盖"点、链、圈"行业生态的综合解决方案，全面步入真正理解产业痛点和客户需求的产业银行 3.0 时代。"产业银行"不失为在银行主导与关系型融资的结构体系下，我国商业银行系统化运作产业链金融，实现"由融到产""以融促产"的模式选择用语。

一是产业银行模式体现银行主导型结构与金融服务实体经济根本宗旨的最优结合点。在银行主导型的金融体系结构中，金融服务实体经济的最主要部分，是商业银行要将服务实体经济作为其根本宗旨。产业是实体经济的载体，选择产业银行模式能充分反映商业银行服务实体经济的基本价值主张。

二是产业银行模式有利于产业链金融生态系统的价值共创与协同创新。数字化时代商业银行选择基于产业链金融的产业银行模式，势必要构建与之相匹配的平台架构与管理流程，完善互动于平台金融系统的沟通机制、交易机制及价值分享机制，由此，一方面，商业银行更好地在从生态系统中获取研发、制造、物流、营销、售后服务等产业方面的数据、客户等资源，促进其自身数字化转型；另一方面，也为非金融企业平台主导的产业链金融运作，开辟了更为便利充沛的资金来源渠道，整体上降低了产

---

① 杨涛（2023）指出，产融结合就其主体和模式来看，包括产业集团或实体企业控股、参股金融机构，或直接设立金融平台或组织，即"由产到融""以产助融"；以及金融机构控股、参股实体企业的"由融到产""以融助产"的融合模式。产融结合有产业企业与金融机构的股权联结的含义，但产业金融不要求产融之间有股权交叉或存在组织管理关系，强调的是金融为产业发展服务。

业链上下游企业融资成本，促进了平台金融生态系统的持续成长。

三是在关系型融资的金融结构下，中小银行尤为适宜选择产业银行商业模式。日本、德国"产业银行"模式属于典型的关系型融资，中小企业的关系型借贷与银行组织结构密切相关（张捷，2002）。大量的实证研究文献证明，相对于大型银行，中小银行的组织结构有利于其生产软信息，在关系型融资上拥有优势，中小银行比大银行更加倾向于向中小企业提供贷款。我国金融体系结构本身具有关系型融资的特征，中小银行更可以基于组织结构的关系型融资专长，以产业银行为战略定位，为产业链中小企业提供有效金融支持，构建起具有竞争力的银行发展模式。

二、适配产业链金融的产业银行模式

（一）商业银行的商业模式及其战略定位

商业银行拥有特许权价值（Franchise Value），业务范围受金融监管部门的高度监管，因此，开展商业银行的商业模式研究讨论并没有工商企业那样丰富。业界通常或者借鉴欧美银行业的投资银行模式、集中型零售模式、分散型零售模式和批发模式的划分方法（Ayadi 等，2012），确定商业银行大致的主营业务模式；又或者在利率市场化、金融脱媒、互联网金融等背景下，讨论中国银行业的盈利模式转变与重构（李鲁新等，2007；夏蜀，2015；李勇，2016）。从整体上讲，面对数字经济兴起与战略性新兴产业发展的时代环境，有关中国商业银行的商业模式研究成果并未真正形成。

Sealey 和 Lindley（1977）曾在多年前指出，投资组合理论是分析金融机构行为最常用的工具，但这种方法的不足之处在于完全忽略了金融公司运营所受的生产和成本约束，需要开发关于金融企业产出和投入的明确概念与行为模型，并且这些概念必须与企业经济决策的标准一致。战略是在企业不同竞争方式中作出的决策，它用于设计开发企业核心能力，获取竞争优势的一系列综合、协调的约定和行动（Hitt 等，2007）。Sealey 和 Lindley（1977）基于新古典企业理论的金融企业行为模型所解释的问题，实际上属于企业战略的研究范畴。

商业模式是从战略管理研究领域衍生而来的重要概念（张敬伟和王迎军，2011），商业模式与战略在本质和内容上一致（郭天超和陈君，2012）。前面的文献综述中指出，两者区别仅在于商业模式是"价值创造"导向，战略是"建立竞争优势"导向。商业银行作为经营货币信用商品和提供金融服务的特殊企业，其商业模式既有一般企业商业模式的通性，又有金融行业的独特属性（韩洪灵等，2023）。战略定位在企业级商业模式构成中居于首要位置，就商业银行而言，其商业模式的设计在相当程度上就是明确其战略定位。

（二）产业链金融与产业银行的模式关系

波士顿咨询（BCG）基于全球银行业的公司金融转型发展，将商业银行分为五种主要类型。一是传统信贷型。它以提供贷款为主要业务，以存贷息差为主要收入来源。BCG认为，中国商业银行主要属于此类。二是交易冠军型。它是指在提供信贷支持的基础上，提供支付、结算、现金管理、贸易融资等交易银行业务，如美国PNC银行。三是投行服务型。它的主要业务内容为投资银行、资本市场、资产管理业务，其目的是满足大型企业的直接融资需求，如高盛银行。四是互联网金融型。它的主要业务有借贷、交易银行，主要通过线上渠道、自助流程实现服务的交付，如橙E网、蚂蚁金服。五是全能服务型。[1] 它包含信贷、交易银行以及投行服务，利用综合服务的组合拳，加强主办行地位，如摩根大通。结合金融市场发展和监管环境，交易冠军型、投行服务型和互联网金融型是各大银行发力转型的三大重点方向（何大勇等，2017）。

2023年上半年末，中国上市银行的对公贷款占比为57.9%，零售贷款占比为37.5%。[2] 公司金融业务被称为中国商业银行"压舱石"，中国商业银

---

① 不同于德国的全能银行概念，BCG在此划分的"全能服务型银行"，是指运用借贷、交易银行、投资银行、互联网金融业务的多种产品，去全面覆盖超大型、大型、中型和小微客群，通过对前四种模式同时做大做强后的一种银行模式定位。

② https://finance.sina.com.cn/stock/stockzmt/2023-10-24-doc-imzsewnh1278262.shtml.

行在公司金融方面的战略定位可以反映出银行的基本商业模式。BCG以产品的差异化为核心竞争力，同时在客群覆盖上各有侧重的五大类型，虽是针对于公司金融业务战略定位，但也代表了商业银行的一种商业模式选择。

在公司金融的战略定位上，由于中国金融的分业管理体制和各银行的体量规模、管理方式差异性大，大多数银行不可能成为全能银行，而BCG所指公司金融转型的三大重点方向中，也只能择其一二。交易冠军型和互联网金融型最有可能成为国内银行的公司金融战略定位的选择。交易冠军型的内涵已延伸到通过嵌入行业生态圈提供场景化的交易服务，以及"产业＋金融"的增值服务领域（何大勇等，2017），这实际与产业链金融模式完全契合。互联网金融发展到今天，已被数字金融、金融科技所迭代，因此，融合产业金融与科技金融创新发展的产业链金融理应成为当今中国商业银行公司金融转型的重点方向。

基于商业模式的业务与企业两个层级分析，本书在此将适配于产业链金融的公司金融战略定位称为产业银行商业模式；换言之，产业银行是数字经济时代下银行等金融机构实施产业链金融发展创新的一种企业商业模式。产业银行模式是产业链金融商业模式在银行实现的完整框架；而对产业链金融模式中要素的一体化整合，又是产业银行模式构成的基础。产业链金融与产业银行在商业模式视角下的逻辑关系如图6-6所示。

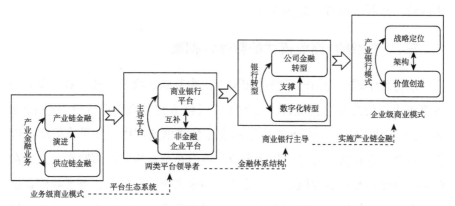

图6-6　产业链金融与产业银行模式逻辑关系

产业银行模式对于规模实力各异、服务区域不同的商业银行，有着不同的定位与选择方式。

一是中小银行资源和能力禀赋与大型银行相比有较大差距，为了在激烈的市场竞争中走出一条特色化、差异化的发展路径，往往会依托其股东或所在区域地方政府的资源，聚焦当地的主导产业，明确将银行整体性地定位为产业银行模式。如前述的华润银行、三湘银行。

二是部分中型银行在以往的发展过程中，战略选择上倾向于聚焦产业金融的银行商业模式。如平安银行"围绕数字化驱动的新型交易银行和行业化驱动的现代产业金融两大赛道"的公司金融发展策略，充分体现产业银行模式的实质。

三是大型国有银行具有丰富的资源和面向全国乃至全球市场的比较优势，具有成为全能服务型银行的综合实力，一般不直接提出产业银行模式，但在其产业金融数字化能力建设、省市分行的特色产业行建设等方面能显现出产业银行的模式特征。比如，交通银行的产业链金融实践，体现了国有大型银行在公司金融业务发展中的产业银行特征。又如，中国工商银行的北京市分行、天津市分行、河北省分行开展"兴农撮合"特色产业行；其总行软件开发中心和武汉分行针对以新能源汽车产业链，搭建物联网金融服务平台，赋能该产业链上186家一级供应商以及500家核心二级供应商，开展产业数字金融创新。

三、产业银行商业模式的整体性框架

以管理学理论与战略管理的相关理论为基础的商业模式，对其作为一组跨越边界的交易进行设计，是为了通过创造交易来实现价值创造（Zott和Amit，2007）。在如图6-1所示的商业模式框架图中，如果将战略定位作为整个商业模式的起点，那么企业价值就是商业模式的落脚点。无论在业务级层面还是在企业级层面，能否最终带来企业价值是评判商业模式是否成立的唯一标准。评判产业链金融模式在商业银行中能否有效运行，最重要的是看产业银行模式能否最终创造价值。

商业银行的价值包括经济价值和社会价值，其经济价值主要体现在银行经营绩效方面。银行绩效的提升需要有高度协同的组织、规则、机制体制等动态能力作为支撑，产业银行通过以下五个方面功能模块所组成的基本架构，支撑其战略定位与价值创造。

（一）行业专业化的金融解决方案

产业银行一个显著的标识，是成为深度研究产业价值链的产业专家，能定制化地提供解决产业链上下游企业金融需求痛点的金融服务方案。成为产业专家不可或缺的必要条件，是须通过借助"外脑"、引进行业分析师和工程师等方式，构建银行自身的产融研究力量与体系。提供行业专业化的解决方案，首先选择和聚焦合适的产业进行切入，待对该产业的金融解决方案积累经验、形成模式后，再复制到其他产业。

行业专业化的金融解决方案包括产品和技术两个维度。一是贴近产业特性的定制化产品包。产品包改变"一刀切"的贷款和现金管理，洞察产业链的金融需求与风险特征，设计有针对性的贷款结构、抵押品、风险指标，沿着产业链上下游提供金融解决方案。二是快速切入目标产业的数字化手段。通过金融科技建立垂直领域的优势，找到快速切入产业链的方法，使金融解决方案具有专业化和差异化的竞争力。图6-7的案例显示，在专业化解决方案中包括了基于产业链金融服务平台的数字化手段方法，以及由贷款、传统供应链金融业务、投行服务等组成的产品包。

（二）科学的资本配置与风控体系

发展产业金融类业务，既要跨越较长的经济周期，又要面对涉及专业领域广、参与方多、现金流回报周期长等复杂情况。过去以存贷款规模、中间收入贡献为标准的传统资产组合管理方法已不适应，需要有与产业银行模式相配套的资本管理工具组合和风险控制体系。一方面，通过分润机制、精细化的管理会计和内部资金转移定价，将有限的资本与资源配置到战略性业务和产品中，在扩大市场份额的同时，也能满足监管机构对银行资本充足率、流动性等监管标准的不断提高；另一方面，需要建立一套基于交易数据而非完全是财务数据的风险管理模块，利用大数据和智能技术，准确把握不同产业客群的风险特征，精准实现差异化的风险定价。

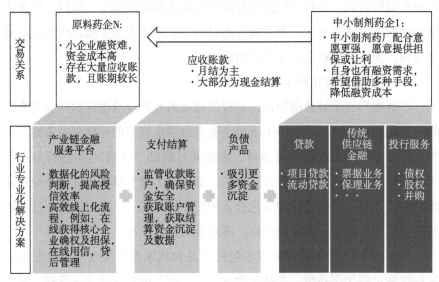

图6-7　中小制药企业及其供应商专业化金融解决方案
[资料来源：根据科尔尼（Kearney）（2019）综合整理]

（三）平台生态系统的规则与机制

产业银行需要通过搭建核心平台，完善生态系统的规则和机制，从而成为产业链金融生态系统的领导者。商业规则方面，确立以客户需求为中心而非以产品为中心，明确银行自身在生态系统中担任的角色，通过核心平台链接客户和生态系统中不同的参与者，如基础设施提供商、服务供应商，产品提供商、数据分析商等，促进生态系统的"物种"多元化。技术规则方面，主要是在技术层面提供统一的技术规格规定、开放接口，按照规则解决技术摩擦。此外，还需要有解决各方参与者在复杂交错的竞争、协作和交易行为中产生的利益分配与纠纷的机制（何大勇等，2017）。

（四）敏捷的IT与数字化创新能力

一是改进IT开发模式与数据治理。建立快速敏捷的开发流程，以"工业化""定制化""敏捷化"为目标，实现多种模式的开发方案；加强数据治理，确保数据的一致性、完整性、保密性和安全性，建立数据仓库。同时保持架构的开放性和松耦合性，能够对来自第三方供应商的数据和应用实现快速整合和升级（何大勇等，2017）。二是通过信贷中台再造促进渠道优化。以合理的技术架构和智能决策模型再造信贷中台，使其集成外部合作伙伴的数据和服务，整合内部资源，以标准化的组件与流程可配置，支持开放银行平台对外提供标准化的 API、H5 和 SDK，进而促进各渠道互相集成与灵活接入，形成便捷且多层次渠道的前端。三是建立产业数据集市。产业数据集市为企业提供了更加精准的数据分析服务，产业链上的企业能据此进行数据的共享和整合，更加全面地了解自身的业务状况，并根据数据分析的结果作出更加科学的决策（杨成林和龚潇雨，2023）。

（五）系统精准的产业链链式营销

一方面，细化产业分析的颗粒度，融合融资数据、招投标数据、专利数据等多种业务发展数据，全方位刻画产业画像，形成产业图谱。基于产业图谱，深入剖析客户的产业链链式关系，搭建内外部画像整合的产业链链式营销系统（中国工商银行软件开发中心，2023），将随机营销转化为链式营销，深度发掘存量客户的关联业务和产业链上下游高价值客户，实现对产业链基础客户群的识别精准化、营销智能化。另一方面，如三湘银行案例建立垂直化组织架构的产业金融事业部门，赋予事业部门以市场洞察、授信风控、营销与客户管理等职能，以及与责任、业绩考核相匹配的激励机制。在行业专业化研究体系和智能化链式营销系统的支持下，建立由产业金融事业部门施行的企业名单目标营销责任制，组建产业供应链金融项目攻关小组，开展前中后台的一体化运作。

第七章 案例研究：一个深耕产业链金融的产业银行

第一节 案例选择

云南红塔银行股份有限公司（以下简称红塔银行）前身为玉溪市商业银行股份有限公司。2016 年 7 月 26 日，在引入云南合和（集团）股份有限公司、中国烟草总公司云南省公司、云南省建设投资控股集团有限公司以及中国双维投资有限公司等企业增资扩股后，正式更名为云南红塔银行股份有限公司。红塔银行在云南省内共设有 41 家分支机构，机构网点覆盖玉溪、昆明、大理、曲靖、楚雄、昭通、红河、西双版纳、文山 9 个州（市）。截至 2023 年末，注册资本 63 亿元，资产总额为 1570 亿元。

组建红塔银行是中共云南省委和云南省人民政府与国家烟草专卖局深化"省部合作"的重要成果和新的桥梁纽带，是云南省培育壮大地方金融机构的重要举措，是国家烟草专卖局优化烟草行业资产结构、探索产融结合的重大战略举措。

"十三五"期间，红塔银行围绕国家烟草专卖局和云南省委、省政府的要求，通过 4 年多的实践和探索，完成了中长期发展战略的制定，确立了"产业银行 + 科技银行"双轮驱动的发展战略，将打造"全国一流上市产业银行"作为奋斗目标。在发展战略引领下，红塔银行首先聚焦烟草产业，服务云南支柱产业，通过深耕产业链金融服务，加强一系列产品和服务平台的建设，与行业工商企业形成互利、互惠、共赢的良好局面。

"十三五"期间，红塔银行产业金融服务实现了从烟草主业到烟草多元化产业、从线下到线上、从云南到全国的创新和发展，服务覆盖了云南省内16个州市100多家烟草单位、6万多烟草种植户、2万多卷烟零售户以及云南省外28个省市自治区43家烟草工商企业。在2020年举行的IDC中国数字化转型大奖评选中，红塔银行"数字烟草服务平台"荣获2020年IDC中国数字化转型优秀奖和IDC中国金融行业"普惠金融技术应用场景创新奖"。与更名运营前的2015年末相比，红塔银行"十三五"末各项存款余额增长了5倍，资产规模从304亿元增长到1294亿元；资本充足率、不良贷款率、拨备覆盖率、优质流动性资产充足率、流动性匹配率在全国130多家城市商业银行中进入前十位。

进入"十四五"时期，红塔银行又明确制定了《云南红塔银行产业银行建设"十四五"规划——打造一流产业银行》（以下简称"规划"）。"规划"再次确立了产业金融在银行战略发展中占据核心地位，提出在"十四五"期间，要立足实体产业，针对产业链的各个环节，设计差异化的金融产品服务，为整个产业链上客户提供综合解决方案。通过构建金融、科技、数据"三大核心价值"，打响"实体产业金融服务商"的品牌，逐步向"一流产业银行"建设目标迈进。

经过前两年的实践，2023年红塔银行结合发展实际，对"规划"执行情况进行回顾，对"规划"进行了调整。进一步提出"做产业发展的好伙伴、做优秀干净的好银行"的发展愿景，明确"建设一流产业银行、聚力优势数字银行、打造特色首选银行、深化梦想文化银行"的发展路径。

本书选择红塔银行作为案例研究的分析对象，是基于以下三点考虑。

第一，遵循单案例代表性原则。红塔银行主要股东之一是中国烟草总公司云南省公司，银行产业金融所依托的烟草产业是云南省的重要支柱产业，云南烟叶占全国的45%左右，烟草产业是云南省培育的千亿级产业，产业链在区域中具有代表性。相对于同属中央企业旗下但地处珠三角的华润银行，红塔银行更能代表中西部地区城市商业银行的产业金融发展模式。民营银行一般遵循"一行一店"的模式设置营业网点，在机构网点布局与线下服务体验方面，红塔银行相对于作为民营银行的三湘银行，更具代表性。

第二，遵循单案例启发性原则。2022年，红塔银行获中国数字金融金榜奖之手机银行最佳生态聚合奖；其"香叶智农"一站式烟农服务平台获中国信息通信研究院首届"鼎新杯"数字化转型行业融合应用二等奖、中国人民银行金融科技发展奖三等奖；其"数字烟草服务平台"获云南银行业保险业首届数字化转型成果展示赛"最佳技术应用奖"。红塔银行在贯穿烟草全产业链金融，发展农业等产业链金融的基础上，致力于打造服务高原特色农业为主的产业银行，本案例研究深度剖析其中的产业链金融运作经验以及"产业银行+科技银行"双轮驱动路径，具有一定的启示意义。

第三，遵循数据可获得性原则。2021年9月，红塔银行委托云南财经大学开展课题研究，课题旨在系统总结烟草产业金融的实践特点，研究和提炼国内打造产业银行的理论体系与运作要点。笔者作为课题负责人，经过两年多对红塔银行的跟踪调研，获得了翔实而丰富的案例素材。

第二节　研究设计

一、研究方法

首先，本案例研究探索的核心问题是"产业链金融以怎样的服务创新打造产业银行模式；换言之，产业银行是如何基于产业链金融实现价值创造"。这种典型属于解决"How（怎么样）的问题"，适合使用案例研究方法（Yin，2014）。案例研究适合现有研究不充分或者新的领域，适用于解释性和探索性的研究问题（Eisenhardt和Graebner，2007），而本章所讨论的问题还尚属于探索性阶段。

其次，本书研究旨在深入系统地挖掘供应链金融如何向产业链金融演化，以及演化中的商业银行模式匹配。纵向案例方法适合动态研究问题，

194

能够确认演进过程中关键事件发生的次序以及因果关系识别（Eisenhardt和 Graebner，2007），而单案例研究方法，又可以通过对实践情境、经营事实的总结，来概括出事物发展背后的一般规律（Eisenhardt，1989）。因此，本研究采取单案例研究方法。

二、数据收集

本案例研究的数据来源包括五个方面：（1）与红塔银行的主要股东、部分董事监事、高级管理层、董事会办公室负责人及相关工作人员、产业金融部负责人及业务经理、信息科技部业务骨干进行了多轮次的开放式或半结构化访谈；（2）外部实地走访红塔银行的部分客户，观察并记录有关客户对产业金融服务创新业务的评价，同时也拜访了金融管理部门的有关同志；（3）内部文献资料，包括红塔银行的产业银行建设"十四五"规划、行业研究报告、领导讲话、业务发展计划、工作总结、培训资料等；（4）公开文献资料，包括主流媒体报道、红塔银行官方网站信息、公司年报等；（5）部分课题组成员对红塔银行进行时间跨度为期一年的参观了解，观察其产业链金融业务发展的基本情况以及产业金融部门的部分日常工作，在无录音条件下应邀旁听了相关会议等，形成观察笔记。五个方面的数据收集，最终整理了约22万字的一手访谈资料，近20万字的二手资料。

资料数据来源的多渠道以及对数据真实性进行交叉验证，将保证研究数据的科学性与完整性，提高研究的可信度水平（Yin，2014）。为保证对案例实际情况了解的完整性以及分析的准确性，在案例研究过程中，针对模糊点实时地通过电子邮件及微信方式向案例对象进行信息确认，其间还在红塔银行举行三次内部座谈会，以使数据资料能够支持案例研究的理论饱和。

三、数据分析

本书采用 Gioia 等（2013）的结构化数据处理方法，对案例资料进行分析，在原始数据中通过多层次编码提炼出构念，进而建立起构念之间的关系，然后涌现理论。在数据分析与构念抽象过程中，重心始终围绕产业链金融业务发展与产业银行模式的运作过程展开。在一阶编码中，将同一内涵的多个编码进行梳理归纳，并尽量使用受访者原始话语和相关数据资料形成一阶概念，以此方法提炼出"银行激烈竞争""金融服务产业""云南产业新格局"等32个一阶概念。

在一阶编码结果的基础上，对数据、涌现出的主题以及文献进行反复地迭代处理，识别出更加具有理论基础的主题，将概念上属于同一个主题的一阶概念聚合成理论化、抽象化的二阶主题，经过反复比较迭代，最终归纳出"银行战略转型""产业发展格局""产业链链长架构"等14个二阶主题。

基于二阶主题的性质与内涵，将具有同一类属的二阶主题进行有效整合，进一步提炼为三阶类属的理论聚合维度。例如，"银行战略转型""产业发展格局""产业链链长架构"等二阶主题构成了"产业银行定位"的聚合维度。依此方法，提炼形成6个聚合理论维度："产业银行定位""产业链生态系统""产业链金融平台""异质性资源整合""层级型价值主张"和"共享价值创造"。最终案例研究形成了由一阶构念、二阶主题和聚合维度组成的以下数据结构（见图7-1）。

第三节　案例分析

本案例研究归纳红塔银行基于产业银行定位，通过产业链金融服务创新以及包括产品业务与企业愿景的层级型价值主张，实现共享价值创造的过程。以下围绕这一框架过程进行阐释。

一、产业银行定位

前一章已论及商业银行的模式选择主要是由其战略定位所构成。红塔银行选择产业银行的战略定位主要包括三方面的动因，产业银行定位3个二阶主题的具体编码与证据示例如表7-1所示。

一阶概念　　　　　　　　二阶主题　　　　　　　　聚合维度

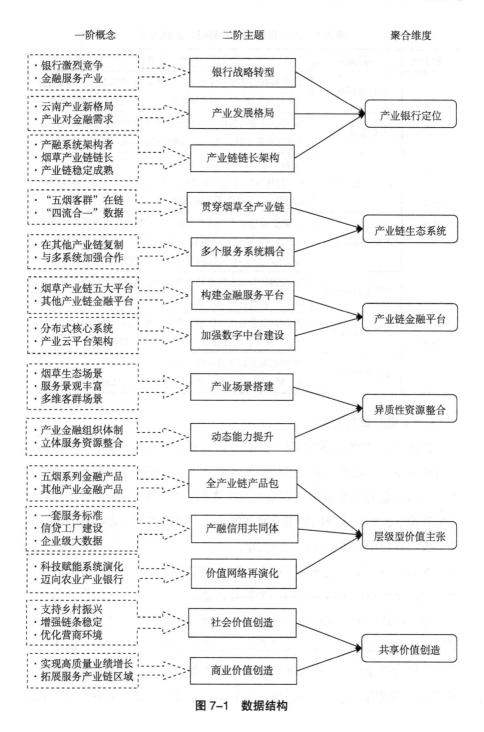

图 7-1　数据结构

表 7-1 产业银行定位的编码与证据展示

二阶主题	一阶概念	典型证据援引
银行战略转型	银行激烈竞争	"红塔银行要实现起步发展，必须走'错位布局、差异化发展'以应对当前经济下行压力增大、银行业竞争日趋激烈的环境"
	金融支持产业	"组建红塔银行既能防范和化解城市商业银行金融风险，也对刚设立的滇中新区产业发展有很好的金融支持"
产业发展格局	云南产业新格局	"云南'十三五'的'8大重点产业'建设、省委省政府出台的《关于加快构建现代化产业体系的决定》，推动云南产业发展新格局的形成，这为我行发展战略指明了方向"
	产业对金融需求	"金融要处理好支持重点领域与支持薄弱环节的关系，应更大程度地满足农村产业融合发展、为农产品质量提高以及农业农村生产生活条件改善等方面对金融的需求"
产业链长架构	产融系统架构者	"红塔银行是国家烟草总局在与云南省达成探索烟草行业'产融合作'、营造良好地方金融生态共识下成立的"
	烟草产业链链长	"中国烟草总公司与国家烟草局合署办公，对我国烟草产业实行统一领导、垂直管理、专卖专营的管理体制"
	稳定成熟产业链	"中国烟草总公司对全行业'人、财、物、产、供、销、内、外、贸'进行集中统一管理，已形成成熟稳定的烟草产业链"

（一）银行战略转型

2016 年，更名运营后的红塔银行与当时的全国中小银行一样，都面临着利率市场化改革、影子银行下的金融脱媒、互联网金融崛起带来的技术脱媒以及监管强化带来的四重挑战（夏蜀，2015）。在商业银行白热化竞争环境下，明确自身的转型升级战略，走"错位布局、差异化发展"道路，成为新亮相红塔银行的头等大事。

2015 年 9 月，国务院同意在云南设立国家级新区——滇中新区，这也是红塔银行得以更名重组的一个重要背景。经过增资重组阶段的研究论证和更名运营后的深入调研，红塔银行主要股东和董事会从两个方面确立了银行的发展目标：一是依托股东单位在各产业的优势和背景，围绕云南重点发展的产业领域，积极从烟草及配套产业、高原特色农业、战略性新兴产业、现代服务业、基础设施建设等切入，为产业链上下游各个环节提供资金、理财、咨询等服务，努力成为高原特色优势产业的金融服务专家；二是积极投身支持滇中城市经济圈一体化建设，加强与滇中新区区域内各县（市、区）政府之间的战略合作，为区内优质企业提供成长各阶段所需的融资解决服务方案，扶持优质中小微企业，努力成为滇中新区产业升级的金融服务行家，将红塔银行打造成为服务高原特色优势产业发展的特色银行和支撑滇中产业升级的特色银行。指向金融服务产业发展的两大原则性目标，成为红塔银行脱胎玉溪商业银行后的转型升级方向及战略规划的基础。

（二）产业发展格局

"十三五"时期是云南产业结构调整的关键时期。这一时期，以电力为主的能源产业快速发展，能源、烟草"双强支撑"新格局加快形成。2020年，中共云南省委、省政府发布《关于加快构建现代化产业体系的决定》，将烟草产业列为培育千亿级的优势产业之一；2020年12月，中共云南省委经济工作会议明确提出要全产业链重塑云南卷烟工业新优势，推动云南烟草勇攀高峰、再创辉煌。这些政策的出台，为云南烟草产业的"结构升级"奠定了坚实的政策基础。

云南省"十四五"规划中提出，持续推进绿色能源战略与绿色先进制造业深度融合；大力推进大产业＋新主体＋新平台，要推广设施化、有机化、数字化，促进农业业态全面升级，促进粮食、茶叶、花卉、水果、蔬菜、坚果、咖啡、中药材、生猪、肉牛等优势特色产业向全产业链发展；要建设国际康养旅游示范区，使云南成为人们向往的健康生活目的地。

云南产业发展新格局的不断形成，以及产业转型升级对金融服务的巨大需求，成为红塔银行发展产业金融最为充沛的驱动力。

（三）产业链长架构

系统"架构者"（Architect）是产业生态系统的基本典型特征（Jacobides 等，2018），它是指能影响整个产业生态链构建、演进的核心组织 Gulati 等（2012），"架构者"具有引领产业目标、整合产业上下游成员关系的作用，并使产业生态系统成员目标一致协同演进（Adner，2017；Jacobides 等，

2018）。中央企业作为产业链链长可以承担产业链治理功能，能对产业链中的各类主体予以有效协调以促进产业链协同（中国社会科学院工业经济研究所课题组，2022）。中国烟草总公司是我国烟草产业链链长，在烟草产业生态系统中处于"架构者"地位。

国家烟草局（中国烟草总公司）所属的云南合和（集团）股份有限公司、中国烟草总公司云南省公司和中国双维投资有限公司均为红塔银行的主要股东；2022年4月，国家烟草专卖局（中国烟草总公司）将红塔银行按照烟草行业直属单位进行管理，某种程度上讲，红塔银行已成为烟草产业生态系统中的一员。在这种情形下，红塔银行是一种产业链长架构下"从产到融"型的结合，它作为烟草产业链服务系统与金融服务系统耦合互动的产物，产业金融也必然将成为银行业务的主要构成。

在烟草产业生态系统中，行业实行的是"统一领导，垂直管理，专卖专营"管理体制，相对其他行业有更规范更严谨的产业链管控能力：烟农为计划管控的"订单式"生产，卷烟零售户为行政准入的专卖销售，烟草主业及供应链企业均为计划管控、市场调节。烟草专卖制度形成了为数不多的、全国统一经营管理的产业，在产、供、销的供应链各环节构成稳定成熟的产业生态系统，其完整的产业链条，有利于信息、资金的闭环管理，为发展产业银行提供了一个业态多样、风险可控的服务客群，为产业链金融服务创新提供了丰富的资源与场景。

二、产业链金融创新

红塔银行将"链式关系"的供应链金融升级为"网状生态"的产业链金融，在多层次的产融生态系统中，基于多平台的组合与延展，通过数据贯通、场景融通的异质性资源整合，进行"平台＋生态"的产业链金融服务创新。其创新可具体分为产业链生态系统、产业链金融平台、异质性资源整合三个方面，但创新的过程并非线性递进，而是不断地穿插、交互和迭代。

（一）产业链生态系统

供应链各利益相关者内部发展需求（包括在追求供应链整体利润下谋求自身价值，在合作中追求协同发展等）的内在推动力，以及新技术赋能下营销环境转变的外部拉力，驱动着平台供应链生态系统的形成（高举红等，2021），而在宏观层级上为供应链和价值链的有效运行提供框架体系和制度保障时（宋华和杨雨东，2022），又进一步形成平台产业链生态系统。面对烟草产业链生态系统，红塔银行通过科技平台、金融产品、资源整合，促进产业链上中下游、大中小主体的"一条龙"链接，增强产业链的链主或链长对产业链中单一个体和各个环节的控制力、影响力，从而不仅驱动烟草供应链金融链条重构为烟草全产业链金融生态系统，还通过加强银行与其他产业链、多个服务系统之间的服务交换与资源整合，形成了多层次耦合、多维度覆盖的产业链金融服务生态系统。该聚合维度下二阶主题的编码与证据展示如表7-2所示。

表7-2　产业链生态系统的编码与证据展示

二阶主题	一阶概念	典型证据援引
贯穿烟草全产业链	"五烟"客群在链	"我行产业链金融服务的对象不仅是烟草产业的生产企业和配套供应商，还要重点服务烟农、卷烟零售户，甚至到消费端的烟草职工"
	数据"四流合一"	"'上云、用数、赋智'新技术将产业链'四流合一'数据与信用、资源等多要素一起流动，形成烟草产业与金融相互协同的生态结构"
多个服务系统耦合	在其他产业链复制	"五烟"客群的产品研发和平台延展，运用到了高原特色农业、医疗大健康、新型制造业等，实现以烟草产业为本向非烟产业外溢的"新作为"
	与多系统开展合作	"我们要跳出银行做银行，争取政策支持、多引入智力资源，为产业金融创造良好的发展生态环境"

1. 贯穿烟草全产业链

红塔银行首先立足于服务烟草行业，打通烟草上中下游全产业链的烟农、卷烟零售户、烟草供应链客户、烟草企业与烟草职工"五烟"客群，构建烟草行业生态圈，整合生态圈内的生产流、物流和信息流，实现烟草产融生态系统的构建。红塔银行在其金融服务贯穿烟草全产业链的过程中，一方面，结合云南省烟草公司"智能财务"项目的建设要求，与产业链链长建立银企直联，红塔银行基于云计算方式实现烟草"智能财务"系统与银行系统的专线直联。银企联云系统上线后，为云南省烟草公司及所属州市公司提供转账支付、信息查询、回单下载、定期存款、七天通知存款业务等，满足烟草公司基本的资金结算需求。另一方面，红塔银行汇聚金融服务平台所积累的生产流、物流、信息流、资金流等"四流合一"数据，运用金融视角的大数据处理能力，再反馈到生产、物流、销售等各个环节，实现有集中有分散、有收集有反馈的信息互联互通能力，在大数据的收集、分析、整理中，及时了解"五烟"客群的需求，提升顾客满意度，整合了行业优质资源，进一步推动传统营销模式向现代营销模式的转型升级，推动形成"网络化、智能化、服务化、协同化"的烟草全产业链的数字经济新生态。

2. 多个服务系统耦合

红塔银行在不断丰富完善烟草产业链金融模式的基础上，将烟草产业金融经验复制推广到医疗产业、高原特色农业等产业链，形成金融服务系统与多个产业链服务系统的耦合。在医疗产业链金融方面，建设"智慧医疗""智慧医院"金融平台，多以现代终端为手段，助推医疗产业线上管理，构建从医药订单、到医药销售、再到销售优化的全流程闭环服务，为医药流通调度、医药生产、医药终端提供市场信息支撑，以灵活的贷款产品和定制化财富管理服务贯穿医药生产、流通、销售全产业链。在农业产业链金融方面，以"高原特色产业供应链服务平台"等平台建设为核心，助力高原特色农业生产、管理全过程的数字化转型，构建农业产业链全流程业务闭环服务，将金融服务全面嵌入其中，不断打造服务于农业种植、农村现代物流、农村电商和农村金融数字平台生态系统。

红塔银行不仅在纵向上贯通烟草、农业、医疗产业链各环节，以构建产业链金融服务生态系统，还在横向上聚合产业内外优势资源，以金融和非金融手段带动产业内数据、信用、资源等多要素的流动，不断丰富金融与其他服务系统相互耦合的生态系统结构，助力产业信息互联，提升产业链金融的资源使用与服务效率。比如，将银行的产业链供应链共享系统及ETC与中烟物流的平台实现对接，将物流中电子保函等业务接入银行系统中，在物流业务场景中优化"香链贷"融资产品，加大金融服务系统与物流服务系统的耦合强度。又如，积极与新华社、中烟营销中心、紫金保险合作互动，进行资源整合，将这些系统在全国各省、市、自治区设立的分中心作为银行延伸金融服务的支撑节点，促进多样化的产业链金融服务与产品向全国渗透。

（二）产业链金融平台

数字平台作为一种"社会技术"（Social-Technology）生态系统，融合了技术领域的IT组件以及社会领域的用户和组织（Tiwana，2015），多个数字平台的建构，增加了"社会技术"生态系统的平台网络密集度，扩大了系统的平台架构开放广度与深度（孙耀吾和王雅兰，2016），进而增强生态系统参与者利用资源的程度。红塔银行基于平台策略的制定和数字中台的建设，构建由多个服务平台契合组成的产业链金融平台体系，较好地提升产业链金融运作对产业链生态系统各类客户需求的响应效率。该聚合维度下二阶主题的编码与证据展示如表7-3所示。

表 7-3　产业链金融平台的编码与证据展示

二阶主题	一阶概念	典型证据援引
构建金融服务平台	烟草产业链五大平台	"多个金融服务平台的搭建，增强了烟草产业链金融生态系统的网络效应，五大服务平台很好地帮助我们实现了拓户、结算、融资、服务一体化的功能"
	其他产业链金融平台	"红塔银行以农户、合作社、涉农小微企业及新型农业主体为服务主体，以产业链核心企业、交易平台为核心向外延伸，构建'高原特色农业产业供应链平台'，打造'红塔·高原特色农业产业供应链'服务品牌"

续表

二阶主题	一阶概念	典型证据援引
推进数据中台建设	分布式核心系统	"我行核心系统的'云计算+微服务+OceanBase分布式数据库'技术底座，具有强大扩展能力，可在最短时间内帮助多个业务系统完成从传统数据库到原生分布式数据库的移植"
	产业云平台架构	"五大烟草产业链金融服务平台之所以能促进金融产品嵌入到产业生态与生产生活，这要归功于我行的产业云平台架构"

1. 构建金融服务平台

红塔银行构建了烟草产业链金融的五大服务平台，实现烟草产业金融在"农工商零消"供应链环节的全贯通，促进金融与一二三产业的融合。

一是建设"香叶智农"服务平台。以烟农增收、提升服务质量为目标，聚合数字化服务体系、运营决策管理体系、全要素数据资源体系、农业生态体系等，实现烤烟生产、管理的数字化和智能化，并嵌入"场景化"金融服务，实现烟农"一部手机种好烟"，烟草公司"一部手机管好烟"。

二是建设"零售户收单结算系统"。向卷烟零售户提供涵盖订货、销售两端的一体化资金结算服务，不仅保障了日常经营中资金的安全、稳定、高效运转，同时提供了低息信用贷款，有力地支持零售户经营发展。

三是构建"银企联云系统"。配合云南烟草商业智能财务建设，按照云计算方式实现"智能财务"系统与红塔银行系统的专线直联，目前已在云南烟草商业系统推广上线。同时还配合云南烟草工业企业完成ERP系统更新改造，实现全省工商企业全覆盖。

四是建设"行业结算共享"平台。该平台是红塔银行2023年产业链数字金融建设的"一号工程"，以促进服务方式创新和支付结算模式转型为出发点，在云南先行先试，建设适合实际的、综合、开放的资金共享平台，是在新发展格局下，贯彻新发展理念，积极融入国家局生产经营管理一体化平台建设。"行业结算共享平台"建设的目的在于实现跨业务领域、跨部门应用，形成通用性、基础性和集成性的结算能力、结算服务，有效解决"烟囱式开发、孤岛式运行、条块式运维"的困局，银行的支付结算天然具有中台的属性，共享平台的功能与交易中心的建设内容"支撑与各金融服务机构的统一对接以及多种支付方式的实现"高度契合。"行业结算共享平台"以统一的结算标准、统一的结算渠道，覆盖全交易场景，连接支付渠道，其核心能力在于为不同业务线提供可以重复使用的支付结算能力，形成一次建设多次使用的标准化模块，特点可概括为"能力复用、资源共享、互联互通"。

五是统建全国雪茄烟统一订货平台。按照雪茄烟"快捷物流＋统一订货平台"建设安排，统一建设线上支付结算模块，目前已为8个省市的16家烟草公司以及众多雪茄烟零售商户提供支付结算服务。

与此同时，在烟草产业链积累的平台技术架构经验上，红塔银行一方面介入高原特色产业，打造高原特色产业链服务平台，为"甘蔗贷""橡胶贷"产品提供了关键支撑，形成了一套行之有效的高原特色产业复制模式；另一方面，探索医疗大健康产业数字化平台，开通电子医保凭证、线上挂号、线上问诊、线上购药等多项场景，推进智慧医院、智慧学校建设，已经在若干领域形成比较优势。

2. 数字中台建设

产业数字金融平台需要强大的数字中台作支撑，而技术中台又是数字中台架构的核心部分。红塔银行以"薄前台、厚中台、强核心"的IT架构体系为原则，实施中台战略，践行以数据智能驱动的应用平台架构转型。

在技术中台建设中，红塔银行综合考虑当前业务的特点、行内的基础设施能力、未来发展规划的需要，充分参考行业内的分布式架构实践，在2021年4月启动的新一代核心系统项目群建设中，采用了"云计算＋微服务＋分布式数据库"的技术底座，对于分布式架构采取更为精简、高效的"云化部署＋全功能对等应用＋原生分布式数据库"模式。红塔银行分布式核心系统是对原有核心系统的系统、数据、业务、技术架构的全面重构，其主体工程涉及123个系统，并配套建设了移动展业、远程银行等多种服务渠道。系统上线以来，业务交易成功率达 99.995%、平均响应时间为 300 毫秒，业务处理速度实现了从"公路速度"到"高铁速度"的飞跃。分布式核心系统为业务微架构之间提供了链接和协同，能更快地响应业务创新需求，确保关键业务链路的稳定高效和服务共享，推动形成产业链供应链共享服务中心。

红塔银行采用云平台的标准组件，对包括 API 网关、服务调用框架、服务注册中心、配置中心、熔断限流、服务治理、链路追踪、监控告警、日志分析等在内的微服务组件进行了适配改造；依托云平台形成自动化和灰度发布、PaaS 层弹性扩容等能力，搭建起产业云平台。产业云平台有效支撑了"一站式"烟农服务平台、"香叶智农"平台、行业结算共享平台、营销一体化平台、产业 ERP 系统、集采商城、智慧招采平台服务。产业云平台的技术架构为产业链金融平台提供了其所应具有的开放性（Nambisan 等，2018）、网络效应（Boudreau 和 Jeppesen，2015）和兼容性（Eisenmann 等，2011）等特征。

（三）异质性资源整合

异质性资源与企业商业模式（获取竞争优势）密切关联。Hamel（2000）认为，商业模式是企业为获取竞争优势而创造出一种全新的经营模式，商业模式的战略资源、客户界面、价值网络、核心战略四要素之间相互联系、互为依托，企业是通过价值网络实现战略的制定与资源的获取，从而实现企业价值向顾客传递，赢得竞争优势。资源基础观（RBV）理论则指出，异质性资源的有效利用形成了企业的竞争优势（Prahalad 和 Hamel，1990）；企业可以视为异质性资源的组合（Barney，1991）。异质性资源整合需要通过动态能力（Dynamic Capability）加以编排（Teece，2014a），动态能力本质上反映一种组织行为导向，其可以指导企业不断地整合、再配置和再创造资源。因此，异质性资源整合涉及动态能力的问题（Wang 和 Ahmed，2007）。

在第四章关于产业链金融的场景化服务创新的内容中，分析了异质性资源整合与场景价值之间的关系。红塔银行分别通过搭建多样化的产业客群生态场景和组织惯例方面的动态能力提升两个方面，整合异质性资源，从而促进产业链金融产品服务模式创新和产业银行商业模式创新。该聚合维度下二阶主题的编码与证据展示如表7-4所示。

表7-4 异质性资源整合的编码与证据展示

二阶主题	一阶概念	典型证据援引
产业场景搭建	烟草生态场景	"我们抓住场景这个牛鼻子，注重场景打造，以场景营销思维对烟草的种植户、工商企业、零售户、供应链企业、烟草多元化企业等产业链客群开展服务"
	服务景观丰富	"我们的远程视频银行月均业务量达2400笔；香叶智农平台的注册量已超过70万人，业务高峰时并发业务数达4万人次以上；烟农商城累计访问约300万人次……"
	多维客群场景	"我行应进一步创新开放银行技术，将工作着力点转向平台化切入营销场景，利用各环节的金融连接实现全产业场景的有机融通、多重交互、资源共享"
动态能力提升	产业金融组织体制	"组建总行层面的产业金融业务部、成立烟草客户专营行，是与产业银行相匹配的组织变革"
	立体服务资源整合	"多年来驰而不息的立体式服务、高层营销，使得省外烟草工商企业对我行从不了解、被动接受到如今的赞许肯定，再到主动向我们取经学习，源源不断引入了省外存款资源"

1. 产业场景搭建

产业链金融场景化模式的实质是基于对作为相对于金融机构异质性资源的场景所开展的服务创新。红塔银行通过完善其开放银行技术和线上供应链金融服务，持续拓展生产场景（技术构成＋组织方式＋管理模式＋敏捷供应）与生活场景（支付方式＋社交模式＋消费体验）全面贯通的产业客群生态场景，有效地进行异质性资源整合。

产业客群生态场景不同于单纯的消费端场景，其技术构成、运营方式因产业链的不同而存在显著的差异性，需从更多维度、更宽广度视角分析场景的个性与共性，明确生态方在场景中所承担的角色和发挥的价值，在深度行业调研的基础上，定制化开发场景生态方案。红塔银行首先基于烟草产业链，将原有较为单一的烟草行业场景拓展到多维的生态场景：为烟农搭建从烟叶生产到特色作物生产、再到乡村电商、物流、旅游等多维度美好乡村生态场景，帮助烟农向第一车间"产业工人"、个体经营主体转变；为卷烟零售户搭建现代零售业态，助力零售户社区生活服务场景拓展。

在场景应用的服务景观构建方面，红塔银行一是充分运用 5G、AI、物联网、生物识别等技术，建设云南省首家 5G+ 智慧网点，打造线上线下一体化的服务渠道；二是不断创新优化手机银行功能，为了满足不同人群需求推出"尊享家园版"（面向代发工资客户）、"鑫享商户版"（面向卷烟零售户）、"惠享烟农版"（面向烟农客户）不同版本的个性化手机银行。三是研发上线远程视频银行，并与手机银行、智能终端设备、香云微厅互联互通，借助强大的音视频通信能力与先进的人脸识别技术，为广大客户提供了"足不出户、触手可及"的金融体验，打通特色产业客群与银行服务的"最后一百米"。四是依托在数字营销、数字风控方面积累的技术优势，通过对客户基础数据和生产经营场景的深入挖掘，建立集企业图谱、交易图谱和信贷风控图谱的服务景观，打造出线上渠道 3 分钟申请、1 秒钟审批、1 秒钟放款、0 人工干预、当场即可放款的"3110"敏捷供应场景。

红塔银行积极顺应产业场景的多元化发展趋势，一方面，以开放银行模式，打造金融服务生态圈，整合其他机构的服务和数据，实现银行与银行之间、银行与非银行金融机构甚至与跨界企业间的数据共享与场景融合；另一方面，结合烟草产业多场景服务上的经验，基于物流模式、商业模式、平台架构、数据资源溶解等方面的创新，针对高原特色农业、医疗产业上下游多生态场景进行开发建设，深化场景间的融通；缓解产业链场景独立割裂的现状；在此基础上推动直接融通生产场景和消费场景，聚合滇医通、游云南、花卉、ETC 等惠民生活服务，推出"医疗健康、智慧生活、缴费服务、行业服务"四大场景服务。将手机银行打造成轻型化、智能化、数字化的线上金融生活生态圈，以多个终端相互串联、各个环节相互补足，不断促进产业客群生态场景的实现。

2. 动态能力提升

动态能力最初被 Teece 等（1997）定义为企业整合、构建资源，及其重构内外部能力，以适应快速变化的动态环境的过程。动态能力不仅依赖于最佳经验而且依赖于具有"鲜明特征"的流程和商业模式；不仅要依赖于有价值的、稀有的、不可模仿的、不可替代的资源，而且还需要有"好的战略"指导的流程（Teece，2014b）。Eisenhardt 和 Martin（2000）对此将动态能力视为企业根据环境变化调整自身，以不断维持核心竞争优势的一系列特定的、可识别的流程或机制。

基于组织层面惯例的理解，是学者们对动态能力内涵构成进行多维度解构的一个重要方面。焦豪等（2008）认为，企业动态能力由环境洞察能力、变革更新能力、技术柔性能力、组织柔性能力四个维度组成；董保宝（2012）认为，动态能力包含环境适应能力、组织柔性能力、战略隔绝机制、资源整合能力以及组织变革五个维度；Wang 等（2015）将动态能力定义为变革现有的组织能力并创造新的组织资源和能力的高阶能力。红塔银行突出以下两个方面的组织变革，围绕着产业链金融产品服务有效整合银行内外部资源，形成适应于产业银行发展的动态能力。

一方面，在总行层面设立产业金融部，理顺行内的体制机制以及管理流程。红塔银行打破传统银行的产品壁垒和部门壁垒，为产业链金融提供一整套特色化、产业化的后端支持体系，包括风险管理、授信审批、运营管理、财务管理以及合规保障等产业金融服务体系。产业金融部培养了一支既懂产业又熟悉金融的专业化人才队伍，既能对客户进行营销服务，又具备产品研发与创新能力，能够把客户的需求、市场的需求、科技需求与银行实际进行产品转化与落地，真正成为定制化的产业链金融服务提供者。

另一方面，通过打造"三翼支撑"的立体服务机制，整合烟草产业云南省外资源：一是由总行领导负责向省外烟草行业客户的高层进行营销对接，具体业务的承接以及后续的服务维护落地工作则由产业金融部负责组织实施。通过对省外烟草工商企业的资源的整合力度增强，实现省外烟草存款增长的战略目标。二是为扎实做好省外烟草行业客户的综合化金融服务，由总行产业金融部客户经理以挂钩行领导为核心、划片方式对口服务省外烟草行业客户，承接日常营销及维护工作。三是产品经理全覆盖。产品经理聚焦全国、全客群、全流程的金融产品设计、制度建设、条线管理工作。

三、层级型价值主张

从前面相关章节的讨论中已知，价值主张作为在多学科应用的一个概念术语，它既在商业模式中起着关键作用，同时也在服务科学视角下，基于服务生态系统结构的组织逻辑又代表着服务创新的发展实践（Skålén 等，2015）。红塔银行多层级价值主张既在微观和中观层级的产品与服务方面体现其产业链金融服务创新的资源整合实践，也在宏观层次上深化了其产业银行商业模式的定位。该聚合维度下二阶主题的编码与证据展示如表 7-5 所示。

表 7-5　层级型价值主张的编码与证据展示

二阶主题	一阶概念	典型证据援引
全产业链产品包	五烟系列金融产品	"我们通过'线上＋线下''金融＋非金融''总行＋网点'方式，为'五烟'客群提供了供应链金融多样化的产品系列"
	其他产业金融产品	"玉钢集团作为玉溪市全产业链打造的千亿级绿色钢铁产业，我们复制烟草产业链金融模式向其提供融资 11.57 亿元"
产融信用共同体	一套服务标准	"针对不同客群主体的一整套服务标准，让客户觉得我们既有服务温度，又有工作尺度，拉近了相互距离，增进了信任与信用"
	信贷工厂建设	"我行的信贷工厂建设，促进了信息流、资金流在生产者、经营者、消费者等多主体间流动，通过资金封闭运行有效控制风险，锁定了银行信贷产品的还款来源"
	企业级大数据	"企业级大数据平台为我们研发团队减负，可以更快响应业务创新需求；能促进数据多场景应用、多主体复用，培育基于数据要素的新产品和新服务"

续表

二阶主题	一阶概念	典型证据援引
价值网络再演化	科技赋能系统演化	"金融科技加上银行业'铁账本、铁算盘、铁规章'的传统三铁精神，能够从资金中介的角度有效保障产业资金高效运行，切实减少产业链系统的资金风险"
	迈向一流产业银行	"迈向一流产业银行需要打造一流的研究能力，我行发布了《云南省天然橡胶产业可持续发展的研究报告》，开发'橡胶贷'系列金融产品，金融赋能橡胶产业种植、加工、销售、物流、服务等全产业链"

（一）全产业链产品包

红塔银行通过围绕五烟客群，打造"红塔香金融"产品体系，有针对性地为烟草全产业链提供一揽子金融解决方案。而随着烟草全产业链产品包的完善和成熟，红塔银行又将其引入复制到高原特色农业、医疗大健康产业。

一是聚焦烟农，以"香叶贷"为烟农种植生产提供融资。紧抓烟叶资金兑付环节、物资款缴纳环节、补贴款兑付环节、保险费支付环节，建立一套完善"香叶贷"融资产品在内的烟农金融产品与服务体系。

二是聚焦烟草合作社，以"香聚贷"为核心烟区建设提供土地流转资金。探索利用合作社对烟农的管理职能，将烟叶种植环节通过合作社进行金融产品的标准化转化，将种植环节涉及的多方参与者进行有效链接，形成产业链的资金流动和闭环，打造以烟农服务为中心的"农业金融生态"。

三是聚焦卷烟零售，以"香悦贷"为卷烟零售户生产经营提供融资。除"香悦贷A款"能够向零售户提供日常运营资金支持外，"香悦贷B款"产品能够帮助零售户解决因资金周转紧张或操作失误造成的订烟失败问题，切实满足零售户与烟草公司在日常运营中的需求。通过向零售户推动"香悦贷"产品授信，联动烟草公司客户经营同步营销。

四是聚焦烟草供应链，以"香链贷"为烟草供应链企业提供生产、技术改造等融资。红塔银行根据云南省烟草公司需求为其开发建设智慧招采平台系统，并改造自身的供应链共享服务系统，将智慧招采平台共建为产融场景平台，将"香链贷"嵌入整个招标采购流程中，将各相关企业的大宗招采及零散采购的厂家及电商都引流到该平台内，搭建周边产品，突破拓宽金融产品应用场景，完善供应链生态体系。

五是聚焦烟草企业及员工，一方面，以烟草云系统开发与数字化平台建设为抓手，不断拓展烟草产业链企业基本账户、公积金账户等营销，提升烟草对公存款品种的留存率；另一方面，从烟草、金融和生活三个维度构建金融与非金融服务内容，整合形成"烟草权益＋金融产品＋生活服务"的三位一体的产品服务体系；开发烟草职工版手机银行，在承接烟草职工代发工资业务的同时，通过"香薪贷"产品提供消费信贷。

（二）产融信用共同体

红塔银行通过以"五烟"客群服务标准完善"主体信用"、以信贷工厂优化"物的信用"、以企业级大数据平台挖掘"数字信用"，致力于打造产融信用共同体。

1."一套服务标准"

针对烟农、卷烟零售户、烟草供应链企业等客群主体，分别建立起一套标准统一、各具特色的服务体系。如针对烟农制定了《云南红塔银行烟草种植农户综合服务方案》。基于这一套完善的烟农金融服务与规划体系，不仅形成烟农多维度的信用体系、风险控制模型和生产生活"图谱"，还通过流动银行服务车、智能机具、远程视频银行、同业协作等方式，既满足烟农种植申请、合同网签、农资采购等数字化生产管理需求，又提供金融服务和生活需求业务，在金融下乡中形成银行与烟农之间的紧密互惠关系。同时，红塔银行还分别建立以卷烟零售户为中心拓展卷烟消费者、以工商企业为核心连接配套企业、以烟草员工为中心服务个人客户的三套服务标准，有效提升和规范对接了产业链不同客群主体的信用，推动金融产品和服务下沉到产业链中的二级、三级乃至更下层级的农户和消费者。

2. 信贷工厂建设

红塔银行"信贷工厂"项目的实施，是以信贷系统为中心的"1+N"系统架构，主要推进界面多类型配置、线上信审会议流程、串并联配置流程引擎、授权维度配置、统一授信、大数据风险预警、统一押品管理、资产保全、资产规模以及定价限额控制、信贷数字化服务平台等内容的建设。通过对传统信贷管理模式下的获客准入、审查审批、产品设计、流程优化和风险监测等方面的改革创新，将之前无法产生信用信息的物品转化为银行信用模型可识别的数据，在支持资金封闭运行中优化"物的信用"，从而有效地控制"信息不对称"风险。

3. 企业级大数据

红塔银行尤其注重服务全行各业务条线的企业级大数据平台建设，基于企业级大数据平台，获取各信用主体在产业链上的表现和数据沉淀，汇聚行业全生态圈数据；从生产经营、（烟草）专卖管理、外围大数据监测、主要关系人评价等多维度测算出相对客观、精准的产业客户信用分值，进而形成以产业经营为基础判断的精细化客户画像，建立具有（烟草）产业链特色的产业客户信用评价体系。将风险控制与客户的生产经营生命周期相结合，做到风控无处不在、无时不在、随数据而在。

（三）价值网络再演化

在商业模式的价值主张层级模型中[①]，其宏观企业层级的价值主张，以网络视角和"合作共赢"的理念构筑一个新的价值生态系统，包括"公司定位陈述"和"企业家远见"两种概念内涵（王雪冬等，2014）。红塔银行"产业银行＋科技银行"双轮驱动的战略定位，既是对其产业银行商

---

① 在王雪冬等（2014）所提出的商业模式价值主张层级模型中，宏观企业层级价值主张有"公司定位陈述"和"企业家远见"两种概念内涵；中观产品层级价值主张体现为企业的一种产品营销口号；微观个体顾客层级价值主张有"感知承诺"和"互惠承诺"两种概念内涵。这与服务科学中关于服务创新的价值主张层级模型，既有区别也有相通点。因此，在基于产业链金融的产业银行情形下，其两者的价值主张具有了一致性。

业模式的深化，也推动了产业链金融服务生态系统（价值网络）的再演化。

服务主导逻辑的价值主张在服务生态系统的宏观层次，是一种系统的平衡/协调机制（Frow等，2014），基于金融科技的智慧金融通过促进整个产融生态系统的平衡机制形成，而使产业链金融服务创新在系统宏观层面上实现其价值主张。红塔银行在其"十四五"规划实施中，以智慧服务作为金融供给侧结构性改革的突破点，编制信息科技规划，夯实科技基础实力，完善科技银行的顶层设计与落地措施，提升科技支撑能力，不断为产业银行建设和完善内部管理提供科技实现路径和解决方案。价值网络演化的进程中，红塔银行行长张振民强调，"要把科技建设的重点转到平台入链的各业务领域，转到过去应用系统的架构升级和功能优化升级上，转到业务和管理的大数据分析和智能化应用上，转到新技术对传统服务模式的创新和引领上"。

在"科技银行"与金融科技赋能的价值主张下，红塔银行进一步丰富产业银行服务内涵与外延，积极贯彻落实中共云南省委和云南省政府提出的"加快发展现代产业体系，推进产业强省建设"行动计划，聚焦行动计划所确定12个重点产业中的高原特色现代农业、烟草产业、生物医药产业，尤其是结合实际精选橡胶、甘蔗、中药材等云南高原特色产业，将烟草产业金融经验进行复制推广，力争"十四五"末成为具有服务一家万亿级产业（烟草），两家千亿级产业（橡胶、中药材）的产业银行。通过与产业共同成长，做大做强产业银行规模，推动红塔银行从单一的烟草产业银行向服务实体经济、赋能产业升级的一流产业银行转变。

四、共享价值创造

产业链金融作为业务级商业模式，其价值逻辑是基于服务生态系统参与者的共同创造而成；而产业银行作为企业级商业模式，其价值逻辑则是创造共享价值（Creating Shared Value），即企业所创造的价值同时包含社会价值与商业价值增量，并且当社会价值创造是商业价值创造的前提而非后续补充时，就能实现共享价值创造（Porter和Kramer，2006）。红塔银行在打造基于产业链金融的产业银行模式中，既带来了不同形式的社会价值，也为自身创造出短期与长期的商业价值，符合共享价值创造的典型特征。该聚合维度下二阶主题的编码与证据展示如表7-6所示。

表7-6　共享价值创造的编码与证据展示

二阶主题	一阶概念	典型证据援引
社会价值创造	支持乡村振兴	"各分行根据服务范围、烟站、集中分级点情况，搭建'网点+客户经理+乡村振兴金融服务推广员+烟农'的'1+1+N+N'客户维护及服务体系"
	增强链条稳定	"'数字金融+智慧烟草'业务模式，促进了金融与烟草产业的深度连接，进一步畅通了资金、科技、数据等市场要素在产业链上的高效流动"
	优化营商环境	"我们公司感觉红塔银行办起业务来比较方便，融资利率算下来能得到'真金白银'的实惠"
商业价值创造	实现高质量业绩增长	"产业链金融实践获监管部门良好评价，成为城商行民营银行年度会议和云南商务厅供应链创新示范经典案例，被新华社、金融时报等著名媒体广泛报道"
	拓展服务产业链区域	"'香云采'平台（二期）已在××省烟草正式上线运营，更具意义的是，红塔行业结算共享平台承接了烟草行业的卷烟营销子系统一体化平台订烟结算模块，已面向全国服务客户"

（一）社会价值创造

红塔银行在产业银行模式构建中，将责任文化、公正文化、奋斗文化、忠诚文化等梦想文化内容融入其中，从共享价值的角度对待产业链金融业务中的决策和机会，主要创造以下三个方面的社会价值。

1. 支持乡村振兴

云南红塔银行将农业产业作为产业银行建设的根基，探索产业链金融支持乡村振兴的全新模式，通过产业数字金融技术赋能农业生产基础巩固和农村风貌改变。

赋能农业生产方面，通过"香叶智农"平台为种植主体、第三方供应、服务商等提供生产种植、视频培训、生长管理、物资采购、金融服务等全过程服务；同时，通过全面掌握烟叶产区人数、年龄结构、职业烟农培育、新型种植主体、合作社、服务主体等基本信息，实现烟叶生产经营信息动态监测、烟农种植意愿及时掌控等功能，为烟叶种植计划制订提供了较为精准的依据，为科学开展种植规划、降低烟叶产销风险起到良好的成效。

改变农村风貌方面，引进多台普惠金融服务车，将柜台服务延伸到乡村一线；研发"香叶E通"智能机具，丰富移动金融业务办理渠道；推出远程视频银行服务，将"面对面""有温度"的金融服务送到千家万户；在"香叶智农"平台之上嵌入"烟农商城"，成为烟农专属的第一款电商平台，帮助农民足不出户实现"买全国、卖全国"；通过专属手机银行服务、医保电子凭证、同业合作"免手续费转账"等特色服务送到烟农身边；在"香叶E通"智能机具中，也同步规划水电费交纳、行政事业交费等事项。通过扩充服务渠道，让金融科技的便利惠及田间地头，改变农村社会服务匮乏的面貌。

2. 增强链条稳定

烟草全产业链的贯穿，充分发挥了银行机构在烟草产业资金归集、数据中介与整合的功能，增强了产业供应链的稳定性、安全性。红塔银行"香叶智农""现代零售终端"系统第一次将分散在各个州市的烟农、卷烟零售户聚合到一个平台之上，增强了产业链主业对上下游的管理指导能力；银企联云系统增强了省市县三级财务一体化集中能力，推进了供应链财务资源整合，实现烟草工商企业之间、省市县公司之间的信息集中，形成产业信息闭环，提升了资金使用效率；两烟结算平台将提升工商企业的结算效率，为供应链资金安全和高效运营打下了坚实的基础；依托"红塔香金融"产品，特色烟区建设、雪茄烟种植项目顺利推进，（烟草）产业链金融服务生态系统的耦合互动也将更为密切。

3. 优化营商环境

红塔银行强化金融企业社会责任，落实"全行做普惠"的工作理念，以产业链数据信息支撑数字普惠发展，以金融科技提升产业链普惠金融覆盖面、可得性与便利性，推动数字普惠的定位、体系、产品全面落地，持续提升普惠贷款占比，普惠涉农和普惠小微贷款余额分别为"十三五"末的 1.69 倍和 1.45 倍，确保实现了普惠小微企业贷款"两增"，将汩汩金融活水普之大众、惠泽城乡，为云南省营造良好的营商环境贡献自身金融力量。如基于真实生产经营场景和数据增信，积极让利于产业链主体，对烟农、卷烟零售户的贷款利率从 7% 以上，下降至 4% 左右；通过数字化技术和工具，帮助小微企业主、烟农实现手机贷款随借随还，并嵌入实时支付、扣划等功能，结合生产实际给予烟农一定的免息期；增加保险代理模块、反诈宣传等内容，帮助烟农降低因病因灾致贫的风险、远离不法风险。

（二）商业价值创造

红塔银行自 2016 年更名运营以来，以现代农业为基础，以全产业链条金融服务为切入点，选择"农工商零消"供应链联系相对紧密的产业，在打造"一流产业银行"的战略定位下，创造了综合规模实力和市场影响力得以大幅提升的商业价值。

1. 实现高质量业绩增长

一是主要经营指标显著进步。截至 2023 年 12 月末，全行资产总额为 1561.12 亿元，各项存款余额 1168.35 亿元，各项贷款余额为 662.04 亿元，较"十三五"末分别增长 20.67%、20.27%、43.45%。"十四五"规划实施以来，资本收益率最高达到 7.64%，资本充足率保持在 14% 以上，不良贷款率控制在 1.1% 以下。二是服务实体质效有效提升。营业网点业务范围涵盖了云南省主要地州。深耕云南本地市场，有力服务云南烟草产业、高原特色农业、基础设施建设、制造业、商务服务业，存贷比从 40% 提升至 60%。三是客户规模成倍增长，截至 2023 年 12 月，个人客户、对公客户较"十三五"末分别增长 109.68%、18.73%。图 7-2 的指标反映了红塔银行近几年经营业绩以较高质量增长的情况。

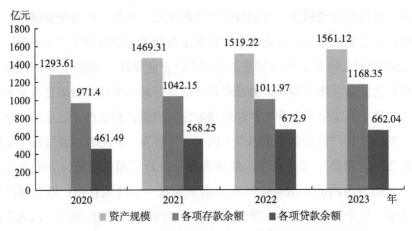

图 7-2　2020—2023 年红塔银行近四年主要经营指标增长情况

2. 拓展服务产业链区域

金融机构具有跨时空开展金融交易活动的本质特征和扩大市场规模与影响力的内在经营要求，但同时要遵守金融监管部门关于严控城商行等区域性银行跨地域经营的规定。红塔银行的产业银行布局围绕核心企业跨省开展产业链金融业务整体渗透，通过沿产业链供应链垂直纵深服务的方式，较好地解决了商业性发展需求与政策性管控要求之间的矛盾。

红塔银行首先整合省内具有优势资源的区域，初步形成强有力的区域竞争力。其次针对全国烟草企业及其下属企业数量庞大，且地域分布广泛的情况，考虑核心企业及所带动的整体产业链的综合价值，同时兼顾产业链价值突出的地域资源以及核心企业的配合程度，进行优先整合。最后在风险控制、产品服务等能力具有强大基础的条件下，实现区域向全国的拓展。目前，"香叶智农"平台已在省外推广，平台已在广西贺州、内蒙古赤峰推广运用，甘肃省、湖北省的平台应用正在试点准备中；红塔银行基于产业链链式营销模式，实现省外烟草结算账户的零突破，目前已在××省烟草工业有限责任公司成功开立了一般结算账户。

第四节 结论与启示

一、主要结论

通过对红塔银行的案例分析，并结合第六章相关研究内容，可以构建出一个基于产业链金融的产业银行理论模型（见图7-3），该模型包括三个主要结论。

第一，产业银行模式为银行获取竞争优势，提供了其整合与拓展内外部资源的生意模型。首先，摆脱银行业同质化激烈竞争的"红海"市场，寻求差异化发展道路的"蓝海"市场，实施战略转型是选择产业银行模式的内在驱动力；其次，现代产业体系建设与金融支持产业链供应链现代化的发展格局，是商业银行发展最为重要的外部环境因素之一；最后，产业链链长架构又能成为产业银行获取差异化配置资源的关键性战略配称。如果说以上三个方面所构成的产业银行战略定位，是商业银行面向自身的一种审视和选择，那么，价值主张就是将这一选择面向银行外部，提供给客户和各利益相关方的陈述和宣示。价值主张概念连通商业模式与服务创新，其层级型的结构，是在明确产业银行"是什么"的基础上告知其"做什么"。由此，本案例研究结果形成以下命题：

命题1：产业银行的商业模式是基于战略定位和价值主张而确立。

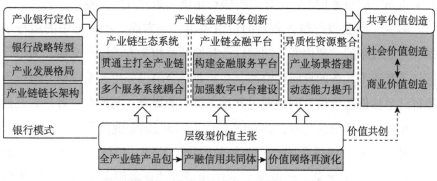

图7-3 基于产业链金融的产业银行理论模型

　　第二，战略定位需要与之相匹配的一整套业务运营系统才能将定位通过产品和服务的方式转化为客户心中的独特价值。产业链金融是实施落地产业银行战略定位的业务运营系统，它作为一种业务级的商业模式，是一个要素间基于特定连接方式的动态系统，并强调动态性在价值创造过程中能发挥重要作用（Afuah 和 Tucci，2001）。在产业链金融系统运营中，要充分发挥产业创新生态系统"架构者"战略行为对系统演化的推动作用（谭劲松等，2021），率先选择链长所领导的产业链，作为产业链金融开展切入的主打产业链，通过研发设计行业化、定制化的产品包，将一揽子金融解决方案贯通到整个该主打全产业链中。在此基础上，再推广复制到其他产业链，进而形成金融与产业链多层次耦合的服务生态系统。

　　产业链金融无论是作为落地实施产业银行战略的运营系统，还是在通过产业链生态系统开展异质性资源整合，都必须建立在平台架构体系的基础上，而产业链金融平台构建事实上也凸显了产业银行的数字化转型与平台化发展。层级型价值主张中的全产业链产品包和产融信用共同体，既是产业链金融服务创新的具体结果，也是银行以此面向客户的承诺与陈述。价值网络再演化作为更高层级的价值主张，在产业链金融生态系统中发挥动态平衡机制，并推动产业银行进一步的创新发展。由此，本案例研究结果形成以下命题：

　　命题 2：产业链金融作为产业银行战略实施的运营系统，通过"平台＋生态"的服务创新，一体进行银行价值主张的具体实践。

　　第三，产业银行蕴含着新的价值逻辑。一方面，产业链中的运行场景、产业股东的"架构者"功能以及其他利益相关方的服务交换，为银行提供了其所不具备的异质性资源。在产业链金融服务生态系统中，银行不能自己单独创造价值，而是通过其动态能力的提升，与股东、客户、其他利益相关方等系统参与者，共同创造出产业银行的企业价值。

　　另一方面，促进我国全产业链的固链、补链、延链、强链，是产业银行定位的题中之义，产业银行的构建须以"金融服务实体经济"为宗旨。在企业价值取向上，产业银行要首先体现社会责任的履行。平台生态系统的数字平台能够将社会责任议题内嵌于平台商业模式，通过充分利用与整合平台内外部资源能力来推动共享价值创造，既创造社会价值，也创造商业价值（邢小强等，2021）。产业链金融是对平台生态系统外部资源进行动员、编排与配置的服务创新，其"平台＋生态"模式能有力支持产业银行实现共享价值创造。因此，本案例研究结果形成以下命题：

命题3：产业银行的价值通过共同创造而产生，其创造的价值是一种共享价值。

二、研究启示

红塔银行与前面章节中典型事实的华润银行、昆仑银行，都属于城市商业银行。在我国商业银行体系中，城商行（125家）是位列国有大型银行（6家）、全国股份制银行（12家）之后的"第三梯队"。2023年末，城商行资产总额达55.2万亿元，在全国银行业金融机构资产总额中的占比为13.2%；在20家国内系统重要性银行（Systemically Important Banks，SIBs）中，城商行占有5家。城商行已成为我国金融机构体系的重要组成部分。本案例研究对于建设包括城商行在内的强大的金融机构，以产业链金融创新发展更好地促进"科技—产业—金融"良性循环，具有理论与实践上的意义，研究启示主要包括以下三个方面。

（一）产业银行是城商行完善定位的重要选择

随着国内经济发展环境日趋复杂，国际经济不确定性因素叠加，尤其是金融机构竞争日益加剧，相对于其他类型商业银行，城商行处于更为严峻的竞争劣势，其生存和发展面临着巨大挑战。以2023年末的数据为例，在资产利润率、平均净息差、拨备覆盖率、不良贷款率等可比的重要经营指标方面，城商行均不如国有大型银行和全国股份制银行（见表7-7）。

表 7-7 2023 年末我国三类商业银行有关重要经营指标比较

单位：%

银行类型	资产利润率	平均净息差	拨备覆盖率	不良贷款率
国有大型银行	0.79	1.62	248.48	1.26
全国股份制银行	0.71	1.76	219.07	1.26
城市商业银行	0.56	1.57	194.94	1.75

资料来源：国家金融监督管理总局。

为应对国有大型银行、全国股份制银行依靠资源优势和科技实力，下沉业务，抢夺市场，对其所在区域的资源、人缘优势的弱化，以及跨区展业限制带来的市场空间有限性，城商行近年来也在通过加大数字化转型力度，大力发展普惠金融、科创金融、绿色金融、新市民金融和乡村金融，试图获取竞争优势，但效果不如预期。分析其中的原因主要有两点：一是上述举措并非城商行可为之，其他银行同样也在衔枚疾行，并且拥有更为雄厚的资源与规模优势；商业银行的这些共同举措，又带来了新一轮的同质化发展问题。二是从商业模式的角度看，城商行的这些举措均属于业务层级商业模式，并非企业级商业模式构建。城商行要真正取得竞争优势，关键要从企业战略定位高度，创新其企业级商业模式，明确新的"赛道"。

确立战略定位是企业级商业模式构建的核心，这一命题就金融机构的当下而言，即"完善机构定位"。2023 年 10 月召开的中央金融工作会议明确指出，"完善机构定位，支持国有大型金融机构做优做强，当好服务实体经济的主力军和维护金融稳定的"压舱石"，严格中小金融机构准入标准和监管要求，立足当地开展特色化经营，强化政策性金融机构职能定位，发挥保险业的经济减震器和社会稳定器功能"。"完善机构定位"是中国特色金融发展道路的重要原则，在坚持这一原则中，以下两个方面动因，决定立足当地开展产业银行的特色化经营，成为中小金融机构城商行的重要战略选择。

一方面，推动"科技—产业—金融"良性循环，是党中央立足国家长远发展作出的重大部署。在加强科技、产业、金融的融合互动中，需要发挥金融"加速器"的强大推力作用，以推动科技资源与产业需求的有效对接。针对银行体系，产业银行模式可以成为具体推进创新链、产业链、资金链三链协同的最优选择。另一方面，政府融资平台和房地产项目在城商行以往的信贷资产构成中，一直占比较高。在地方经济发展从"土地财政""房地产依赖"转型为"股权财政""产业发展"模式的大背景下，本地化经营的城商行急需通过培育和发展产业链客户群，压降乃至替换政府融资平台和房地产项目，重构其信贷资产端与客户群。城商行确立以服务当地产业链发展的产业银行模式，既能在完善机构定位中形成自身特色化经营、差异化发展的竞争优势，也是对中国特色金融体系建设的有益探索。

（二）产业链链长是产业银行构建的关键支撑

从理论文献和政策实践总结来看，对产业链链长制的理解包括中央企业与地方政府两个方面。一是中央企业等大型国有企业作为产业链系统与合作网络的核心力量，以其雄厚的资源整合运营实力，引领和协调产业链上企业间的全方位协同、多元化连通、平台化运行，推动产业链相关主体形成共同信念和一致行动，进而形成产业链有效组织与竞争力整体提升的实现机制（中国社会科学院工业经济研究所课题组，2022；赵晶等，2022）。二是地方政府以地区经济发展的主导产业为主线，以协调引导的方式畅通产业链上下游的连通环节，推动产业链基础能力、发展韧性持续提升的一种责任分配机制、动员机制和要素保障机制（林淑君和倪红福，2022；郑茜等，2022），它是地方政府在"双循环"新发展格局下为应对环境重大不确定所发明的、具有中国体制特色地方产业管理制度的突破性创新（刘志彪和孔令池，2021）。

红塔银行、华润银行和昆仑银行均为中央企业产业链链长推动"从产到融"型产融结合实践的具体产物。这些实践，不仅体现产业链链长制下的产融创新生态系统形成，更重要的是，由于产业链链长在资本补充、资源整合、资产优化等方面提供了关键性支撑，这些城商行才得以彻底摆脱原有困境，化解了长期未能解决的风险，获得长足发展，建立起具有中国特色的产业银行模式。

　　地方政府产业链链长制下同样可以成为产业银行模式构建的关键性支撑。地方政府产业链链长制在发展过程中，将产业链对接到政策链、金融链、招商链、创新链，形成了多链同频共振的"金融链长"制。如湖北省为每一条重点产业链明确一家商业银行作为"金融链长"单位，对全省10条农业主导产业链、16条重点制造业产业链将全部配备"金融链长"。"金融链长"制旨在有效满足区域内重点产业链发展金融服务需求，支持重点产业链高质量发展，它通过与地方重点产业链链长对接、"一链一策"，形成覆盖产业链核心企业和上下游小微企业的综合金融服务方案。对于"金融链长"，地方党委政府既可以从国有大型银行、全国股份制银行在其区域内的分行中进行选择与运用，也能够通过将城商行构建成产业银行的方式进行量身打造。

　　城商行作为地方性商业银行，其绝大多数的管理关系隶属于地方党委政府，在城商行的资本补充、股东遴选、防范化解风险等重大事项方面，地方党委政府都承担着不可推卸的责任。面对经济下行环境的压力，城商行既需要不断补充大量资本金以增强抗风险能力，同时又要解决因政府融资平台与房地产业的剧烈调整而带来的"资产荒"问题。对此，地方党委政府可充分发挥产业链链长的治理机制，根据区域内的产业布局与产业链链主状况，从中遴选出既能体现区域现代产业体系建设战略意图，又具有共同推动"科技—产业—金融"良性循环实力的产业链链主，作为银行战略性股东进行增资扩股，通过推动产业链链长架构下的产融创新生态系统建设，把城商行打造成为产业银行。

（三）产业链金融创新更适合依托于产业银行

　　首先，在产业链金融服务生态系统中，尽管政府部门、产业方、金融机构、第三方平台等系统参与者，都是推动产业链金融创新发展的重要力量，但金融机构在其中担纲风险管理者和流动性提供者双重角色，它对减少产业链、创新链与金融资源之间的信息不对称和交易成本起着决定性作用。同时，金融科技公司、第三方平台有关业务工具和技术范围，也须纳入中国人民银行金融科技创新监管工具的"监管沙盒"中。对此，产业链金融只有在金融机构上下一盘棋地系统推进下，才能合规有序地创新发展。虽然非金融企业主导下的产业链金融也是一种重要的发展模式，但产业链金融服务创新在整体上仍必须依托于金融机构。

其次，产业银行作为企业级商业模式，并不排斥大型银行将其作为战略定位的一个选项，但基于雄厚的资源禀赋与综合实力，大型银行的战略定位通常是以成为全能型金融集团的方面加以考虑。如同样明确实施产业链金融服务创新的交通银行，其战略定位是"建设具有特色优势的世界一流银行集团"。在我国银行业的结构体系与发展实践中，产业银行模式构建主要还是适用于中小银行领域。

张一林、林毅夫和龚强（2019）基于新结构经济学的视角，研究了企业规模、银行规模与最优银行业结构的关系，认为应发挥大银行在支持大企业和大规模投资方面的比较优势，适当减少大银行承担的支持中小企业发展的政策性负担；想要从根本上缓解当前我国中小企业面临的融资难、融资贵问题，关键在于改善银行业结构，补足短板，发展善于甄别企业软信息的中小银行。从供应链金融升级演化而来的产业链金融，其服务的主要对象依然是产业链供应链上的广大中小微企业，而非大型企业、核心企业。因此，就其所依托的金融机构而言，产业链金融尤其适合成为中小银行重要的业务模式，而产业链金融的创新发展尤其适合依托于产业银行。

最后，行业垂直细分是产业链金融创新发展的一个重要方向，只有对产业链的纵深垂直才会在全链条上构建良性的生态与平台。大型银行以其全能化的综合金融服务，在全国的更大范围内支持众多数量的产业链条；而作为中小金融机构的产业银行在纵向上深耕某一产业链方面则更有比较优势。产业银行可以根据行业赛道、股东背景，以及所在区域的产业发展格局，选择一个主打产业链进行深耕细作，集中整合本地各类优势资源，建立该产业链的全生命周期服务体系，形成垂直纵深的行业专营能力。在此基础上，再选择2~3个本地优势产业加以复制，促进多层次的产业链金融服务生态系统再形成。由此，产业银行沿着全产业链纵深垂直开展业务，能够更有效、稳健地推动产业链金融的创新发展。

参考文献

第 1 章：

[1] 陈德军. 产业链金融"链长制"试点的地方实践 [J]. 中国金融, 2022（23）：94-95.

[2] 程华，杨云志，王朝阳. 互联网产业链金融业务模式和风险管理研究——基于京东模式的案例分析 [J]. 金融监管研究, 2016（4）：85-98.

[3] 杜义飞，李仕明. 产业价值链：价值战略的创新形式 [J]. 科学学研究, 2004, 22（5）：552-556.

[4] 方燕儿，何德旭. 区块链技术在商业银行产业链金融中的发展探索 [J]. 新金融, 2017（4）：24-27.

[5] 贺俊. 创新平台的竞争策略：前沿进展与拓展方向 [J]. 经济管理, 2020（8）：190-208.

[6] 黄群慧，倪红福. 基于价值链理论的产业基础能力与产业链水平提升研究 [J]. 经济体制改革, 2020（5）：11-21.

[7] 蒋敏辉. 产业互联网的管理逻辑 [J]. 供应链管理, 2021（8）：122-128.

[8] 李雷，简兆权，张鲁艳. 服务主导逻辑产生原因、核心观点探析与未来研究展望 [J]. 外国经济与管理, 2013, 35（4）：2-12.

[9] 李平，陈计芳，郭洋. 基于内容分析法的产业链概念分析综述 [J]. 江苏商论, 2013（12）：77-82.

[10] 李想，芮明杰. 模块化分工条件下的网络状产业链研究综述 [J].

外国经济研究，2008，30（8）：1-7.

[11] 李阳，宋良荣，阎奇冠．智能制造产业链金融研究综述 [J]. 财会月刊，2023（12）：108-116.

[12] 李占国．打造产业链金融服务商 [J]. 中国金融，2015（16）：22-23.

[13] 令狐克睿，简兆权，李雷．服务生态系统：源起、核心观点和理论框架 [J]. 研究与发展管理，2018（10）：147-158.

[14] 刘彬，陈涛．共享模式下的产业链金融 [J]. 中国金融，2016（12）：85-86.

[15] 刘林青，雷昊，谭力文．从商品主导逻辑到服务主导逻辑——以苹果公司为例 [J]. 中国工业经济，2010（9）：57-66.

[16] 刘烈宏，陈治亚．产业链演进的动力机制及影响因素 [J]. 世界经济与政治论坛，2016（1）：160-172.

[17] 马士华．供应链管理 [M]. 武汉：华中科技大学出版社，2014.

[18] 满明俊．农业产业链融资模式比较与金融服务创新——基于重庆调研的经验与启示 [J]. 农村金融研究，2011（7）：24-29.

[19] 邵平．全产业链金融的创新与发展 [J]. 中国金融，2013（22）：50-52.

[20] 数字筑机，创变为先：产业数字金融研究报告 [R]. 百信银行·安永咨询，2021.

[21] 宋华，杨雨东．中国产业链供应链现代化的内涵与发展路径探析 [J]. 中国人民大学学报，2022（1）：120-134.

[22] 孙旭东．产业链金融是什么 [J]. 决策，2015（7）：66-67.

[23] 王节祥，蔡宁．平台研究的流派、趋势与理论框架——基于文献计量和内容分析方法的诠释 [J]. 商业经济与管理，2018（3）：20-35.

[24] 魏然．产业链的理论渊源与研究现状综述 [J]. 技术经济与管理研究，2010（6）：140-143.

[25] 吴金明，邵昶．产业链形成机制研究——"4 + 4 + 4"模型 [J]. 中

国工业经济，2006（4）：36–43.

[26] 武传德，刘鸽 . 财务公司向产业银行转型的模式及建议 [J]. 银行家，2018（8）：79–81.

[27] 杨继军，艾玮炜，范兆娟 . 数字经济赋能全球产业链供应链分工的场景、治理与应对 [J]. 经济学家，2022（9）：49–58.

[28] 岳叶 . 从"供给侧结构性改革"看产业链金融 [J]. 清华金融评论，2016（4）：79–80.

[29] 詹子友 . 产业链金融理论探析 [J]. 西部金融，2017（4）：16–20.

[30] 张宏伟，仝红亮 . 乡村振兴战略下农业产业链金融发展存在的问题及优化路径 [J]. 西南金融，2021（6）：61–72.

[31] 张晖，张德生 . 产业链的概念界定——产业链是链条、网络抑或组织？ [J]. 西华大学学报（哲学社会科学版），2012，31（4）：85–89.

[32] 张利庠 . 产业组织、产业链整合与产业可持续发展——基于我国饲料产业"千百十调研工程"与个案企业的分析 [J]. 管理世界，2007（4）：78–87.

[33] 张其仔 . 产业链供应链现代化新进展、新挑战、新路径 [J]. 山东大学学报（哲学社会科学版），2022（1）：131–140.

[34] 张铁男，罗晓梅 . 产业链分析及其战略环节的确定研究 [J]. 工业技术经济，2005（6）：77–78.

[35] 章和杰，陈通明 ."长三角"地区产业链金融的发展现状与问题 [J]. 经营与管理，2015（10）：22–24.

[36] 赵娟 . 金融科技赋能产业链金融升级的创新路径探讨 [J]. 西南金融，2022（8）：59–71.

[37] 郑胜利 . 产业链的全球延展与我国地区产业发展分析 [J]. 当代经济科学，2005（1）：87–93.

[38] 郑准，张凡，王国顺 . 数字平台研究：源流、核心主题与整合性分析框架 [J]. 创新科技，2023，23（2）：22–36.

[39] 中国社会科学院工业经济研究所课题组 . 产业链链长的理论内涵

及其功能实现 [J]. 中国工业经济，2022（7）：5-24.

[40] 中国社会科学院工业经济研究所课题组 . 提升产业链供应链现代化水平路径研究 [J]. 中国工业经济，2021（2）：80-97.

[41] 钟琦，杨雪帆，吴志樵 . 平台生态系统价值共创的研究述评 [J]. 系统工程理论与实践，2021，41（2）：421-430.

[42] 周月书，笪钰婕，于莹 ."互联网 + 农业产业链"金融创新模式运行分析——以大北农生猪产业链为例 [J]. 农业经济问题，2020（1）：94-103.

[43] Adner，R. and Kapoor，R. Value Creation in Innovation Ecosystems：How the Structure of Technological Interdependence Affects Firm Performance in New Technology Generations[J]. *Strategic Management Journal*，2010，31（3）：306-333.

[44] Adner，R. Ecosystem as Structure：An Actionable Construct for Strategy[J]. *Journal of Management*，2017，43（1）：39-58.

[45] Baldwin，C. Y. and Woodard，C. J. The Architecture of Platforms：A Unified View[M]. in A. Gawer（ed.），Platforms，Markets and Innovation，Cheltenham，UK and Northampton，MA，US：Edward Elgar，2009.

[46] Brodie，R. J. and Hollebeek，L. D. Jurić B. and Ilić A. Customer Engagement：Conceptual Domain，Fundamental Propositionsand Implications for Research[J]. *Journal of Service Research*，2011，14（3）：252-271.

[47] Cai，H.，Yeh，J. and Su，H. Relooking at Services Science and Services Innovation[J]. *Service Oriented Computing and Applications*，2008，2（1）：1-14.

[48] Cennamo，C. Competing in Digital Markets：A Platform-based Perspective[J]. *Academy of Management Perspectives*，2019（7）：325-346.

[49] Ciborra，C. U. The Platform Organization：Recombining Strategies，Structuresand Surprises[J]. *Organization Science*，1996，7（2）：103-118.

[50] Garud，R. and Kumaraswamy，A. Technological and Organizational

Designs to Achieve Economies of Substitution[J]. *Strategic Management Journal*, 1995（16）: 93–110.

[51] Gawer, A. Bridging Differing Perspectives on Technological Platforms: Toward an Integrative Framework[J]. *Research Policy*, 2014, 43（7）: 1239–1249.

[52] Iansiti, M. and Levien, R. Strategy as Ecology [J]. *Harvard Business Review*, 2004a, 82（3）: 68–78.

[53] Iansiti, M. and Levien, R. The Keystone Advantage: What the New Dynamics of Business Ecosystems Mean for Strategy, Innovationand Sustainability[M]. Boston: Harvard Business School Press, 2004b.

[54] Jacobides, M. G., Cennamo, C. and Gawer, A. Towards a Theory of Ecosystems[J]. *Strategic Management Journal*, 2018, 39（8）: 2255–2276.

[55] Langlois, R. N. Modularity in Technology and Organization[J]. *Journal of Economic Behavior & Organization*, 2002（49）: 19–37.

[56] Lusch, R. F. and Vargo, S. L. Service–dominant Logic: Premises, Perspectives, Possibilities[M]. New York: Cambridge University Press, 2014.

[57] Lusch, R. F. and Nambisan, S. Service Innovation: A Service Dominant Logic Perspective[J]. *Management Information Systems Quarterly*, 2015, 39（1）: 155–175.

[58] Maglio, P. P. and Spohrer, J. Fundamentals of Service Science[J]. *Journal of the Academy of Marketing Science*, 2008, 36（1）: 18–20.

[59] Malone, T. W., Yates, J. and Benjamin, R. I. Electronic Markets and Electronic Hierarchies [J]. *Communications of the ACM*, 1987, 30（6）: 484–497.

[60] Normann, R. and R. Ramirez. From Value Chain to Value Constellation: Designing Interactive Strategy [J]. *Harvard Business Review*, 1993, 71（4）: 65–77.

[61] Qiu, R. G. Service Science: Scientific Study of Service Systems [C].

Proceedings of the 17th International Conference on Flexible Automation and Intelligent Manufacturing, 2007.

[62] Spohrer, J., Vargo, S. L., Caswell, N. and Maglio, P. P. The Service System is the Basic Abstraction of Service Science [C]. Proceedings of the 41st Hawaii International Conference on System Sciences, 2008.

[63] Teece, D. J. Explicating Dynamic Capabilities: the Nature and Microfoundations of (Sustainable) Enterprise Performance[J]. *Strategic Management Journal*, 2007, 28 (13): 1319–1350.

[64] Thomas, L. D. W., Autio, E. and Gann, D. M. Architectural Leverage: Putting Platforms in Context[J]. *The Academy of Management Perspectives*, 2014, 28 (2): 198–219.

[65] Tiwana, A., Konsynski, B. and Bush, A. A. Platform Evolution: Coevolution of Platform Architecture, Governance, and Environmental Dynamics [J]. *Information Systems Research*, 2010, 21 (4): 675–687.

[66] Tiwana, A. Platform Ecosystems: Aligning Architecture, Governanceand Strategy[M]. Waltham: Morgan Kaufmann, 2013.

[67] Vargo, S. L. and Akaka, M. A. Value Co–creation and Service Systems (Re) Formation: A Service Ecosystems View [J]. *Service Science*, 2012, 4 (3): 207–217.

[68] Vargo, S. L. and Lusch, R. F. Evolving to a New Dominant Logic for Marketing[J]. *Journal of Marketing*, 2004, 68 (1): 1–17.

[69] Vargo, S. L. and Lusch, R. F. Institutions and Axioms: An Extension and Update of Service–dominant Logic [J]. *Journalof the Academy of Marketing Science*, 2016, 44 (1): 5–23.

[70] Vargo, S. L., Maglio, P. P. and Akaka, M. On Value and Value Co–creation: A Service Systems and Service Logic Perspective[J]. *European Management Journal*, 2008, 26 (3): 145–152.

第 2 章：

[1] 奥利弗·E. 威廉姆森. 资本主义经济制度 [M]. 段毅才，王伟译，北京：商务印书馆，2002.

[2] 卜庆军，古赞歌，孙晓春. 基于企业核心竞争力的产业链整合模式研究 [J]. 企业经济，2006（2）：59-61.

[3] 产融 2025：共生共赢，从容应变 [R]. 普华永道，2020.

[4] 陈春春. 产业互联网的定义和分类 [J]. 互联网经济，2018（Z2）：32-35.

[5] 陈四清. 贸易金融 [M]. 北京：中信出版社，2014.

[6] 陈祥锋，朱道立. 现代物流金融服务创新——金融物流 [J]. 物流技术，2005（3）：4-6.

[7] 高峰. 多视角洞察银行业数字化转型进阶 [R]. 2022 数字化转型发展高峰论坛，2022.

[8] 关文杰. 产业数字金融的数字化与生态化 [J]. 银行家，2021（2）：45.

[9] 胡文杰，梁红明. 产业金融：商业银行公司业务的发展新方向 [J]. 中国银行业，2014（4）：89-93.

[10] 胡跃飞，黄少卿. 供应链金融：背景、创新与概念界定 [J]. 金融研究，2009（8）：194-206.

[11] 黄奇帆. 产业数字金融发展的重点和建议 [R]. 明珠湾金融峰会，2023.

[12] 纪敏，刘宏. 关于产业金融的初步研究——兼论我国财务公司改革的一种思路 [J]. 金融研究，2000（8）：115-120.

[13] 鲸准研究院. 中国供应链金融行业发展报告 [R]. 2019.

[14] 李想，芮明杰. 模块化分工条件下的网络状产业链研究综述 [J]. 外国经济研究，2008（8）：1-7.

[15] 李晓华，刘峰. 产业生态系统与战略性新兴产业发展 [J]. 中国工

业经济，2013（3）：20-32.

[16] 李心芹，李仕明，兰永 . 产业链结构类型研究 [J]. 电子科技大学学报（社科版），2004（4）：60-63.

[17] 林淑君，倪红福 . 中国式产业链链长制：理论内涵与实践意义 [J]. 云南社会科学，2022（4）：90-101.

[18] 刘贵富 . 产业链的基本内涵研究 [J]. 工业技术经济，2007，26（8）：92-96.

[19] 陆岷峰，欧阳文杰 . 产业金融与实体经济：政策环境、模式比较与实践路径 [J]. 理论月刊，2023a（3）：49-62.

[20] 陆岷峰，欧阳文杰 . 产业金融运作模式的逻辑特征与创新发展研究 [J]. 辽宁大学学报（哲学社会科学版），2023b（7）：36-45.

[21] 马英俊 . 产业金融理论与对策研究 [D]. 上海社会科学院，2007.

[22] 钱志新 . 产业金融 [M]. 南京：江苏人民出版社，2010.

[23] 邵昶，李健 . 产业链"波粒二象性"研究——论产业链的特性、结构及其整合 [J]. 中国工业经济，2007（9）：5-13.

[24] 邵平 . 产业金融数字化的新机遇 [J]. 中国金融，2020（8）：58-59.

[25] 邵平 . 产业数字金融 [M]. 北京：中信出版集团，2023.

[26] 数字筑机，创变为先：产业数字金融研究报告（2021）[R]. 百信银行·安永咨询，2021.

[27] 宋华，陈思洁 . 供应链金融的演进与互联网供应链金融：一个理论框架 [J]. 中国人民大学学报，2016，30（5）：95-104.

[28] 宋华，杨雨东 . 中国产业链供应链现代化的内涵与发展路径探析 [J]. 中国人民大学学报，2022（1）：120-134.

[29] 宋华 . 供应链金融（第 2 版）[M]. 北京：中国人民大学出版社，2016.

[30] 宋华 . 智慧供应链金融 [M]. 北京：中国人民大学出版社，2019a.

[31] 宋华 . 中国供应链金融的发展趋势 [J]. 中国流通经济，2019b，

33（3）：3-9.

[32] 王定祥，何乐佩，李伶俐 . 供应链金融中的信用风险传导机制及其仿真模拟 [J]. 金融论坛，2021（9）：15-25.

[33] 王文进，葛鹏 . 产业数字金融助力"双循环"新发展格局的作用机理及其发展路径 [J]. 世界经济研究，2024（2）：93-104+137.

[34] 王玉荣，葛新红 . 产业互联网：全产业链的数字化转型升级 [M]. 北京：清华大学出版社，2021.

[35] 吴金明，邵昶 . 产业链形成机制研究——"4+4+4"模型 [J]. 中国工业经济，2006（4）：36-43.

[36] 夏蜀，刘志强 . 中国情境下的产业链金融：理论框架与实践议程 [J]. 云南社会科学，2022（12）：68-77.

[37] 夏雨，方磊，魏明侠 . 供应链金融：理论演进及其内在逻辑 [J]. 管理评论，2019，31（12）：26-39.

[38] 徐苏涛，刘赞，谢盼盼，等 . 产业互联网：发展结构、商业逻辑与创新精要 [R]. 北京市长城企业战略研究所课题组报告，2021.

[39] 闫俊宏，许祥泰 . 基于供应链金融的中小企业融资模式分析 [J]. 上海金融，2007（2）：14-16.

[40] 严效民 . 基于分工理论的产业金融研究 [J]. 理论月刊 . 2013（7）：116-120.

[41] 杨绍辉 . 从商业银行的业务模式看供应链融资服务 [J]. 物流技术，2005（10）：179-182.

[42] 杨望，魏志恒 . 产业数字金融：发展挑战、创新模式、未来探索 [J]. 国际金融，2023（4）：47-51.

[43] 曾燕，任诗婷，杨雅婷 . 产业金融研究综述 [J]. 中山大学学报（社会科学版），2023，63（5）：177-193.

[44] 张晖，张德生 . 产业链的概念界定——产业链是链条、网络抑或组织？ [J]. 西华大学学报（哲学社会科学版），2012，31（4）：85-89.

[45] 张铁男，罗晓梅 . 产业链分析及其战略环节的确定研究 [J]. 工业

技术经济，2005（6）：77-78.

[46] 郑殿峰，齐宏 . 产业供应链金融：供应链金融的最终解决方案 [M]. 北京：中国商业出版社，2020.

[47] 中国人民银行成都分行营业管理部青年课题组 . 产业链价值金融化：成因、效应及适度边界 [J]. 西南金融，2021（6）：36-49.

[48] 中华人民共和国国民经济和社会发展第十四个五年规划和 2035年远景目标纲要 [M]. 北京：人民出版社，2021.

[49] 佐卫 . 产业金融的核心逻辑与发展趋势 [J]. 中国金融，2020（12）：48-50.

[50] Bals，C. Toward a Supply Chain Finance（Scf）Ecosystem-proposing a Framework and Agenda for Future Research[J]. *Journal of Purchasing and Supply Management*，2019，25（2）：105-117.

[51] Camerinelli，E. Supply Chain Finance[J]. *Journal of Payments Strategy & Systems*，2009，3（2）：114-128.

[52] Chen，X. and Hu，C. The Value of Supply Chain Finance[A]. Habib M. Supply Chain Management-applications and Simulations[M]. Manila：Intech，2011.

[53] Frosch，R. A. and Gallopoulos，N. E. Scientific American[J]. *Scientific American*，1989，261（3）：144-152.

[54] Frow，P.，McColl-Kennedy，J. R.，Hilton，T.，et al. Value Propositions-a Service Ecosystem Perspective[J]. *Marketing Theory*，2014，14（3）：327-351.

[55] Gelsomino，L. M.，Mangiaracina，R.，Perego，A. and Tumino，A. Supply Chain Finance：a Literature Review[J]. *International Journal of Physical Distribution & Logistics Management*，2016，46（4）：348-366.

[56] Gereffi，G.，J. Humphreyand T. Sturgeon. The Governance of Global Value Chains[J]. *Review of International Political Economy*，2005，12（1）：78-104.

[57] Hoffmann, E. Supply Chain Finance: Some Conceptual Insights [J]. *Logistic management-innovative logistic konzepte*, 2005, 80 （S）: 203–214.

[58] Hofmann, E. The Flow of Financial Resources in the Supply Chain: Creating Shareholder Value Through Collaborative Cash Flow Management[R]. In: Kotzab H（Hrsg.）8th ELA Doctorate workshop, Brüssel, 2003.

[59] Jüttner, U., Peck, H. and Christopher, M. Supply Chain Risk Management: Outlining an Agenda for Future Research [J]. *International Journal of Logistics Research and Applications*, 2003, 6（4）: 197–210.

[60] Kaplinsky, R. Globalization and Unequalisation: What can be Learned from Value Chain Analysis? [J]. *Journal of Development Studies*, 2000, 37（2）: 117–146.

[61] Lamoureux, M. A Supply Chain Finance Prime[J]. *Supply Chain Finance*, 2007, 4（5）: 34–48.

[62] Lamoureux, J. F. and Evans, T. A. Supply Chain Finance: a New Means to Support the Competitiveness and Resilienceof Global Value Chains[J]. *SSRN Electronic Journal*, 2011: 289–311.

[63] Martin, J. and Hofmann, E. Involving Financial Service Providers in Supply Chain Finance Practices: Company Needs and Service Requirements. [J]. *Journal of Applied Accounting Research*, 2017, 18（1）: 42–62.

[64] Menon, K., Kärkkäinen, H. and Wuest, T. Industrial Internet Platform Provider and End–user Perceptions of Platform Openness Impacts[J]. *Industry and Innovation*, 2020, 27（4）: 363–389.

[65] Miwa, Y. and Ramseyer, J. M. The Fable of the Keiretsu: Urban Legends of the Japanese [M]. The University of Chicago Press, Chicago and London, 2006.

[66] Peltoniemi, M. and Vuori, E. Business Ecosystem as the New Approach to Complex Adaptive Business Environments[R]. Paper presented at

Frontier of E-business Research, Tampere, Finland, 2004.

[67] Peltoniemi, M. Cluster, Value Network and Business Ecosystem: Knowledge and Innovation Approach[C]. Paper presented at "Organisations, Innovation and Complexity: New Perspectives on the Knowledge Economy" Conference, 2004.

[68] Pfhol, H. C. and Gomm, M. Supply Chain Finance: Optimizing Financial Flows in Supply Chains[J]. *Logistics Research*, 2009 (1): 149-161.

[69] Randall, W. S. and Farris II, M. T. Supply Chain Financing: Using Cash-to-cash Variables to Strengthen the Supply Chain[J]. *International Journal of Physical Distribution & Logistics Management*, 2009, 39 (8): 669-689.

[70] Song, H., Yu, K. and Lu, Q. Financial Service Providers and Banks'Role in Helping SMEs to Access Finance[J]. *International Journal of Physical Distribution & Logistics Management*, 2018, 48 (1): 69-92.

[71] Spohrer, J., Vargo, S. L., Caswell, N. and Maglio, P. P. The Service System is the Basic Abstraction of Service Science [C]. Proceedings of the 41st Hawaii International Conference on System Sciences, 2008.

[72] Stemmler, L. The Role of Finance in Supply Chain Management[A]. Cost Management in Supply Chains[M]. Springer-Verlag Berlin Heidelberg, 2002: 165-176.

[73] Timme, S. G. and Williams-Timme, C. The Financial-SCM Connection[J]. *Supply Chain Management Review*, 2000, 4 (2): 33-40.

[74] Vargo, S. L., Lusch, R. F. Service-dominant Logic: Continuing the Evolution[J]. *Journal of the Academy of Marketing Science*, 2008, 36 (2): 1-10.

[75] Wandfluh, M., Hofmann, E. and Schoensleben, P. Financing Buyer-supplier Dyads: an Empirical Analysis on Financial Collaboration in the Supply Chain[J]. *International Journal of Logistics: Research and Applications*, 2016, 19 (3): 1-18.

[76] Wuttke, D. A., Blome, C., Foerstl, K. and Henke, M. Managing the Innovation Adoption of Supply Chain Finance：Empirical Evidence From Six European Case Studies[J]. *Journal of Business Logistics*，2013，34（2）：148–166.

第 3 章：

[1] 布莱特·金. 银行 4.0[M]. 广州：广东经济出版社，2018.

[2] 崔淼，李万玲. 商业生态系统治理：文献综述及研究展望 [J]. 技术经济，2017（12）：53–62+120.

[3] 道格拉斯·C. 诺斯. 制度、制度变迁与经济绩效 [M]. 刘守英译，上海：上海三联书店，1994.

[4] 道格拉斯·C. 诺斯. 经济史中的结构与变迁 [M]. 陈郁，罗华平等译，上海：上海三联书店，上海人民出版社，1994.

[5] 龚丽敏，江诗松. 平台型商业生态系统战略管理研究前沿：视角和对象 [J]. 外国经济与管理，2016，38（6）：38–50+62.

[6] 黄群慧，盛方富. 新质生产力系统：要素特质、结构承载与功能取向 [J]. 改革，2024（2）：15–24.

[7] 纪汉霖，张永庆. 用户多归属条件下的双边市场平台竞争策略 [J]. 经济问题探索. 2009（5）：101–107.

[8] 李麟，等. 互联网金融生态——基于生态视角的互联网金融模式创新 [M]. 北京：中国金融出版社，2015.

[9] 令狐克睿，简兆权，李雷. 服务生态系统：源起、核心观点和理论框架 [J]. 研究与发展管理，2018，30（5）：147–157.

[10] 王千. 互联网企业平台生态圈及其金融生态圈研究 [J]. 国际金融研究，2014（11）：76–86.

[11] 王伟楠，吴欣桐，梅亮：创新生态系统：一个情境视角的系统性评述 [J]. 科研管理，2019，40（9）：25–35.

[12] 武璇. 自组织供应链：新基建中工业互联网的核心驱动力 [J]. 信

息通信技术与政策，2021（10）：1-6.

[13] 夏蜀 . 平台金融：自组织与治理逻辑转换 [J]. 财政研究，2019（5）：118-129.

[14] 徐苏涛，刘赞，谢盼盼，等 . 产业互联网：发展结构、商业逻辑与创新精要 [R]. 北京市长城企业战略研究所课题组报告，2021.

[15] 亚历克斯·莫塞德，尼古拉斯·L. 约翰逊 . 平台战略——主导 21 世纪经济的力量 [M]. 杨菲 译，北京：机械工业出版社，2018.

[16] 杨望，魏志恒 . 产业数字金融：发展挑战、创新模式、未来探索 [J]. 国际金融，2023（4）：47-51.

[17] Adner, R. Match Your Innovation Strategy to Your Innovation Ecosystem[J]. *Harvard Business Review*, 2006, 84（4）：98-107.

[18] Adner, R. Ecosystem as Structure：An Actionable Construct for Strategy[J]. *Journal of Management*, 2017, 43（1）：39-58.

[19] Arndt, J. The Political Economy of Marketing Systems：Reviving the Institutional Approach[J]. *Journal of Macromarketing*, 1981, 1（2）：36-47.

[20] Autio, E. and Thomas, L. D. W. Innovation Ecosystems：Implications for Innovation Management[M]. In M. Dodgson, D. M. Gann, & N. Phillips（Eds.），*The Oxford Handbook of Innovation Management*, Oxford University Press, 2014.

[21] Battilana, J., Leca, B. and Boxenbaum, E. How Actors Change Institutions：Towards a Theory of Institutional Entrepreneurship[J]. *Academy of Management Annals*, 2009, 3（1）：65-107.

[22] Breidbach, C. F., Brodie, R. and Hollebeek, L. Beyond Virtuality：From Engagement Platforms to Engagement Ecosystems[J]. *Managing Service Quality*, 2014, 24（6）：592-611.

[23] Chandler, J. and Vargo, S. L. Contextualization and Value-in-context：How Context Frames Exchange[J]. *Marketing Theory*, 2011, 11（1）：35-49.

[24] Clarysse, B., Wright, M., Brunee, J. and Mahajan, A. Creating Value in Ecosystems: Crossing the Chasm between Knowledge and Business Ecosystems [J]. *Research Policy*, 2014, 43（7）: 1164–1176.

[25] Coleman, J. Foundations of Social Theory（First Edition）[M]. *Cambridge, Mass*: Belknap Press of Harvard University Press, 1990.

[26] Friedland, R. and Alford, R. A. Bringing Society Back in: Symbols, Practicesand Institutional Contradictions [M]. *In W. W. Powell, & P. J. DiMaggio（Eds.）*.Chicago, IL: University of Chicago Press, 1991.

[27] Gawer, A. Bridging Differing Perspectives on Technological Platforms: toward an Integrative Framework[J]. *Research Policy*, 2014, 43（7）: 1239 –1249.

[28] Gawer, A. and Cusumano, M. A. Industry Platforms and Ecosystem Innovation[J]. *Journal of Product Innovation Management*, 2014, 31（3）: 417–433.

[29] Ghazawneh, A. and Henfridsson, O. Balancing Platform Control and External Contribution in Third–party Development: the Boundary Resources Model[J]. *Information Systems Journal*, 2013, 23（2）: 173–192.

[30] Haken, H. Information and Self–Organization: A macroscopic Approach to Complex System [M]. Berlin & New York: Springer Verlag, 1988.

[31] Hannan, M. and Freeman, J. The Population Ecology of Organizations[J]. *American Journal of Sociology*, 1977, 82（5）: 929–964.

[32] Hillman, A. J., Withers, M. C. and Collins, B. J. Resource Dependence Theory: A Review [J]. *Journal of Management*, 2009, 35（6）: 1404–1427.

[33] Huang, P., Tafti, A. and Mithas, S. Platform Sponsor Investments and User Contributions in Knowledge Communities: the Role of Knowledge Seeding[J]. *MIS Quarterly*, 2018, 42（1）: 213–240.

[34] Iansiti, M., Levien, R. Strategy as Ecology[J].*Harvard Business*

Review, 2004, 82（3）: 68-78.

[35] Koskela-Huotari, K., Edvardsson, B., Jonas, J. M., et al. Innovation in Service Ecosystems-breaking, Makingand Maintaining Institutionalized Rules of Resource Integration [J]. *Journal of Business Research*, 2016, 69（8）: 2964-2971.

[36] Langlois, R. N., Robertson, P. Networks and Innovation in a Modular System: Lessons from the Microcomputer and Stereo Component Industries[J]. *Research Policy*, 1992, 21（4）: 297-313.

[37] Lawrence, T. B. and Phillips, N. From Moby Dick to Free Willy: Macro-cultural Discourse and Institutional Entrepreneurship in Emerging Institutional Fields[J]. *Organization*, 2004, 11（5）: 689-711.

[38] Lusch, R. F. and Nambisan, S. Service Innovation: A Service Dominant Logic Perspective[J]. *Management Information Systems Quarterly*, 2015, 39（1）: 155-175.

[39] Maglio, P. P. and Spohrer, J. Fundamentals of Service Science[J]. *Journal of the Academy of Marketing Science*, 2008, 36（1）: 18-20.

[40] Maglio, P. P., Vargo, S. L., Caswell, N. and Spohrer, J. The Service System is the Basic Abstraction of Service Science [J]. *Information Systems and e-Business Management*, 2009, 7（4）: 395-406.

[41] Mars, M. M., Bronstein, J. L. and Lusch, R. F. The Value of a Metaphor: Organizations and Ecosystems [J], *Organizational Dynamics*, 2012, 41（4）: 271-280.

[42] Moore, J. F. Predators and Prey: a New Ecology of Competition [J]. *Harvard Business Review*, 1993, 71（5/6）: 75-86.

[43] Moore, J. F. The Death of Competition: Leadership and Strategy in the Age of Business Ecosystem[M]. Boston: John Wiley & Sons Ltd., 1996.

[44] Nelson, R. R. and Nelson, K. Technology, Institutionsand Innovation Systems[J]. *Research Policy*, 2002, 31（2）: 265-272.

[45] Orlikowski，W. J. The Duality of Technology：Rethinking the Concept of Technology in Organizations[J]. *Organization Science*，1992，3（3）：398-427.

[46] Ostrom，E. Understanding Institutional Diversity[M]. Princeton：Princeton University Press，2005.

[47] Pelikan，P. Bringing Institutions into Evolutionary Economics：Another View with Links to Changes in Physical and Social Technologies [J]. *Journal of Evolutionary Economics*，2003（13）：237-258.

[48] Peltoniemi，M. and Vuori，E. Business Ecosystem as the New Approach to Complex Adaptive Business Environments[R]. Paper presented at Frontier of E-business Research，Tampere，Finland，2004.

[49] Ramaswamy，V. and Gouillart，F. The Power of Co-creation：Build It with Them to Boost Growth，Productivityand Profits[M]. New York，NY：The Free Press，2010.

[50] Robertson，D. and K. Ulrich. Planning for Product Platforms[J]. *MIT Sloan Management Review*，1998，39（4）：19-31.

[51] Rysman，M. Competition between Networks：A Study of the Market for Yellow Pages[J].*Review of Economic Studies*，2004（71）：483-512.

[52] Scott，R. W. Institutions and Organizations：Ideas and Interests（4th ed.）[M]. Thousand Oaks，CA：Sage Publications，2013.

[53] Spohrer，J.，Vargo，S. L.，Caswell，N. and Maglio，P. P. The Service System is the Basic Abstraction of Service Science [C]. Proceedings of the 41st Hawaii International Conference on System Sciences，2008.

[54] Storbacka，K.，Brodie，R. J.，Böhmann，T.，Maglio，P. P. and Nenonena，S. Actor Engagement as a Microfoundation for Value co-creation[J]. *Journal of Business Research*，2016，69（8）：3008-3017.

[55] Thomas，L.D.W. and Autio，F. The Fifth Facet：The Ecosystem as an Organizational Field[C]. Academy of Management Annual Meeting，2014.

[56] Tolbert, P. S. and Zucker, L. G., The Institutionalization of Institutional Theory [M]. Studying Organization, Theory &Method. London: SAGE Publications, 1999.

[57] Vargo, S. L. and Lusch, R. F. It's all B2B… and beyond: Toward a Systems Perspective of the Market[J]. *Industrial Marketing Management*, 2011, 40（2）: 181-187.

[58] Vargo, S. L. and Lusch, R. F. Inversions of Service-dominant Logic[J]. *Marketing Theory*, 2014, 14（3）: 239-248.

[59] Vargo, S. L. and Lusch, R. F. Institutions and Axioms: An Extension and Update of Service-dominant Logic [J]. *Journal of the Academy of Marketing Science*, 2016, 44（1）: 5-23.

[60] Vargo, S. L., Wieland, H. and Akaka, M. A. Innovation Through Institutionalization: A Service Ecosystems Perspective[J]. *Industrial Marketing Management*, 2015, 44（1）: 63-72.

[61] Williamson, O. E. The New Institutional Economics: Taking Stock, Looking Ahead [J]. *Journal of Economic Literature*, 2000, 38（3）: 595-613.

[62] Williamson, O. E., The Economic Institutions of Capitalism: Firms, Markets and Relational Contracting[M]. New York: The Free Press, 1985.

第 4 章:

[1] IBM 商业价值研究院 . IBM 商业价值报告:传统企业逆袭 [M]. 北京:东方出版社,2018.

[2] IBM 商业价值研究院 . 智慧地球 [M]. 北京:东方出版社,2009.

[3] 陈胤,张熠 . 开放银行赋能银企直联模式转型实践 [Z/OL]. 金融电子化公众号,2023-12-20.

[4] 党兴华,刘景东 . 技术异质性及技术强度对突变创新的影响研

究——基于资源整合能力的调节作用 [J]. 科学学研究，2013，31（1）：131-140.

[5] 狄蓉 . 互联网＋背景下突破式服务创新价值共创实现机制与策略研究 [J]. 科学进步与对策，2018，35（2）：32-38.

[6] 段伟文 . 大数据与社会实在的三维构建 [J]. 理论探索，2016（6）：26-32.

[7] 胡泳，王俊秀，段永朝 . 后工业时代：意义互联网的兴起 [J]. 文化纵横，2013（6）：18-27.

[8] 胡正荣 . 技术、传播、价值：从 5G 等技术看社会重构与价值重塑 [J]. 人民论坛，2019（11）：30-31.

[9] 简兆权，李雷，柳仪 . 服务供应链整合及其对服务创新影响研究述评与展望 [J]. 外国经济与管理，2013，35（1）：37-46.

[10] 简兆权，肖霄 . 网络环境下的服务创新与价值共创：携程案例研究 [J]. 管理工程学报，2019，29（1）：20-29.

[11] 李高勇，刘露 . 场景数字化：构建场景驱动的发展模式 [J]. 清华金融评论，2021（6）：87-91.

[12] 李剑玲，王卓 . 商业生态系统商业模式创新 [J]. 学术交流，2016，267（6）：124-129.

[13] 令狐克睿，简兆权，李雷 . 服务生态系统：源起、核心观点和理论框架 [J]. 研究与发展管理，2018，30（5）：147-157.

[14] 罗伯特·斯考伯，谢尔·伊斯雷尔 . 即将到来的场景时代——大数据、移动设备、社交媒体、传感器、定位系统如何改变商业和生活 [M]. 赵乾坤，周宝曜译，北京：北京联合出版公司，2014.

[15] 马克斯·H. 布瓦索 . 信息空间，认识组织、制度和文化的一种框架 [M]. 王寅通译，上海：上海译文出版社，2000.

[16] 皮埃尔·布尔迪厄，华康德 . 实践与反思——反思社会学导引 [M]. 李猛，李康译，北京：中央编译出版社，1998.

[17] 斯坦利·沃瑟曼，凯瑟琳·福斯特 . 社会网络分析：方法与应用

[M].北京：中国人民大学出版社，2012.

[18] 宋华.中国供应链金融的发展趋势 [J].中国流通经济，2019a，33（3）：3-9.

[19] 宋华.智慧供应链金融 [M].北京：中国人民大学出版社，2019b.

[20] 宋华.信任链：中国供应链金融发展的关键 [J].中国流通经济，2022，36（3）：14-21.

[21] 特里·N.克拉克.场景理论的概念与分析：多国研究对中国的启示 [J].李鹭译，东岳论丛，2017（1）：16-24.

[22] 王晴锋.情境互动论：戈夫曼社会学的理论范式 [J].理论月刊，2019（1）：138-144.

[23] 王雪冬，冯雪飞，董大海."价值主张"概念解析与未来展望 [J].当代经济管理，2014，6（1）：13-19.

[24] 维克托·迈尔－舍恩伯格，肯尼斯·库克耶.大数据时代——生活、工作与思维的大变革 [M].盛杨燕，周涛译，杭州：浙江人民出版社，2013.

[25] 吴军.城市社会学研究前沿：场景理论述评 [J].社会学评论，2014（2）：90-95.

[26] 夏蜀.数字化时代的场景主义 [J].文化纵横，2019（5）：88-97+143.

[27] 夏蜀.金融科技中的开放银行实现服务创新研究——基于服务生态系统的整合分析 [J].金融论坛，2021，26（12）：19-28.

[28] 徐理虹，林玮，钱小鸿，等.智慧金融（第二版）[M].北京：清华大学出版社，2019.

[29] 徐晓林，赵铁，[美]特里·克拉克.场景理论：区域发展文化动力的探索及启示 [J].国外社会科学，2012（3）：101-106.

[30] 叶秀敏.智慧金融的特征及与传统金融的区别 [J].信息化建设，2012（9）：28-31.

[31] 喻国明，梁爽.移动互联时代：场景的凸显及其价值分析 [J].当

代传播，2017（1）：10-13+56.

[32]约书亚·梅罗维茨. 消失的地域：电子媒介对社会行为的影响 [M]. 肖志军译，北京：清华大学出版社，2002.

[33] Agarwal，R. and Selen，W. Dynamic Capability Building in Service Value Networks for Achieving Service Innovation[J]. *Decision Sciences*，2009，40（3）：431– 475.

[34] Akaka，M. A. and Vargo，S. L. Technology as an Operant Resource in Service（Eco）Systems[J]. *Information Systems and e-Business Management*，2014，12（3）：367–384.

[35] Akaka，M. A. and Vargo，S. L. Extending the Context of Service：From Encounters to Ecosystems[J]. *Journal of Service Management*，2015，29（6/7）：453–462.

[36] Arnould，E. J.，Price，L. L. and Tierney，P. Communicative Staging of the Wilderness Servicescape[J]. *Service Industries Journal*，1998，18（3）：90–115.

[37] Bagchi，S. and Tulskie，B. E-business Models：Integrating Learning from Strategy Development Experiences and Empirical Research[C]. *20th Annual International Conference of the Strategic Management Society*. Vancouver，Oct.15–18，2000.

[38] Buttle，F. The SCOPE of Customer Relationship Management [J]. *International Journal of Customer Relationship Management*，1999，1（4）：327–336.

[39] Chandler，J. and Vargo，S. L. Contextualization and Value-in-context：How Context Frames Exchange [J]. *Marketing Theory*，2011，11（1）：35–49.

[40] Cheng，C. Dynamic Service Innovation Capability，Radical Service Innovation and Open Business Models[J]. *International Journal of Services Technology and Management*，2011（16）：229–242.

[41] Clark, T. N. Making Culture into Magic: How Can It Bring Tourists and Residents ? [J]. *International Review of Public Administration*, 2007, 12 (1): 13-25.

[42] Czepiel, J. A. Service Encounters and Service Relationships: Implications for Research[J]. *Journal of Business Research*, 1990, 20 (1): 13-21.

[43] Damanpour, F. and Gopalakrishnan, S. The Dynamics of the Adoption of Product and Process Innovations in Organizations[J]. *Journal of Management Studies*, 2001, 38 (1): 45-65.

[44] Doz, Y. L. and Kosonen, M. Embedding Strategic Agility: A Leadership Agenda for Accelerating Business Model Renewal [J]. *Long Range Planning*, 2010, 43 (2/3): 370-382.

[45] Frow, P., McColl-Kennedy, J. R., Hilton, T., Davidson, A. and Payne, A. Value Propositions: a Service Ecosystem Perspective[J] . *Marketing Theory*, 2014, 14 (3): 327-351.

[46] Fuglsang, L. and Sørensen, F. The Balance between Bricolage and Innovation: Management Dilemmas in Sustainable Public Innovation[J]. *Service Industries Journal*, 2010, 31 (4): 581-595.

[47] Gallouj, F. and Weinstein, O. Innovation in Services[J]. *Research Policy*, 1997, 26: 537-556.

[48] Gopalakrishnan, S., Bierly, P. and Kessler, E. H. A Reexamination of Product and Process Innovations Using a Knowledge-based view[J]. *The Journal of High Technology Management Research*, 1999, 10 (1): 147-166.

[49] Gretzel, U., Sigala, M., Xiang, Z. and Koo, C. Smart Tourism: Foundations and Developments[J]. *Electron Markets*. 2015, 25 (3): 179-188.

[50] Johnson, M. W., Christensen, C. M. and Kagermann, H. Reinventing Your Business Model[J]. *Harvard Business Review*, 2008, 86(11):

50–59.

[51] Jones, M. and Samalionis, F. From Small Ideas to Radical Service Innovation[J]. *Design Management Review*, 2008, 19（1）: 20–26.

[52] Kambil, A. Doing Business in the Wired World [J]. *Computer*, 1997, 30（5）: 56–61.

[53] Kaplan, R. and Norton, D. Transforming the Balanced Scorecard from Performance Measurement to Strategic Management: Part 1 [J]. *Accounting Horizons*, 2001, 15（1）: 87–104.

[54] Kowalkowski, C., Ridell, O.P., Röndell, J.G. and Sörhammar, D. The Co–Creative Practice of Forming a Value Proposition[J]. *Journal of Marketing Management*, 2012, 28（13–14）: 1553–1570.

[55] Lanning, M. Delivering Profitable Value[M]. *New York: Perseus Publishing*, 1998.

[56] Lanning,M. and Michaels,E. A Business is a Value Delivery System [R]. *McKinsey Staff Paper No. 41*, July, 1988.

[57] Lehmann, D. R. and Winer R.S. Analysis for Marketing Planning（7th edition）[M]. Boston, MA: McGraw–Hill: Irwin, 2008.

[58] Leiponen, A. Organization of Knowledge and Innovation: the Case of Finnish Business Services[J]. *Industry and Innovation*, 2005, 12（2）: 185–203.

[59] Lusch, R. F., Vargo S. L. and Tanniru, M. Service, Value Networks and Learning[J]. *Journal of the Academy of Marketing Science*, 2010（38）: 19–31.

[60] Lusch, R. F. and Nambisan, S. Service Innovation: A Service Dominant Logic Perspective[J]. *Management Information Systems Quarterly*, 2015, 39（1）: 155–175.

[61] Madnick, S. E., Wang, R. Y., Lee, Y., W. and Zhu, H. Overview and Framework for Data and Information Quality Research[J]. *Journal of Data and*

Information Quality, 2009, 1（1）: 1-22.

[62] Menor, L. J., Tatikonda, M. V. and Sampson, S. E. New Service Development: Areas for Exploitation and Exploration[J]. *Journal of Operations Management*, 2002（20）: 135-157.

[63] Meyrowitz, J. Using Contextual Analysis to Bridge the Study of Mediated and Unmediated Behavior[A]. Mediation, Information and Communication: Information and Behavior[C].*Edited By Brent D. Ruben and Leah A. Lievrouw, Routledge*, 1990.

[64] Michel, S., Brown, S. and Gallan, A. An Expanded and Strategic View of Discontinuous Innovations: Deploying a Service-dominant Logic[J]. *Journal of the Academy of Marketing Science.* 2008, 36（1）: 54-66.

[65] Mŏller, K., Rajala, R. and Westerlund, M. Service Innovation Myopia? A New Recipe for Client-provider Value Creation[J]. *California Management Review*, 2008, 50（3）: 31-48.

[66] Nilsson, E. and Ballantyne, D. Reexamining the Place of Service Scape in Marketing: a Service-dominant Logic Perspective[J]. *Journal of Services Marketing*, 2014, 28（5: 374-379.

[67] Normann, R. and Ramirez, R. From Value Chain to Value Constellation: Designing Interactive Strategy [J]. *Harvard Business Review*, 1993, 71（4）: 65-77.

[68] Normann, R. Reframing Business: When the Map Changes the Landscape [M]. Chichester: John Wiley & Sons Ltd., 2001.

[69] Payne, A. and Frow, P. Developing Superior Value Propositions: a Strategic Marketing Imperative[J]. *Journal of Service Management*, 2014, 25（2）: 213-227.

[70] Payne, A. Frow, P. and Eggert, A. The Customer Value Proposition: Evolution, Developmentand Application in Marketing[J]. *Journal of the Academy of Marketing Science*, 2017, 45（4）: 467-489.

[71] Perks，H.，Gruber，T. and Edvardsson，B. Co-creation in Radical Service Innovation: a Systematic Analysis of Microlevel Processes[J]. *Journal of Product Development & Management Association*，2012，29（6）：935-951.

[72] Peters，L. D. Heteropathic Versus Homopathic Resource Integration and Value Co-creation in Service Ecosystems[J]. *Journal of Business Research*，2016，69（8）：2999-3007.

[73] Prahalad，C. K. and Ramaswamy，V. The Future of Competition: Co-creating Value with Customers[M]. *Boston: Harvard Business School Press*，2004.

[74] Skålén，P.，Gummerus，J.，Koskull，C. V. and Magnusson，P. R. Exploring Value Propositions and Service Innovation: A Service-dominant Logic Study[J]. *Journal of the Academy of Marketing Science*，2015，43（2）：137-158.

[75] Spohrer，J.，Vargo，S. L.，Caswell，N. and Maglio，P. P. The Service System is the Basic Abstraction of Service Science [C]. *Proceedings of the 41st Hawaii International Conference on System Sciences*，2008.

[76] Sundbo，J. Customer-based Innovation of Knowledge Services: the Importance of after Innovation [J]. *International Journal of Services Technology Management*，2008，9（3）：218 -233.

[77] Surprenant，C. F. and Solomon，M. R. Predictability and Personalization in the Service Encounter[J].*The Journal of Marketing*，1987，51（2）：86-96.

[78] Tilson，D.，Lyytinen，K. and Sørensen，C. Digital Infrastructures: The Missing IS Research Agenda[J]. *Information Systems Research*，2010，20（4）：748-759.

[79] Treacy，M. and Wiersema，F. The Discipline of Market Leaders [M]. Addison-Wesley，1995.

[80] Vargo，S. L. and Lusch，R. F. Service-dominant Logic: Continuing

the Evolution [J]. *Journal of the Academy of Marketing Science*，2008，36（2）：1-10.

[81] Vargo，S. L. and Lusch，R. F. It's All B2B and Beyond：Toward a Systems Perspective of the Market[J]. *Industrial Marketing Management*，2011（40）：181-187.

[82] Wang，R. Y. and Strong，D. M. Beyond Accuracy：what Data Quality Means to Data Consumers [J]. *Journal of Management Information Systems*，1996，12（4）：5-33.

[83] Wassmer，U. Alliance Portfolios：a Review and Research Agenda[J]. *Journal of Management*，2010，36（1）：141-171.

第 5 章：

[1] 葛安茹，唐方成. 基于平台包络视角的平台生态系统竞争优势构建路径研究 [J]. 科技进步与对策，2021，38（16）：84-90.

[2] 贺俊. 创新平台的竞争策略：前沿进展与拓展方向[J]. 经济管理，2020（8）：190-208.

[3] 刘畅，梅亮，陈劲. 基于互补者视角的平台生态系统研究评述 [J]. 软科学，2022，36（4）：8-16.

[4] 梅景瑶，郑刚，朱凌. 数字平台如何赋能互补者创新——基于架构设计视角 [J]. 科学进步与对策，2021，38（12）：1-8.

[5] 宋华. 中国供应链金融的发展趋势 [J]. 中国流通经济，2019，33（3）：3-9.

[6] 王新新，张佳佳. 价值涌现：平台生态系统价值创造的新逻辑 [J]. 经济管理，2021（12）：188-208.

[7] 朱晓红，陈寒松，张腾. 知识经济背景下平台型企业构建过程中的迭代创新模式——基于动态能力视角的双案例研究 [J]. 管理世界，2019（3）：142-156.

[8] 邹迪，王学亮，陈一鸣，等. 国家电网数字化产业链金融服务平

台——"电 e 金服"创新实践 [J]. 财务与会计，2021（23）：27-30.

[9] Adner，R. Ecosystem As Structure：an Actionable Construct for Strategy[J]. *Journal of Management*，2017，43（1）：39-58.

[10] Basole，R. C. and H. Park. Inter Firm Collaboration and Firm Value in Software Ecosystems：Evidence from Cloud Computing[J]. *IEEE Transactions on Engineering Management*，2018，66（3）：368-380.

[11] Boudreau，K. J. and Jeppesen，L. B. Unpaid Crowd Complementors：The Platform Network Effect Mirage[J]. *Strategic Management Journal*，2015，36（12）：1761-1777.

[12] Cennamo，C. and Santalo，J. Platform Competition：Strategic Trade-offs in Platform Markets[J]. *Strategic Management Journal*，2013，34（11）：1331-1350.

[13] Cennamo，C. and Santal ó，J. Generativity Tension and Value Creation in Platform Ecosystems[J]. *Organization Science*，2019，30（3）：617-641.

[14] Eisenmann，T. R. Managing Proprietary and Shared Platforms[J]. *California Management Review*，2008，50（4）：31-53.

[15] Eisenmann，T.，Parker，G. and Alstyne，M.V. Platform Envelopment[J].*Strategic Management Journal*，2011，32（12）：1270-1285.

[16] Gawer，A. and Cusumano，M. A. How Companies become Platform Leaders [J]. *MIT Sloan Management Review*，2008，49（2）：28-35.

[17] Gawer，A. and Cusumano，M. A. Industry Platforms and Ecosystem Innovation[J]. *Journal of Product Innovation Management*，2014，31（3）：417-433.

[18] Jacobides，M. G.，Cennamo，C. and Gawer，A. Towards a Theory of Ecosystems[J]. *Strategic Management Journal*，2018，39（8）：2255-2276.

[19] Mcintyre，D. and Srinivasan，A. Networks，Platformsand Strategy：

Emerging Views and Next Steps[J]. *Strategic Management Journal*，2017，38（1）：141–160.

[20] Parker，G. and Alstyne，M. V. A Digital Postal Platform：Definitions and a Roadmap[R]. *MIT Center for Digital Business*，2012.

[21] Parker，G.，Alstyne，M. V. and Jiang，X. Platform Ecosystems：How Developers Invert the Firm[J]. *MIS Quarterly*，2017，41（1）：255–266.

[22] Ramaswamy，V. and K. Ozcan. What Is Co–Creation? An Interactional Creation Framework and Its Implications for Value Creation[J]. *Journal of Business Research*，2018，84（C）：196–205.

[23] Taeuscher，K. and Rothe，H. Optimal Distinctiveness in Platform Markets：Leveraging Complementors as Legitimacy Buffers[J]. *Strategic Management Journal*，2021，42（2）：435–461.

[24] Teece，D. J. Profiting from Innovation in the Digital Economy：Enabling Technologies，Standardsand Licensing Models in the Wireless World[J]. *Research Policy*，2018，47（8）：1367–1387.

[25] Thomas，L. D.，Autio，E. and Gann，D.M. Architectural Leverage：Putting Platforms in Context[J]. *Academy of Management Perspectives*，2014，28（2）：198–219.

[26] Wang，R. D. and Cameron，D. M. Complementors' Engagement in an Ecosystem：A Study of Publishers' E–book Offerings on Amazon Kindle[J]. *Strategic Management Journal*，2020，41（1）：3–26.

[27] Yoo，Y.，Boland，R. J.，Lyytinen，K. and Majchrzak，A. Organizing for Innovation in the Digitized World[J]. *Organization Science*，2012，23（5）：1398–1408.

第 6 章：

[1] 程愚，孙建国. 商业模式的理论模型：要素及其关系 [J]. 中国工业经济，2013（1）：141–153.

[2] 郭宏宇. 政策性金融机构商业化运作的边界——基于日本政策投资银行的分析 [J]. 银行家，2019（8）：112-115.

[3] 郭天超，陈君. 商业模式与战略的关系研究 [J]. 华东经济管理，2012，26（4）：93-96.

[4] 韩洪灵，彭瑶，刘强，等. 巴塞尔协议Ⅲ背景下硅谷银行破产研究——基于商业模式与监管计量的双重视角 [J]. 财会月刊，2023（9）：3-13.

[5] 何大勇，张越，陈本强，等. 银行转型2025 [M]. 北京：中信出版集团，2017.

[6] 科尔尼（Kearney）. 产业银行3.0——中国公司银行的转型利器 [R]. 2019.

[7] 李鸿磊，柳谊生. 商业模式理论发展及价值研究述评 [J]. 经济管理，2016，28（9）：186-199.

[8] 李鸿磊. 商业模式设计：一个模块化组合视角 [J]. 经济管理，2019，41（12）：158-176.

[9] 李剑玲，王卓. 商业生态系统商业模式创新 [J]. 学术交流，2016（6）：124-129.

[10] 李鲁新，张卫国，胡海，等. 论我国现代商业银行盈利模式的转变 [J]. 南方金融. 2007（6）：42-43.

[11] 李文秀，Yueming QIU，马鹏. 基于服务主导逻辑的商业模式创新 [J]. 广东行政学院学报，2016，28（3）：80-89.

[12] 李勇. 利率市场化背景下我国商业银行盈利模式转型探究 [J]. 宏观经济研究，2016（6）：73-85.

[13] 刘天琦. 德日金融支持制造业发展借鉴 [J]. 中国金融，2022（1）：50-52.

[14] 刘子赫，黄楠楠. 政策性金融的异化与回归——以韩国产业银行为例 [J]. 南方金融，2015（3）：60-66.

[15] 罗珉，曾涛，周思伟. 企业商业模式创新：基于租金理论的解释 [J]. 中国工业经济，2005（7）：73-81.

[16] 青木昌彦，[美]休·帕特里克.日本主银行体制：及其与发展中国家经济转轨中的相关性研究[M].张橹，等译，北京：中国金融出版社，1998.

[17] 青木昌彦著.比较制度分析[M].周黎安译，上海：上海远东出版社，2001.

[18] 阙方平.以制度创新解决中小企业融资"麦克米伦缺口"——基于韩国中小企业银行的研究[J].湖北经济学院学报，2014，12（6）：12-18.

[19] 宋栋，冷国邦.银企关系模式的国际比较与中国银企关系模式的构建[J].世界经济，2000（10）：69-72.

[20] 宋华.供应链金融（第2版）[M].北京：中国人民大学出版社，2016.

[21] 陶玲，刘卫江.美国产业银行控股公司监管权之争的法律分析及其对我国的启示[J].金融法苑，2008（2）：116-125.

[22] 王晓辉.关于商业模式基本概念的辨析[J].中国管理信息化，2006（11）：26-27.

[23] 魏炜，朱武祥.发现商业模式[M].北京：机械工业出版社，2009.

[24] 武爱民.韩国、日本政策性产业银行的功能及借鉴[J].经济管理，1995（10）：17-21.

[25] 夏蜀.转型与重构：中国地方银行体制模式框架分析[M].北京：中国金融出版社，2015.

[26] 亚历山大·格申克龙.经济落后的历史透视[M].北京：商务印书馆，2010.

[27] 杨成林，龚潇雨.创新数智信贷技术，助力产业升级[J].中国金融电脑，2023（12）：14-16.

[28] 杨涛.以数字化＋产业链金融作为新时期金融改革切入点[A];杨涛，郭为.中国产业链韧性：金融的力量[M].北京：人民日报出版社，2023.

[29] 原磊. 商业模式体系重构 [J]. 中国工业经济，2007（6）：70-79.

[30] 曾燕，任诗婷，杨雅婷. 产业金融研究综述 [J]. 中山大学学报（社会科学版），2023，63（5）：177-193.

[31] 张捷. 中小企业的关系型借贷与银行组织结构 [J]. 经济研究，2012（6）：32-37+54.

[32] 张敬伟，王迎军. 商业模式与战略关系辨析——兼论商业模式研究的意义 [J]. 外国经济与管理，2011，33（4）：10-18.

[33] 张晓朴，朱鸿鸣. 金融的谜题：德国金融体系比较研究 [M]. 北京：中信出版集团，2021.

[34] 中国工商银行软件开发中心. 基于内外画像整合的商业银行产业链链式营销系统 [J]. 金融言行：杭州金融研修学院学报，2023（3）：50-51.

[35] Afuah, A. and Tucci, C. Internet Business Models and Strategies [M]. Boston：McGraw-Hill Higher Education，2001.

[36] Amit, R. and Zott, C. Value Creation In E-business[J]. *Strategic Management Journal*，2001，22（6/7）：493-520.

[37] Ayadi, R., Arbak, E., De, G. W. P. and Llewellyn, D. T. Regulation of European Banks and Business Models：Towards a New Paradigm？[M]. Brussels：Centre for European Policy Studies，2012.

[38] Casadesus-Masnaell, R. and Ricart, J. E. From Strategy to Business Models and onto Tactics[J]. *Long Range Planning*，2010，43（2/3）：195-215.

[39] Chesbrough, H. Business Model Innovation：Opportunities and Barriers[J]. *Long Range Planing*，2010（43）：354-363.

[40] Demil, B. and Lecocq, X. Business Model Evolution：In Search of Dynamic Consistency[J]. *Long Range Planning*，2010，43（2/3）：227-246.

[41] Hitt, M. A., Irland, R. D. and Hoskisson, R. E. The Managcmont

of Strategy （Concepts）, 8th Edition [M]. South- Western, a part Ccengage of Learning, 2007.

[42] Johnson, M. W., Christensen, C. M. and Kagermann, H. Reinventing Your Business Mode l[J]. *Harvard Business Review*, 2008, 87(12): 52-60.

[43] Kowalkowski, C. What does a Service-dominant Logic Really Mean for Manufacturing Firms? [J]. *Journal of Manufacturing Science and Technology*, 2010, 3 （4）: 285-292.

[44] Magretta, J. Why Business Models Matter[J]. *Harvard Business Review*, 2002 （3）: 3-8.

[45] Mahadevan, B. Business Models for Internet-Based Ecommerce: An Anatomy[J]. *California Management Review*, 2000, 42 （4）: 55-69.

[46] Mansfield, G. M. and Fourie, L. C. H. Strategy and Business Models-strange Bedfellows? A Case for Convergence and its Evolution into Strategic Architecture[J]. *South African Journal of Business Management*, 2003, 35(1): 35-44.

[47] Mayo, M. C. and Brown, G. S. Building a Competitive Business Model[J]. *Ivey Business Journal*, 1999, 63 （3）: 18-23.

[48] Morris, M., Schindehutte, M. and Allen, J. The Entrepreneur's Business Model: Toward a Unified Perspective[J]. *Journal of Business Research*, 2005, 58 （6）: 726-735.

[49] Osterwalder, A., Pigneur, Y. and Tucci, C. L. Clarifying Business Models: Origins, Present, and Future of the Concept [J]. *Communications of the Information Systems*, 2005, 15 （5）: 1-25.

[50] Pateli, A. G. and Giaglis, G. M. Technology Innovation-induced Business Model Change: a Contingency Approach[J]. *Journal of Organizational Change Management*, 2005, 18 （2）: 167-183.

[51] Rappa, M. The Utility Business Model and the Future of Computing

Services[J]. *IBM Systems Journal*, 2004, 43（1）: 32–42.

[52] Santos, J., Spector, B. and Heyden, V. D. L. Toward a Theory of Business Model Innovation within Incumbent Firms[R]. INSEAD Working Paper, 2009.

[53] Sealey, Jr. C. W. and Lindley, J. T. Inputs, Outputs, and a Theory of Production and Cost at Depository Financial Institutions[J]. *The Journal of Finance*, 1977（4）: 1251–1266.

[54] Shafer, S. M., Smith, H. J. and Linder, J. C. The Power of Business Models[J]. *Business Horizons* 2005, 48（3）: 199–207.

[55] Teece, D. J., Pisano, G. and Shuen, A. Dynamic Capabilities and Strategic Management[J]. *Strategic Management Journal*, 1997, 18（7）: 509–533.

[56] Timmers, P. Business Models for Electronic Markets[J]. *Journal on Electronic Markets*, 1998, 8（2）: 3–8.

[57] Vitols, S. German Banks and the Modernization of the Small Firm Sector: Long–Term Finance in Comparative Perspective [R]. Discussion Papers, Research Unit: Economic Change and Employment FS I 95–309, WZB Berlin Social Science Comer, 1995.

[58] Weill, P. and Vitale, M. R. Place to Space: Migrating to E–Business Models[M]. Ma: Harvard Business School Press, 2001.

[59] Wirtz, B. W., Schilke, O. and Ullrich, S. Strategic Development of Business Models: Implications of the Web 2. 0 for Creating Valueon the Internet[J]. *Long Range Planning*, 2010, 43（2/3）: 272–290.

[60] Wise, R. and Baumgartner, P. Go Downstream: The New Profit Imperative in Manufacturing [J]. *Harvard Business Review*, 1999, 77（5）: 133–141.

[61] Zott, C. and Amit, R. Business Model Design and the Performance of Entrepreneurial Firm[J]. *Organization Science*, 2007, 18（2）: 181–199.

[62] Zott, C. and Amit, R. Business Model Design: An Activity System Perspective[J]. *Long Range Planning*, 2010, 43 (2/3): 216–226.

第7章:

[1] 董保宝.网络结构与竞争优势——基于动态能力中介效应视角 [J]. 管理学报, 2012 (1): 50–56.

[2] 高举红, 武凯, 王璐.平台供应链生态系统形成动因及价值共创影响因素分析 [J]. 供应链管理, 2021 (6): 20–30.

[3] 焦豪, 魏江, 崔瑜.企业动态能力构建路径分析: 基于创业导向和组织学习的视角 [J]. 管理世界, 2008 (4): 91–106.

[4] 林淑君, 倪红福.中国式产业链链长制: 理论内涵与实践意义 [J]. 云南社会科学, 2022 (4): 90–101.

[5] 刘志彪, 孔令池.双循环格局下的链长制: 地方主导型产业政策的新形态和功能探索 [J]. 山东大学学报 (哲学社会科学版), 2021 (1): 110–118.

[6] 宋华, 杨雨东.中国产业链供应链现代化的内涵与发展路径探析 [J]. 中国人民大学学报, 2022 (1): 120–134.

[7] 孙耀吾, 王雅兰.高技术服务创新网络主导企业最优平台开放度选择研究 [J]. 研究与发展管理, 2016, 28 (6): 19–26.

[8] 谭劲松, 宋娟, 陈晓红.产业创新生态系统的形成与演进: "架构者" 变迁及其战略行为演变 [J]. 管理世界, 2021 (9): 167–191.

[9] 王雪冬, 冯雪飞, 董大海."价值主张" 概念解析与未来展望[J]. 当代经济管理, 2014, 6 (1): 13–19.

[10] 夏蜀.转型与重构: 中国地方银行体制模式框架分析 [M]. 北京: 中国金融出版社, 2015.

[11] 邢小强, 汤新慧, 王珏, 等.数字平台履责与共享价值创造——基于字节跳动扶贫的案例研究 [J]. 管理世界, 2021 (12): 152–176.

[12] 张一林, 林毅夫, 龚强.企业规模、银行规模与最优银行业结

构——基于新结构经济学的视角 [J]. 管理世界，2019（3）：31-47+206.

[13] 赵晶，刘玉洁，付珂语，等. 大型国企发挥产业链链长职能的路径与机制——基于特高压输电工程的案例研究 [J]. 管理世界，2022（5）：221-240.

[14] 中国社会科学院工业经济研究所课题组. 产业链链长的理论内涵及其功能实现 [J]. 中国工业经济，2022（7）：5-24.

[15] 郑茜，王臻，蒋玉涛. 产业链"链长制"的理论内涵与实施路径——基于扎根理论的多案例实证研究 [J]. 科技管理研究，2022，42（23）：209-215.

[16] Adner, R. Ecosystem as Structure: An Actionable Construct for Strategy [J]. *Journal of Management*, 2017, 43（1）：39-58.

[17] Afuah, A. and Tucci, C. L. Internet Business Models and Strategies[M]. Boston：McGrawHill, 2001.

[18] Barney, J. B. Firm Resources and Sustained Competitive Advantage [J]. *Journal of Managenmet*, 1991（17）：99-120.

[19] Boudreau, K. J. and Jeppesen, L. B. Unpaid Crowd Complementors：The Platform Network Effect Mirage. Strategic Management Journal, 2015, 36（12）：1761-1777.

[20] Eisenhardt, K. and Martin, J. Dynamic Capabilities：What are they? [J]. *Strategic Management Journal*, 2000, 21（10/11）：1105-1121.

[21] Eisenhardt, K. M. and Graebner, M. E. Theory Building from Cases：Opportunities and Challenges[J]. *Academy of Management Journal*, 2007, 50（1）：25-32.

[22] Eisenhardt, K. M. Building Theories from Case Study Research[J]. *The Academy of Management Review*, 1989, 14（4）：532-550.

[23] Eisenmann, T., Parker, G. and Alstyne, M.Van. Platform Envelopment[J].*Strategic Management Journal*, 2011, 32（12）：1270-1285.

[24] Frow, P., McColl-Kennedy, J. R., Hilton, T., Davidson, A. and Payne, A. Value Propositions: a Service Ecosystem Perspective[J]. Marketing Theory, 2014, 14（3）: 327-351.

[25] Gioia, D. A., Corley, K. G. and Hamilton, A. L. Seeking Qualitative Rigor in Inductive Research: Notes on the Gioia Methodology[J]. *Organizational Research Methods*, Vol. 2013, 16（1）: 15-31.

[26] Gulati, R., Puranam, P. and Tushman, M. Meta-organization Design: Rethinking Design in Interorganizational and Community Contexts[J]. *Strategic Management Journal*, 2012, 33（6）: 571-586.

[27] Hamel, G. Leading The Revolution: How to Thrive in Turbulent Times by Making Innovation a Way of Life[M]. Boston, Massachusetts: Harvard Business School Press, 2000.

[28] Jacobides, M. G., Cennamo, C. and Gawer, A. Towards a Theory of Ecosystems[J]. *Strategic Management Journal*, 2018, 39（8）: 2255-2276.

[29] Nambisan, S., Siegel, D. and Kenney, M. On Open Innovation, Platformsand Entrepreneurship[J]. *Strategic Entrepreneurship Journal*, 2018, 12（3）: 354-368.

[30] Porter, M. E. and Kramer, M. R. Strategy & Society: The Link Between Competitive Advantage and Corporate Social Responsibility[J]. *Harvard Business Review*, 2006, 84（12）: 78-85.

[31] Prahalad, C. and Hamel, G. The Core Competence of the Corporation[J]. *Harvard Business Review*, 1990, 68（3）, 275-292.

[32] Skålén, P., Gummerus, J., Koskull, C. V. and Magnusson, P. R. Exploring Value Propositions and Service Innovation: A Service-dominant Logic Study[J]. *Journal of the Academy of Marketing Science*, 2015, 43（2）: 137-158.

[33] Teece, D. J. A Dynamic Capabilities-based Entrepreneurial Theory of the Multinational Enterprise[J].*Journal of International Business Studies*,

2014b, 1（45）: 8–37.

[34] Teece, D. J. The Foundations of Enterprise Performance: Dynamic and Ordinary Capabilities in an （Economic）Theory of Firms[J]. *Academy of Management Perspectives*, 2014a, 28（4）: 328–352.

[35] Teece, D. J., Pisano, G. and Shuen, A. Dynamic Capabilities and Strategic Management [J]. *Strategic Management Journal*, 1997, 18 （7）: 509–533.

[36] Tiwana, A. Evolutionary Competition in Platform Ecosystems[J]. *Information Systems Research*, 2015, 26（2）: 266–281.

[37] Wang, C. L., Senaratne, C. and Rafiq, M. Success Traps, Dynamic Capabilities and Firm Performance[J]. *British Journal of Management*, 2015, 26（1）: 26–44.

[38] Wang, C. L. and Ahmed, P. K. The Development and Validation of the Organizational Innovativeness Construct Using Confirmatory Factor Analysis[J]. *European Journal of Innovation Management*, 2004, 7（4）: 303–313.

[39] Yin, R. K. Case Study Research: Design and Methods[M]. London: Sage Publications, 2013.

后 记

本书系云南红塔银行股份有限公司（以下简称红塔银行）《产业银行理论研究与管理咨询项目》课题和云南财经大学科研后期资助项目《产业链金融与产业银行模式研究》（项目编号：2023H03）的研究成果。在此，首先要衷心地感谢红塔银行和云南财经大学为本书所提供的充足研究条件。

作为曾经在银行机构工作过的同行，我一直关注红塔银行的经营发展情况，钦佩其在"产业银行＋科技银行"双轮驱动战略中的创新实践。红塔银行以数字化转型为发展新动能，持续推进金融科技在供应链金融转型升级中的创新应用，以产业整体为服务对象，聚焦于全产业链，汇集产业链生态圈各种资源，构建了资源互补、信息共享、渠道丰富、统一协调的产业链金融创新模式。通过产业链金融服务系列"组合拳"的精准发力、个性化供给，红塔银行基于深耕细作烟草产业、实质性地介入高原特色产业、前瞻性谋划医疗大健康产业，业已形成产业银行建设的"三大支柱"。正是红塔银行以产融结合的资源配置功能，凝结供应链纽带、集聚产业链资源、丰富供应链渠道、共享产业链信息、完善产业链供应链布局，实现产业生态圈与金融生态圈协同共生的创新实践，为本书研究设计带来了诸多思想源泉与理论启发。一定程度上讲，本书也是对红塔银行产业链金融与产业银行模式的提炼总结。

本书付梓之际，正逢党的二十届三中全会胜利召开。党的二十届三中全会提出"完善金融机构定位和治理，健全服务实体经济的激励约束机制"。在中国金融业面临重大转折的当下，完善机构地位既是事关中小银行生存发展的关键之举，也是落实好中央关于防范化解中小金融机构等重点领域风险要求的重要举措。红塔银行通过建设"一流产业银行"的机构定位，立足当地开展特色化经营，除祛其前身的沉疴痼疾，破解银行竞争红海的突围之道，在红土高原上焕发出蓬勃生机，成为云南金融业的一支生力军，在中国城市商业银行业打响"实体产业金融服务商"的品牌。企业战略定位与公司治理相辅相成，红塔银行的产业银行机构定位，既是其良好公司治理的必然结果，又进一步推动其公司治理的健康完善。近年来，红塔银行在全国银行保险机构公司治理监管评估中，步入了前20%的行列。红塔银行确立"坚守本源、服务实体、成就梦想"的企业使命，在"企业使命—产业银行定位—产业链金融服务"的有机构成中，为"健全服务实体经济的激励约束机制"具体地形成实施路径与有力抓手。因此，相信本书可为坚定不移地走中国特色金融发展之路的银行工作者，提供些许研究参考和案例借鉴。

本研究历时三年，书中理论建构的部分内容，分别在《财政研究》《文化纵横》《金融论坛》《云南社会科学》等CSSCI来源期刊上发表，得到了学术界一些知名专家和学者的好评。书稿出版前，西南财经大学党委常委、副校长王擎教授又拨冗为之作序。在研究过程中，我的学术合作伙伴、云南财经大学金融学院教授刘志强始终给予大力支持和无私帮助，正是刘志强教授的建设性意见和方法上指导，使本书的内容结构更为合理、研究方法更为得当、数据资料更为翔实。在此一并致以诚挚的谢意！

感谢亚联管理咨询公司CEO、云南财经大学中国地方金融研究中心特约研究员孙军对本研究的点评和建议。孙军先生系我国资深的银行管理咨询专家，在战略管理、风险控制、数字化转型等方面先后为国内上百家金融机构提供从规划到全面落地应用的"交钥匙工程"式咨询服务，他对中国银行业转型升级的深刻洞见，为本书理论建构提供了很好的范例佐证。感谢云南财经大学商学院讲师梁振博士和福建农林大学经济管理学院博士生郭奔宇分别对本书第六章、第二章所做的基础研究，两位博士都曾在银行机构工作，良好的从业背景使其所做的基础研究有价值且"接地气"。

感谢中国金融出版社肖丽敏主任、赵晨子编辑等自始至终热情周到、认真负责的工作，她们的辛勤劳动为本书出版提供了品质保障。

中国情景下产业链金融与产业银行模式的系统性理论研究目前尚未涌现，开展这方面研究虽有重要价值，却充满挑战与不确定性。由于本人水平所限，书中错误疏漏在所难免，有些观点也值得商榷，敬请读者批评指正、不吝赐教。

夏　蜀

2024 年 7 月于云南财经大学博远楼